日本語
문형교육
| 이희두 지음 |
신아사

머리말

졸저인『문형중심의 일어문법』이 초급자를 위한 문법서라면,『일본어 문형교육』은 상급자를 위한 문법서이다. 일본어를 체계있게 공부하기 위해서는 우선 문법을 알아야 한다. 집을 튼튼하게 짓기 위해서는 그 기초, 뼈대를 견고하게 하지 않으면 안 되듯이, 일본어를 체계적으로 정확하게 알기 위해서는 문법이 필수적이다.

일본문학 작품을 읽고, 문형을 이해하거나, 정확한 문장을 쓰고, 일본인과 능숙한 회화를 하기 위해서는 문형에 대한 기초지식이 있어야 한다. 대부분 종래의 문법책은 너무나 딱딱하고 이론 중심으로 되어 있어 이해하기 어려워 문법에 대한 거부감을 갖게 하는 경향이 있었다. 따라서 필자는 오랜 동안 교단에서 문법을 가르치면서 얻은 경험을 통하여, 이러한 어려움을 해소시키고 개선하기 위하여 이 책을 펴내게 되었다.

이 책을 읽는 데 다음과 같은 사항에 역점을 두었다.

1. 한국인이 일본어 문형을 학습하는 데 있어서 가장 체계적이고 다양한 일본어 능력을 기르는 데 역점을 두었다.
2. 단순히 용법 설명에만 그치지 않고 실제적으로 일본 현지에서 사용하고 있는 신문, SNS 등의 블로그를 참조하여, 실용 면에 도움이 되도록 하였다.
3. 한국인 학습자가 문형이해와 활용을 위해 실제적으로 사용하는데 도움이 되고자 하는, 일관적인 목표를 가지고 접근했다.
4. 문형내용을 실용화하기 위하여 다양한 예문을 통하여 의미용법을 분석하고, 의미 용법을 이해시키는 데 중점을 두었다.
5. 혼동하기 쉬운 사항에 대해서는 '참고'란을 두어 쉽게 이해하도록 하였다.
6. 여기에 사용되는 문형은 dictionary.goo.ne.jp의 사이트를 참조하여 문형에 맞게 적절하게 변형시켜 만들었다.

아무쪼록 이 책이 일본어 학습자들에게 다소나마 도움이 된다면 더 큰 보람이 없겠다.

끝으로, 이 책을 펴내는 데 힘써주신 신아사 관계자 여러분과 타이핑을 도와준 아들 현웅이에게도 감사드린다.

함라에서
저자 이희두

일본어 문형교육

목 차

제1장 자동사(自動詞)와 타동사(他動詞)의 문형

1.1. 자동사 · 타동사의 구별 ······ 11

(1) 자동사 · 타동사의 형태가 같은 것 / 11
(2) 어간은 같으나 어미가 다른 형태 / 13
(3) 어간은 같고 어미가 같은 행으로 변화하는 것 / 14
(4) 「を」가 붙지만 자동사인 것 / 16
(5) 자동사 뿐인 것 / 17
(6) 타동사 뿐인 것 / 18
(7) 자동사 한 개에 타동사 두 개인 경우 / 19
(8) 타동사 한 개에 자동사 두 개인 경우 / 20

제2장 조동사(助動詞)의 문형

2.1. 조동사의 분류 ······ 25

(1) 「た」의 용법 / 26
(2) 「ぬ(ん)」 ぬ[ん](否定助動詞) / 32
(3) 「ず」 / 33
(4) 조동사 「そうだ」 / 45

(5)「う / よう」의 용법 / 52
(6)「ようだ」의 용법 / 60
(7) 조동사 [ー(ら)れる] 표현 / 69
(8) 가능「れる / られる」「～ことができる」/ 83
(9) 자발(自発)조동사 / 85
(10) 존경조동사 / 88
(11)「える / うる」/ 90
(12) 사역「せる / させる」/ 91
(13)「まい」/ 98
(14)「べし」/ 104
(15)「ごとし」/ 110

제3장 형식명사의 문형

3.1. 형식명사의 문형(文型) ······115

(1)「こと」/ 115
(2)「もの」/ 128
(3)「ところ」/ 138
(4)「わけ」/ 143
(5)「はず」/ 147
(6)「つもり」/ 148
(7)「うえ」/ 149
(8)「うち」/ 152
(9)「もと」/ 155
(10)「かぎり」/ 156

(11)「かわり」/ 160
(12)「しだい」/ 162
(13)「わけ」/ 166
(14)「つもり」/ 170
(15)「なにか」의 음편 / 172
(16)「うち」/ 175
(17)「もと」/ 179
(18)「かぎり」/ 180
(19)「はず」/ 184

제4장 조사의 문형

4.1. 각종 조사(助詞)의 문형(文型) ·· 189

(1)「~から」/ 190
(2)「より」/ 202
(3)「しか」/ 204
(4)「だけ」/ 207
(5)「のみ」/ 213
(6)「きり」/ 215
(7)「ばかり」/ 218
(8)「くらい(ぐらい)」/ 224
(9)「ほど」/ 227
(10)「こそ」/ 232
(11)「でも」/ 237
(12)「さえ / すら」/ 239
(13)「まで」/ 242
(14)「など / なんか / なぞ / なんぞ」/ 247
(15)「なんて」/ 249
(16)「ながら」/ 251
(17)「つつ」/ 254
(18)「くせに / くせして」/ 257

1

자동사(自動詞)와 타동사(他動詞)의 문형

1.1. 자동사 · 타동사의 구별

주어 자신의 동작이나 작용이 남에게 영향을 미치느냐 미치지 않느냐에 따라, 자동사 타동사가 구별된다. 즉 영향을 미치면 타동사, 그렇지 않으면 자동사가 된다.

(1) 자동사 · 타동사의 형태가 같은 것

人(ひと)が 笑(わら)う。(남이 웃다.)
人の失敗を 笑(わら)う。(남의 실패를 비웃다.)

1. 癒しでもある赤ちゃんの笑顔。赤ちゃんが笑うと、自然と誰もがにっこりとしてしまいます。実はその笑顔には生命的な本能なのをご存じですか。
   (치유이기도한 아기의 웃는 얼굴. 아기가 웃으면, 자연스럽게 모두가 생긋 웃어버립니다. 사실 그 미소에는 생명적 본능인 것을 아십니까?)
2. 人の失敗を見て笑う人がいる。相手がうまくいかなくて、内心ほっとしている。そればかりか、笑って相手を精神的にくじけさせようとするのだ。それこそ器の小さい証拠だ
   (사람의 실패를 보고 비웃는 사람이 있다. 상대가 잘되지 않아서 내심 안심하고 있다. 그뿐만 아니라 웃고 상대를 정신적으로 좌절시키려고 하는 것이다. 그야말로 그릇의 작은 증거이다)

門(もん)が 開(ひら)く。(문이 열리다.)
門を 開(ひら)く。(문을 열다.)

1. 意外に簡単に門が開くこともあります。頑張ってください。
   (이외로 간단하게 문이 열리는 일도 있습니다. 분발하세요)

2. 銀の鍵の特性を利用することで連なる時空の門を開くことが出来る。

(은 열쇠의 특성을 이용하여 나란히 시공의 문을 열 수 있다.)

風が 吹(ふ)く。(바람이 불다.)

笛(ふえ)を 吹(ふ)く。(피리를 불다.)

1. 私は風が吹くと前髪を直すために触る癖があります。

(나는 바람이 불면 앞머리를 바로잡기 위하여 만지는 버릇이 있습니다.)

2. ラッパや笛を吹くときに鼻から息が抜けないようにします。

(나팔과 피리를 불 때 코에서 숨이 빠지지 않게 합니다.)

まどが 閉(と)じる。(문이 닫히다.)

まどを 閉(と)じる。(문을 닫다.)

1. 窓が閉じらなくなって、修理に行きました。

(창문이 닫히지 않아 수리하러 갔습니다.)

2. 部屋の窓を開けたままで入口のドアを閉じました。

(방의 창문을 열어둔 채로 입구 문을 닫았습니다.)

3. 東向きの門が閉じられている時、誰も中の都もまた神殿のようすも見ることも知ることもできません。

(동쪽의 문이 닫혀 있을 때, 아무도 안의 도시도 또 신전의 모습도 볼지 알 수 없습니다.)

4. 逆流による氾濫を防ぐために門を閉じるなどの仕事をすることができる。

(역류에 의한 범람을 막기 위해 문을 닫는 등의 작업을 할 수 있다.)

(2) 어간은 같으나 어미가 다른 형태

お湯（ゆ）が 沸（わ）く。(물이 끓다.)
お湯を 沸（わ）かす。(물을 끓이다.)

1. もっと出力が大きい物ではお湯が沸くこともあります。
(더 출력이 큰 것으로는 물이 끓을 수도 있습니다.)
2. お湯を沸かすのにガスと昼間の電気とではどちらが経済的ですか。
(물을 끓이는데 가스와 낮의 전기와는 어느 쪽이 경제적입니까?)

人が 起（お）きる。(사람이 일어나다.)
人を 起（お）こす。(사람을 일으키다.)

1. なぜそのような問題が起きるのですか?
(왜 그런 문제가 생기는 겁니까?)
2. 今度、津波を起こす実験をすることになりました。
(이번에 해일을 일으키는 실험을 하게 되었습니다.)

水が 流（なが）れる。(물이 흐르다.)
水を 流（なが）す。(물을 흘리다.)

1. 水に電気が流れる仕組みが分かりません。
(물에 전기가 흐르는 구조를 모릅니다.)
2. モーターは電流を流すことで磁界をつくり、それで力が生まれる。
(모터는 전류를 흘리는 것으로 자기장을 만들고, 그래서 힘이 생긴다.)

目が 回(まわ)る。(눈이 돌다.)

目を 回(まわ)す。(눈을 돌리다.)

1. カーブを車で回ると、車は外方向に傾きますが、バイクの場合、中心方向に傾きます。

(커브를 차로 돌면, 차는 바깥쪽으로 기울어지지만, 자전거의 경우 중심 방향으로 기울어집니다.)

2. タービンで発電機を回すと電気が発生します。

(터빈 발전기를 돌리면 전기가 발생합니다.)

(3) 어간은 같고 어미가 같은 행으로 변화하는 것

窓(まど)が 開(あ)く。(창문이 열리다.)

窓を 開(あ)ける。(창문을 열다.)

1. 少女の部屋の窓が開いている。もしかして…そう思って少年が急いで部屋に行く。

(소녀의 방 창문이 열려 있다. 혹시 … 그렇게 생각하고 소년이 서둘러 방으로 간다.)

2. 就寝時にでる水分は朝、窓を開け外気を室内に通し室内を乾燥させるように心がける。

(취침 시에 나오는 수분은 아침, 창문을 열고 바깥 공기를 실내로 통과 실내를 건조시키도록 유의하다.)

子供(こども)が 育(そだ)つ。(어린애가 자라나다.)

子供を 育(そだ)てる。(어린애를 양육하다.)

1. 子供がまっすぐ育つためには母親の愛情が1番と思うんです。
(아이가 올바르게 성장하기 위해서는 어머니의 애정이 제일이라고 생각합니다.)

2. 子供を育てる能力もないくせに、子供を作るのは何故ですか？理解不能です。
(아이를 키울 능력도 없는 주제에, 아이를 만드는 이유는 무엇입니까? 이해불능입니다.)

仕事(しごと)が 進(すす)む。 (일이 진척되다.)
仕事を 進(すす)める。 (일을 진척시키다.)

1. 禁煙してから、仕事が順調に進むようになったが、その分、定時には疲れを感じるようになってきた。
(금연하고 일이 순조롭게 진행되었지만, 그만큼 정시에 피로를 느끼게 되었다.)

2. マスク等何も用意されず、仕事を進めるうちに、たっぷりアスベストが出てきたそうです。
(마스크 등 아무것도 준비하지 않고 일을 진행시킬 때에 잔뜩 석면이 나온답니다.)

ごみが 焼(や)ける。 (쓰레기가 타다.)
ごみを 焼く。 (쓰레기를 태우다.)

1. 最近、胃が焼けるような痛みがちょくちょくやってきます。
(최근 위장이 불타는 듯한 아픔이 가끔 옵니다.)

2. タイヤキを焼くバイトをしているんですが数日前、火傷をした際にすぐ冷やす事が出来ず一時間ほど経過してから水で冷やしましたが、赤く跡がのこってしまいました。
(붕어빵을 굽는 아르바이트를 하고 있는데, 며칠 전 화상을 당했을 때 즉시 식히지 못하고 한 시간 정도 경과후 물로 식혔지만, 빨갛게 흔적이 남아 버렸습니다.)

ゴムひもが 伸びる。(고무줄이 늘어나다.)
ゴムひもを 伸ばす。(고무줄을 늘리다.)

1. 身長が伸びません。1年に1センチそこそこは伸びていますが、いま159センチしかなく、このまま成長期が終わるのは嫌です。
(신장이 증가하지 않습니다. 1년에 1센티미터 적당히 자라고 있습니다만, 지금 159센티미터 밖에 되지 않고, 이대로 성장기가 끝나는 것은 싫습니다.)

2. 身長を伸ばす方法についてですね。少しでも身長を伸ばす方法として、次の方法を試してみて下さい。
(신장을 늘리는 방법이군요. 조금이라도 신장을 늘리는 방법으로 다음 방법을 시도해 보십시오.)

(4)「を」가 붙지만 자동사인 것

아래 예문들은 조사「を」가 붙지만 자동사인 것들이다. 이것들은 동작의 대상이 아니라 장소에 불과하기 때문에 형태는「を」를 취했지만 자동사이다.

飛ぶ、出る、通る、歩く、渡る、散歩する、去る、
過ぎる、登る

1. 手を広げて空を飛ぶ夢は時々みます。
(손을 펼쳐 하늘을 나는 꿈은 때때로 꿉니다.)

2. 先日、父とのいざこざをきっかけに家を出ました。
(얼마전 아버지와 말다툼을 계기로 집을 나왔습니다.)

3. 今日も運転中にこのような事があり、心配のためしばらくして同じ道を通りましたが、事故の様子などなく道が凸凹になってただけでした。
(오늘도 운전 중에 이런 일이 생겨, 걱정 때문에 잠시 같은 길을 통과했지만, 사고의 모습은 없고 길이 요철이 있었을 뿐이었습니다.)

4. 足がつりました。今日なれない靴を履いて長距離を歩きました。

(다리에 쥐가 났습니다. 오늘 익숙지 않은 구두를 신고 거리를 걸었습니다.)

5. その後そのまま青信号を見て横断歩道を渡ろうとしてしまいました。

(그 후 그대로 청신호를 보고 횡단보도를 건너려고 했습니다.)

6. 山に連れて行ってもらったり、近くを一緒に散歩したり、公園に遊びに行ったりしました。

(산에 데려가 주기도 하고 근처를 함께 산책하기도 하고 공원에 놀러가기도 했습니다.)

7. 10月22日に父が肺がんでこの世を去りました。

(10월 22일에 아버지가 폐암으로 세상을 떠났습니다.)

8. 禁煙して、20日を過ぎましたが、禁断症状が消えません。

(금연하고 20일이 경과했지만, 금단증상이 사라지지 않습니다.)

9. 2000メートルの山を、三時間かけて登りました。

(2000미터의 산을 세 시간에 걸려 올라갔습니다.)

(5) 자동사 뿐인 것

行く、栄える、死ぬ、ある、来る、いる

1. 勉強しに学校に行くわけですから、勉強に支障を来たすやり方なら部活なんていらないです!

(공부하러 학교에 가는 것이니, 공부에 지장을 초래하는 식이라면 동아리 따윈 필요 없습니다!)

2. 大学が会社に協力すれば会社が栄える。会社が栄えれば資本主義が栄える。

(대학이 회사에 협력하면 회사가 번영한다. 회사가 번영하면 자본주의가 번영한다.)

3. 結婚してから2ヶ月後に、山田は交通事故で死んだ。

(결혼한 지 2달 후 야마다는 교통사고로 죽었다.)

4. このとき、本が机の上にあったのを鮮明に覚えています。

(이 때, 책이 책상 위에 있던 것을 선명히 기억하고 있습니다.)

5. 夢中で日を過ごしておれば、いつかはわかる時が来る。

(정신없이 하루를 보내고 있으면, 언젠가는 알 때가 올 것이다.)

6. 僕とかなり仲が良いです。しかし、その人は好きな人がいます。

(나와 꽤 사이가 좋습니다. 그러나 그 사람은 좋아하는 사람이 있습니다.)

(6) 타동사 뿐인 것

食べる、着る、投げる、打つ、飲む、書く、植える

1. スパゲティを食べるときスプーンを使うかどうかについてです。

(스파게티를 먹을 때 숟가락을 사용할지 여부입니다.)

2. アメリカとかの洋画で、雨なのにコートを着るだけで、傘をささず外に出るシーンがよくある。

(미국 등의 서양 영화에서 비오는 데 코트를 입는 것만으로 우산을 쓰지 않고 밖으로 나가는 장면이 자주 있다.)

3. 私とは反対側のプラットホームで毎回ボールを投げる。

(저와는 반대의 플랫폼에서 매번 공을 던진다.)

4. パソコンで英文のメールを打つとき、スペースを空けるのがまだ慣れていません。

(PC에서 영문 메일을 쓸 때 공간을 확보하는 것이 아직 익숙하지 않습니다.)

5. コーヒーをよく飲むイタリアやフランスの女性も、妊娠中はコーヒーを控えるのでしょうか。

(커피를 자주 마시는 이탈리아와 프랑스 여성들도 임신 중에는 커피를 삼가합니까?)

6. 日本円にせずに米ドルのまま入金したいのですが、入金を試みると円で換算された金額が表示されてしまいます。

(엔화로 하지 않고 달러 그대로 입금하고 싶습니다만, 입금하려고 하면 엔으로 환산된 금액이 표시됩니다.)

7. 筆記体で英文を書くネイティブはほとんどいない。

(필기체로 영어를 쓰는 원어민은 거의 없다.)

8. 芝刈りや花を植えたりするのは自分達でやっていそうな感じなんですけど。

(잔디 깎기와 꽃을 심거나 하는 것은 스스로 하고 있는 듯한 느낌인데요.)

(7) 자동사 한 개에 타동사 두 개인 경우

繋がる—繋げる・繋ぐ
溶ける—溶かす・溶く
抜ける—抜かす・抜く
切れる—切らす・切る
蒸れる—蒸らす・蒸す

1. 自分の部屋にテレビがなかったので自分で買ったんですが、家にはテレビ線を繋ぐ場所が1箇所しか見当たらなくて困っています。今、居間にあるテレビの線が繋がっています。

(내 방에 텔레비전이 없었기 때문에 직접 구입했습니다만 집에 텔레비전 선을 연결하는 곳이 한 곳 밖에 보이지 않아 어려움을 겪고 있습니다. 지금 거실에 있는 텔레비전 선이 연결되어 있습니다.)

2. 人が大好きなので、人と人を繋げる仕事にしたいんです。

(사람이 매우 좋기 때문에 사람과 사람을 연결하는 직업으로 하고 싶습니다.)

3. 寒い間は雪が解けない、暖かくなると雪が解ける。温水を撒いて雪を溶かす。

(추울 때는 눈이 녹지 않는다. 따뜻해지면 눈이 녹는다. 온수를 뿌려 눈을 녹인다.)

4. 日本には生卵を溶いて味をつけて白いご飯にかけてかき混ぜて食べる料理があります。

(일본에는 날계란을 풀어 맛을 내고 흰 쌀밥에 얹어 휘저어 먹는 요리가 있습니다.)

5. 骨折した時、折れた骨をプレートで固定する手術をしたのですが、途中、そのプレートのネジが抜けてきたために、まだ骨がくっついていなかったのです。

(골절 당했을 때, 부러진 뼈를 판에 고정하는 수술을 했지만, 도중에 그 판의 나사가 빠져 나왔기 때문에 아직 뼈가 붙어 있지 않았습니다.

6. 国会で演説を読み上げるとき、1行抜かして読んでしまった。

(국회에서 연설을 읽을 때, 한 줄 빠뜨리고 읽었다.)

7. 無線LANがつながらない、切れる、不安定などのトラブルの原因と対処法を解説しています。

(무선 LAN이 연결되지 않는다, 잘린다, 불안정 등의 문제의 원인과 대처법을 설명하고 있습니다.)

8. 風邪薬を切らすといけない。風邪が悪化している。ついに声も枯れてきた。

(감기약을 끊으면 안 된다. 감기가 악화되고 있다. 마침내 목도 잠겨온다.)

9. もう電話切れと怒鳴ってきたので切りました。翌日私もカッとなりました。

(이제 전화 끊으라고 고함쳤기 때문에 끊었습니다. 다음날 나도 욱하였습니다.)

10. 通気性のよくない帽子で蒸れる状態になるのはよくないでしょう。かゆみや抜け毛の原因となりやすいようです。

(통풍이 좋지 않은 모자여서 젖는 상태가 되는 것은 좋지 않을 것입니다. 가려움증과 탈모의 원인이 되기 쉬운 것 같습니다.)

11. やり方は簡単で、炊き上がりの音が鳴ったあと、蓋を開けずにちょっと待てばいいのです。ただ、蒸らし時間が長過ぎると固くなってしまいます。

(방법은 간단해, 밥이 다 되는 소리가 울린 후, 뚜껑을 열지 않고 조금 기다리면 됩니다. 단, 뜸 시간이 너무 길면 굳어 버립니다.)

(8) 타동사 한 개에 자동사 두 개인 경우

起こる·起きる — 起こす

縮まる·縮む — 縮める

休まる·休む — 休める

絡まる·絡む — 絡める

弱まる·弱る — 弱める

1. 痛みが起こるしくみ。身体が傷ついただけでは、「痛い」という感覚は起こりません。

(통증이 일어나는 구조. 몸이 상처 뿐으로는 '아프다'라는 감각은 발생하지 않습니다.)

2. あなたは平日何時に起きるだろうか？郊外に住んでいて通勤に1時間以上かかる方は、毎朝6時ぐらいに起床するかもしれません。

(당신은 평일 몇 시에 일어날까? 교외에 살고 있어서 통근에 1시간 이상 걸리는 분은 매일 아침 6시 정도에 기상할지도 모릅니다.)

3. 食中毒を起こす微生物には、細菌の他にもウイルスや原虫などがあります。

(식중독을 일으키는 미생물은 세균 외에도 바이러스나 기생충 등이 있습니다.)

4. 私は最大で遠視2.0と近視0.2という大きな左右の視力差がありました。今は少し差は縮まりましたが、近くのものが両目で見られません。

(나는 최대 원시 2.0과 근시 0.2라는 큰 좌우의 시력차가 있었습니다. 지금은 조금 차이는 줄었지만, 가까운 것을 두 눈으로 볼 수 없습니다.)

5. アメリカのハーバード大学の研究によると、身長が縮み始めるのは40歳から、という結果がでています。しかし最近では、老化しても、身長が縮む人と、縮まない人がいる事が明らかになりました。

(미국 하버드 대학의 연구에 따르면 신장이 줄어들기 시작하는 것은 40세부터라는 결과가 나왔습니다. 그러나 최근에는 노화해도 신장이 줄어드는 사람과 줄지 않는 사람이 있는 것이 밝혀졌습니다.)

6. 最初に、恋愛心理学としては基本的なことなのですが、彼女との距離を縮める原理についてまとめてみましょう。「当たり前だよ」と思うこともあるかもしれませんが、そのようなことこそ大事だったりするのです。

(첫째로, 연애 심리학으로서 기본적인 것입니다만, 그녀와의 거리를 줄이는 원리에 대해 정리해 보겠습니다. "당연하다"라고 생각할지 모르지만, 그런 것이야말로 소중할 것이기도 합니다.)

7. 「横になるだけでも休まる」という睡眠の常識は大間違い。

("눕는 것만으로도 편안해진다"는 수면 상식은 큰 실수.)

8. 日本人にとって休日は、あくまで働くために休む時間であって、長すぎるゴールデンウィークのような休日が時に苦痛になるのはそのためだ。

(일본인에게 휴가는 어디까지나 일하기 위하여 쉬는 시간이기 때문에 너무 오래 골든 위크와 같은 휴일이 때로는 고통이 되는 것은 그 때문이다.)

9. イタリアのことわざに「ゆっくり歩む者のほうが、息長く遠いところまで進んでいける」というものがあります。人は体を休めることで、パワーを溜め、モチベーションを上げることができます

(이탈리아 속담에 "천천히 걷는 사람이 더 오래 계속 먼 곳까지 나갈 수 있다"라는 것이 있습니다. 사람은 몸을 쉬게 하는 것으로, 힘을 모아 동기를 높일 수 있습니다.)

10. USBケーブルがコイル状になっていれば、絡まりにくく使いやすくなります。

(USB 케이블이 코일 모양으로 되어 있으면 얽히기 어려워 사용하기 쉽습니다.)

11. 阪和自動車道下り線で追突事故が発生し、トンネルの外まで数百メートルにわたり計21台が絡む玉突き事故になった。

(한와 자동차도 하행선에서 추돌사고가 발생하여, 터널 밖까지 수백 미터에 걸쳐 총 21대가 얽힌 연쇄추돌사고가 났다.)

12. 詳細な内容は明らかにしなかったが、同次官は対米制裁を、米英ロなど6カ国とイランとの核協議に絡める可能性も示唆。

(자세한 내용은 밝히지 않았지만, 이 차관은 대미제재를 미영러 등 6개국과 이란과의 핵협상으로 축소시키는 가능성도 시사.)

13. 盛岡市の山林で続いている大規模な山火事は、ヘリコプターによる放水や消防などで、火の勢いが弱まりました。

(모리오카시의 산림에서 계속되고 있는 대규모 산불은 헬리콥터에 의한 방수 및 소방 등으로 불의 기세가 약해졌습니다.

14. 酒を飲まないのになぜ肝機能が弱るの？お酒を一切飲まないのに、健康診断で再検査になったり肝機能が低下しているといわれることがあります。

(술을 마시지 않는데 왜 간 기능이 약해지는거야? 술을 전혀 마시지 않는데, 건강진단에서 재검사를 받거나 간 기능이 저하되어 있다고 들은 적이 있습니다.)

15. 米国の大部分の地域を見舞った悪天候は経済活動に影響を与えているものの、年内の景気動向に対する楽観的な見方を弱める理由はないとの見解を示した。

(미국의 대부분 지역을 엄습한 악천후는 경제 활동에 영향을 주고 있지만, 올해의 경기동향에 대한 낙관적인 견해를 약화시키는 이유는 없다는 견해를 나타냈다.)

2

조동사(助動詞)의 문형

2.1. 조동사의 분류

조동사를 분류할 때에는 일반적으로 다음 3가지 면에서 분류한다.

① 의미에 의한 분류
② 접속에 의한 분류
③ 활용에 의한 분류

2.1.1 의미에 의한 분류

(1) 사역(使役)…せる[させる](~시키다)
(2) 수동(受身)…れる[られる](~되다)
(3) 가능(可能)…れる[られる](~할 수 있다)
(4) 자발(自發)…れる[られる](~저절로 되다)
(5) 존경(尊敬)…れる[られる](~하시다)
(6) 정중(丁寧)…ます(~입니다)
(7) 부정(打ち消し)…ない[ぬ·ん](~아니다)
(8) 추량(推量)…う[よう](~일 것이다, ~겠지)
(9) 부정의지·추량(打ち消しの意志·推量)…まい(~하지 않겠다, ~않을 것이다)
(10) 추정(推定)…らしい(~것 같다)
(11) 과거(過去)…た(~했다, ~였다)
(12) 완료(完了)…た(~했다, ~였다)
(13) 희망(希望)…たい·たがら(~하고 싶다, ~하고 싶어하다)
(14) 단정(断定)…だ·です(~이다, ~입니다)
(15) 비유·예시(たとえ·例示)…ようだ(~와 같다)
(16) 전문(伝聞)…そうだ(~라고 한다)
(17) 양태(様態)…そうだ(~인 것 같다)

2.1.2 접속에 의한 분류

(1) 용언, 조동사에 붙는 것

未然形	連用形	終止形	連体形
せる(5단, サ변) させる(상·하1단, カ변) れる(5단, サ변) られる(상·하1단, カ변) ない·ぬ(ん)·まい(5단동사 제외) う(5단) よう(상·하1단, カ변, サ변)	ます たい·たがる そうだ(양태)	そうだ(전문) らしい まい(5단)	ようだ

(2) 체언에 접속되는 것…らしい, だ, です

(3) 조사에 접속되는 것…らしい, だ, です, ようだ

2.1.3 활용에 의한 분류

(1) 동사활용형…せる[させる], れる[られる](하1단), たがる(5단)

(2) 형용사활용형…ない, たい, らしい

(3) 형용동사활용형…そうだ, ようだ, だ

(4) 특수한 활용형…ます, です, た, ぬ[ん]

(5) 무변화활용형…う, よう, まい

(1)「た」의 용법

過去·完了·継続·確認의 助動詞)

[「た」의 활용표]

基本形	活用形	未然形	連用形	終止形	連体形	仮定形	命令形
た	특수형	たろ	○	た	た	たろ	○
주요 용법		「う」가 이어짐		文을 끝맺은	「」「」가 이어짐		

용 례

- **의미**

  조동사「た」는「~했다, ~하였다」라는 의미로 과거, 완료, 계속의 의미를 나타내고 있다.

(1) 과거 … 일이나 동작이 이미 지났음을 나타낸다.

1. 私は去年(きょねん)の三月に日本に来ました。
   (나는 작년 3월에 일본에 왔습니다.)
2. 私はまだ富士山(ふじさん)を見たことがありません。
   (나는 아직 후지산을 본 적이 없습니다.)

(2) 완료 … 일 또는 동작이 끝나 이미 사실이 되었음을 나타낸다.

1. 今やっと勉強が済(す)んだところです。
   (지금 겨우 공부가 끝난 참입니다.)
2. ああ、ようやく出(で)き上(あ)がった。
   (아아, 겨우 완성됐다.)

(3) 계속 … 일 또는 동작이 이미 끝났지만 그 결과 상태가 현재에도 계속됨을 나타낸다.「~てある」「~ている」의 뜻과 같으며 연체형 뿐이다.

1. 眼鏡(めがね)をかけた人はだれですか。
   (안경을 쓴 사람은 누구입니까?)
2. 壁(かべ)にかけた絵(え)はだれのですか。
   (벽에 걸려 있는 그림은 누구의 것입니까?)

시간 경과 후 사정, 동작, 행위

1. 嘘じゃなかった。おれは死ぬほど好きだった。
   (거짓말이 아니었다. 난 죽을 정도로 좋아했다.)
2. 左寄りの考えに立つ人間だけれど、世界史が苦手だったとか、現代史をあまり勉強してこなかったという人は、そう言うことは気にせず教養として読んでも大丈夫だと思う。

(좌편향 생각에 서 있는 인간이지만, 세계사가 서툴거나, 현대사를 많이 공부하지 않았던 사람은 이렇게 말하는 것은 신경 쓰지 않고 교양으로 읽어도 괜찮을 것 같아요.)

3. 今回のテーマである面白かった授業についてですが私は今、主に経済学や経営学について学んでいます。

   (이번 테마인 재미 있었던 수업에 대해서지만 나는 지금은 주로 경제학이나 경영학에 대해 배우고 있습니다.)

4. 東京の街に出て来ました。

   (동경거리에 나왔습니다.)

5. 「美食世界一」の街で活躍する日本人女性に会ってきました。

   ("美食世界一"의 도시에서 활약하는 일본인 여성을 만나고 왔습니다.)

6. 私は映画が好きで月に少なくても1～2回は映画に出かけるのですが、今度はまた韓国の映画「怪しい彼女」を見て来ました。

   (나는 영화를 좋아해 한 달에 적어도 1~2회는 영화 보러 가지만, 이번에는 또 한국 영화 "수상한 그녀"를 보고 왔습니다.)

완료된 동작, 행위

1. あなたは夕飯もう食べましたか？

   (당신은 저녁밥을 벌써 먹었습니까?)

2. 彼はもう宿題を済ませました。

   (그는 벌써 숙제를 끝마쳤습니다.)

3. オークションで落札後、入金も済んだところ、送料が違うといわれ、追加の入金を求められました。

   (옥션에서 낙찰 후, 입금도 끝났는데, 배송비가 다르다고 하여, 추가 입금을 요구받았습니다.)

4. 電子メールは、電話よりも用意できた資料の情報をすみやかに受け取れる方法です。

   (이메일은 전화보다 준비된 자료의 정보를 신속하게 받는 방법입니다.)

5. 遅く咲くピンクのレンテンローズが咲いて、これでクリスマスローズは全部咲きました。

   (늦게 피는 핑크 렌 텐 로즈가 피어, 이제 크리스마스 로즈는 전부 피었습니다.)

6. 定年により退職することになりました。必要な手続きを教えてください。

(정년 따라 퇴직하게 되었습니다. 필요한 절차를 알려주세요.)

「-ている」

1. 男の人は最初に見る女性、つまり母親に似た人を好きになり、女の人は最初に見る男性、つまり父親に似た人を好きになる。

(남자는 처음 보는 여자, 즉 어머니와 닮은 사람을 좋아하게 되고, 여자는 처음 보는 남성, 즉 아버지를 닮은 사람을 좋아하게 된다.)

2. 真っすぐな道も、曲がった道も、でこぼこ道も、きっとどこかに続いてる。急ぎ足でも、ゆっくりでも、時には疲れて休んでも、きっとどこかに着けるのだろう。どこかが、どこなのかはわからないけれど、人生なんてきっとそんなもの(美空ひばり)。

(곧은 길도 구부러진 길도 울퉁불퉁한 길도 분명 어딘가로 계속되고 있다. 빠른 걸음도 천천히라도 가끔은 지쳐 쉬어도 분명 어딘가에 도착할 것이다. 어딘가가 어디인지는 모르지만, 인생은 반드시 그런 것(비소라 히바리).)

3. 遠くが見えないから、遠くにピントを合わせるためメガネを作り、そのメガネをかけたまま、近くを見たらどうなると思いますか？

(멀리 보이지 않기 때문에, 멀리 초점을 맞추기 위해 안경을 만들고, 그 안경을 쓴 채 근처를 보면 어떻게 될 거라고 생각하십니까?)

4. 「信じる、信じない」で物事を判断するのは科学とは呼びません。それはもう「宗教」です。私は無宗教ですし、その10万年以上進んだ科学技術とやらを明確に提示していただけない内は、「信じる、信じない」では無く、「認めない」という結論になります。

("믿는다, 믿지 않는다."로 사물을 판단하는 것은 과학이라고 부르지 않습니다. 그것은 이미 「종교」입니다. 나는 무종교인이기도 하고, 그 10만 년 이상 앞선 과학기술인가를 명확하게 제시할 수 없으면 "믿는다, 믿지 않는다."가 아니라 "인정하지 않는다."라는 결론이 됩니다.)

동사「た형」

1. 今度君に会ったらどんな話しをしよう。映画のことそれとも大きな夢、今度君に会ったらどんな顔で笑おう。

(이번 너를 만나면 어떤 이야기를 할까. 영화 아니면 큰 꿈. 이번 너를 만나면 어떤 얼굴로 웃을까.)

2. もし、わたしも昨日の飛行機に乗ったら(＝乗ったとすれば)、今日はここで山村さんに会えなかった。その飛行機は海に落ちたというニュースを聞いたばかりよ。

(만약 나도 어제 비행기를 탔다면 오늘은 여기에서 야마무라 씨를 만나지 못했다. 그 비행기는 바다에 떨어졌다는 소식을 막 들었어요.)

3. 車に乗ったままお金を借りられるという広告に引っかかってしまいました。

(차를 탄 채로 돈을 빌릴 수 있다는 광고에 걸려 버렸습니다.)

4. 今回は、毎日でも苦にならない「家に着いた時から開始する6つのキレイ習慣」をご紹介します。

(이번은 매일이라도 힘들지 않은 「집에 도착했을 때부터 시작하는 6개의 좋은 습관」을 소개합니다.)

5. 夜間に救急車で搬送された後、処置を済ませ、入院するかどうかと聞かれたのが23:45頃で、病室に入ったのは24:00を過ぎていました。

(야간에 구급차로 이송된 후 처리를 마치고 입원 여부를 물었던 것이 23 : 45경이고, 병실에 들어온 것은 24 : 00가 지나서 였습니다.)

6. 「地震がおこったらどういった行動をとればいいか」ということ。経験者にしか語れないことと思います。

(“지진이 일어나면 어떤 행동을 취하면 좋은가?”라는 것. 경험자 밖에 말할 수 없는 것이라고 생각합니다.)

7. 長く活躍するためにはアメリカへ早く行った方がいいと考えていた。

(오랫동안 활약하기 위해서는 미국에 빨리 가는 것이 좋다고 생각했다.)

8. メディアが伝えたところでは、いくら大量に食事を取っても、どんなに高カロリーな食事を取っても, 山田さんの体に脂肪が付くことはないのだという。

(매체가 전했던 바로는 아무리 대량으로 음식을 먹어도, 아무리 높은 칼로리 음식을 먹어도 야마다 씨의 몸에 지방이 붙는 일은 없을 것이라고 한다.)

「一たものだ」「一たね」

1. 知らない国を旅して、知らない人々に会うのは楽しいものだ。
(모르는 나라를 여행하고 모르는 사람들을 만나는 것은 즐거운 일이다.)

2. A: 高校のとき、私たちはよくその本屋を利用したね。
(고등학교 때, 우리는 자주 그 책방을 이용했었지.)

B: ええ、そうでしたね。
(네, 그랬죠.)

3. 3才くらいまで自分を「ヤマガタヒロシ」と名乗っていた男の子や、「アメリカに住んでいた、芝生のある家だった」という子がいる。
(3세 정도까지 자신을 "야마가타 히로시"라고 자칭하고 있던 소년과 "미국에 살고 있던, 잔디가 있는 집이었다"라는 아이가 있다.)

동사「た형」

1. A: 電車がまだ来ていないね。
(전철이 아직 오지 않네요.)

B: ほら、来た、電車が来た。
(이봐, 왔다, 전철이 왔다.)

2. 無事に見つかったことにまず感謝ではあるが、その子が5日間、どんな思いで恐怖感を持っていたのかはわかりません。
(무사히 발견된 것에 우선 감사하지만, 그 아이가 5일 동안 어떤 생각으로 공포감을 가지고 있었는가는 모릅니다.)

3. 本当の愛を教えてくれたのは君だった。愛しい声に目を覚ます。本当の愛を教えてくれたのはあなたでした。
(진정한 사랑을 가르쳐 준건 너였다. 사랑스러운 목소리에 눈을 뜹니다. 진정한 사랑을 가르쳐 준 당신이었습니다.)

4. 高難度のアクションシーンはすべて本物というわけではなく、編集も加えられているという。あるネットユーザーは、「もう少しでだまされるところだった。」
(고난도의 액션 장면은 모두 진짜라는 것이 아니고, 편집도 더 해지고 있다고 한다. 한 네티즌은 "하마터면 속을 뻔했다.")

(2) 「ぬ(ん)」 ぬ[ん](否定助動詞)

[「ぬ[ん]」의 활용표]

基本形	活用形	未然形	連用形	終止形	連体形	仮定形	命令形
ぬ(ん)	특수형	○	ず	ぬ(ん)	ぬ(ん)	ね	○
주요 용법			「に」가 이어짐	文을 끝맺은	「명사」가 이어짐	「ば」가 이어짐	

용 례

● 의미

부정조동사 「ぬ」는 부정의 뜻을 나타낸다. 주로 문어체에서 쓰이며, 회화체에서는 「ず」「ずに」 용법으로 쓰인다.

● 접속

동사 · 동사활용형 조동사 「せる, させる, れる, られる」, 특수형 조동사 「ます」의 미연형 「ませ」에 접속한다.

1. 君が知らぬはずはあるまい。
   (자네가 모를 리는 없을 것이다.)
2. 今日はどこへも行きません。
   (오늘은 어디에도 가지 않습니다.)

「ない形」「ぬ(ん)」

1. 何も知らない人は他人の言うことを疑うこともなく鵜呑(うの)みにしてしまいます。知らぬが仏。
   (아무것도 모르는 사람은 남의 말을 의심 없이 그대로 받아드립니다. 모르는 게 약.)
2. これを知らんと京都で生活できない。
   (이것을 모르면, 교토에서 생활할 수 없다.)

3. 知っていることを真剣に実行してうむことを知らぬ人が聖人君子である。

(알고 있는 것을 진실하게 실행하며 지칠 줄 모르는 사람이 성인군자이다.)

4. 人生観に根ざすことは論をまたぬが、同時に日々の言行を常に反省し、その反省のくりかえしが人間鍛錬の日課でなければならぬ。

(인생관에 뿌리박힌 것은 논할 수 없지만, 동시에 일상적인 언행을 항상 반성하고 그 반성의 반복이 인간단련의 일과가 되지 않으면 안 된다.)

5. そんなことはとんでもございません。わたしは絶対しませんよ。

(그런 것은 터무니 없습니다. 나는 절대하지 않아요.)

동사「ない形」+ ねばならぬ/ねばならない

1. 国民はだれでも6年間の義務教育を受けねばいけぬ(＝受けねばいけない/受けなければいけない)。

(국민은 누구도 6년간의 의무 교육을 받지 않으면 안 된다.)

2. 日本は神道、神が構わねば行けぬ国であるぞよ。

(일본은 신도, 하나님이 상관하지 않으면 갈 수 없는 나라야.)

3. 京都から東京に日帰りで行かねばならなくなりました。行きの京都から東京へはのぞみ指定席で、と考えています。

(교토에서 도쿄에 당일치기로 가지 않으면 안 되었습니다. 가는 것은 교토에서 도쿄로는 노조미지정석으로 생각하고 있습니다.)

(3)「ず」

「ない形」+ ず(に)

1. 食べずに免疫力アップ？断食はカラダにとっては良いことづくし、断食と聞くと、ダイエットのイメージが先行するけど、実は健康にもとても良いんです。体内を一度リセットさせるためにも、1日でもいいから断食するといいかもしれない。

(먹지 않고 면역력 높임? 금식은 몸을 좋게 만들기도 하고, 금식이라는 말을 들으면 다

이어트의 이미지가 선행되지만, 실은 건강에도 아주 좋습니다. 체내를 한 번 리셋시키기 위해서도 하루라도 좋으니까 금식하면 좋을지도 모른다.)

2. 何も言わずにいておくれ。今は静かに目を閉じて何も言わずにいておくれ。悲しい素振りは見せないで何も言わずにいておくれ。明日になったら忘れてやるさ。(作詞:谷村新司)

(아무 말도하지 않고 있어 줘. 지금은 조용히 눈을 감고 아무 말도 하지 않고 있어 줘. 슬픈 기색은 보이지 말고 아무 말도하지 않고 있어 줘. 내일이 되면 잊어주겠어. (작사 : 타니무라 신지))

3. 大雨の中、傘を差さずに踊る人間がいてもいい。自由とはそういうことだ。人は皆に与えられた役割を生きている。

(폭우 속에서 우산을 쓰지 않고 춤추는 사람이 있어도 좋다. 자유라고 하는 것은 그런 것이다. 사람은 모두에게 주어진 역할을 살고 있다.)

4. 病院に行かずに風邪を早く治すために知っておきたい7つのポイント。気を付けていても、風邪は引いてしまうものです。

(병원에 가지 않고 감기를 빨리 치료하는데 알아야 할 7가지 포인트. 주의를 해도 감기는 걸리는 것입니다.)

「ない形」+ ず

1. 誘っていただいたのに、行けずじまいで失礼しました。行きたかったです。

(권해 주었는데 가지 못하고 말아서 실례했습니다. 가고 싶었습니다.)

2. 中学卒業後、何故か合格して高校に行けず、1年間自宅に引きこもっていた。高校に行けなかった理由はいまだによくわからない。

(중학교 졸업 후, 왜 합격하고 고등학교에 가지 못하고, 1년 동안 집에 틀어 박혀 있었다. 고등학교에 갈 수 없었던 이유는 아직 잘 모른다.)

3. 仕事をはじめてから肩こりを感じるようになりましたが、近頃は肩だけでなく背中全体が張っている感じです。そのせいか寝ても疲れが取れず、常に身体が重い感じがします。

(일을 시작하고 나서 어깨 결림을 느끼기 시작했지만, 요즘은 어깨 뿐만 아니라 허리전체가 결려 있는 느낌입니다. 그 때문인지 잠을 자도 피로가 풀리지 않고 항상 몸이 무거운 느낌이 듭니다.)

4. 初めて見る表で作業するときに、何がなんだか分からず困ったことはありませんか？部署の移動、新しい職場など初めて接する作業では、分からないことだらけです。

(처음 보는 표에서 작업할 때, 뭐가 뭔지 몰라서 어려운 점은 없습니까? 부서이동, 새로운 직장 등 처음 접하는 작업은 모르는 것 투성이 입니다.)

5. 梅雨とは言うものの、あまり雨が降らず熱中症が心配されるような暑い日が続いています。

(장마라고 말하지만, 너무 비가 내리지 않아 열사병이 우려되는 더운 날이 계속되고 있습니다.)

동사「ない形」+ ずの + 명사
동사「ない形」+ ずだ

1. 腹八分目に医者いらずとは、満腹になるまで食べないで、八分目くらいで抑えておけば健康に良いということ。

('덜 차게 먹는데 의사 필요하지 않다'는 말은 만복이 될 때까지 먹지 않고 여덟 정도에서 억제해 두면 건강에 좋다는 것.)

2. 山本社長は、韓国市場との関係について「つかず離れずが大切」と話しています。日系企業にとっての韓国は、何が起こるかわからないリスクがあります。

(야마모토 사장은 한국 시장과의 관계에 대해 "어중간한 관계가 중요하다"고 말하고 있습니다. 일본계 기업에 있어서 한국은 무엇이 일어날지 모르는 위험이 있습니다.)

3. わざと変えた文字だから役に立たないが、私たちはもう本当の文字を知っている。

(일부러 바꾼 문자이기 때문에 도움이 되지 않지만, 우리는 이제 진정한 문자를 알고 있다.)

動詞「ない形」+ ずの + 名詞
動詞「ない形」+ ず
い形容詞 + からず、い形容動詞 + からず

1.「休まずサボらず働かず」の言葉にあるように一見、忙しそうにしていても

(稼働率が高そうでも)実は、モノが動いてない、仕事が進んでいない状態に気づくことがあります。

("쉬지 않고 게으름피우지 않고 일하지 않고" 말처럼 언뜻 보기는, 바쁜 듯하고 있어도(가동률이 높은 것 같아도) 사실, 물건이 움직이지 않고, 일이 진행되지 않는 상태에 주의할 것이 있습니다.)

2. スーパーは年中無休。年末年始も休まず営業致します。いつでもご安心してお買い物をお楽しみいただけます。

(슈퍼는 연중무휴. 연말연시도 쉬지 않고 영업합니다. 언제든지 안심하고 쇼핑을 즐길 수 있습니다.)

3. 少し前までそれにじたばたしてましたが最近慣れてきたのは、運気が下がっている時には騒がず暴れず体を丸めるようにして、なるべく自分を前に前に出さず、人の力になることをする。

(얼마 전까지 그 때문에 허우적거렸습니다만 최근 익숙해진 것은, 운기가 내리고 있을 때에는 떠들지 않고 날 뛰지 않고 몸을 구부리도록 하여, 가급적 자신을 앞에 내세우지 않고, 남의 힘이 되는 것을 한다.)

4. 今はまだ人生を、人生を語らず。あの人のための自分などと言わず。あの人のために去り行く事だ。

(지금은 아직 인생을, 인생을 말하지 않고. 그 사람을 위해 나 자신 등과는 말하지 않고. 그 사람을 위해 떠나가는 것이다.)

5. 彼女の好きな言葉は「あわてず、あせらず、あきらめず」これも先生から言われた言葉のようです。

(그녀가 좋아하는 말은 "당황하지 말고 서두르지 말고 포기하지 않고" 이것도 선생님 하신 말씀처럼 입니다.)

6. 誰しも死に際になると物を食べなくなり、水もほとんど飲まなくなる。そして飲まず食わずの状態になると一週間から十日で死亡する。これは飲食しないから死ぬのではなく、死ぬから飲食しなくなるのであり、死ぬ前には腹も減らず、のども渇かないという。

(누구든지 죽을 때가 되면 음식을 먹지 않게 되고, 물도 거의 마시지 않게 된다. 그리고 먹지도 마시지도 않는 상태가 되면 일주일에서 열흘 사이에 사망한다. 이것은 음식을 먹지 않기 때문에 죽는 것이 아니라 죽기 때문에 음식을 먹지 않는 것이며, 죽기 전에는 배도 고프지 않고, 목도 마르지 않는다고 한다.)

7. あの選手は入団以来鳴かず飛ばずだったけど、昨季は大活躍だった。

(그 선수는 입단 이후 울지 않고 날지 않고 있었지만 지난 시즌은 맹활약을 했다.)

8. 見ず知らずの人でも、あいさつを交わすと、なんとなく親しみを覚え、お互いの心が通じ合うものです。

(낯선 사람이라도 인사를 나눌 때 어쩐지 친근감을 느끼게 되고 서로의 마음이 통하는 것입니다.)

9. 見ず知らずの男性に誘われたら、どうします？

(낯선 남성이 유혹한다면 어떻게 합니까?)

10. 人生、出会うべき人には必ず出会う。遅からず、早からず。

(인생, 만날 사람은 반드시 만난다. 늦지도 빠르지 않게.)

11. 晴れたり曇ったり雨がふったり、暑からず寒からず風は強からず弱からず湿度は高からず低からずそんな天気でした。

(맑거나 흐리거나 비가 내리거나, 덥지 않고 춥지 않고 바람은 강하지 않고 약하지 않고 습도는 높지 않고 낮지 않은 그런 날씨였습니다.)

12. マイホームの購入はやはり大きな買い物ですし、今後の人生設計においても、とても重要な事だと私は考えます。多からず少なからず不安を抱えられているお客様もいらっしゃる。

(내 집 마련은 역시 큰 쇼핑이며, 향후의 인생 설계에 있어서도 매우 중요한 일이라고 나는 생각합니다. 많지 않고 적지 않은 불안을 안고 있는 고객도 계신다.)

動詞「ない形」＋ずにいる/ないでいる

1. あれから何度も君に触れたくて眠れない夜に、答えを出せずにいる君を悲しませたくない。

(그로부터 몇 번이나 너를 만나고 싶어서 잠들 수 없는 밤에, 대답을 내놓지 못하고 있는 그대를 슬프게 하고 싶지 않다.)

2. 前の日の夜も酒を飲んだのに、朝起きると飲まずにはいられない。飲まないと、不安、イライラ、動悸、寝汗をかくことがあり、飲んでいないときの自分が、まるでぬけ殻のようで正気がない。

(전날 밤에도 술을 마셨는데, 아침에 일어나면 마시지 않고는 견딜 수 없다. 마시지 않으면 불안, 초조, 동계, 밤에 땀을 흘리는 일이 있고, 마시지 않을 때 자신이 마치 얼빠진 것 같이 정신이 없다.)

3. 毎月返済に追われていて余裕が全く無くてここ半年程払っていません。テレビも見ずにいる状況ですのでNHKは全く見ていません。

(매월 상환에 쫓기고 여유가 전혀 없고 요 반년 정도 지불하지 않았습니다. 텔레비전도 보지 않고 있는 상황이기 때문에 NHK는 전혀 보지 않습니다.)

4. ダイエットというと間食・夜食は厳禁と考えられがちですが、昼食と夕食の間の長い時間、何も食べずにいることも辛いもの。

(다이어트라고 하면 간식·야식은 엄금해야 한다고 생각하기 쉽지만, 점심과 저녁 사이의 긴 시간 아무것도 먹지 않고 있는 것도 괴로운 것.)

5. 気になる人がいても、あれこれ考えてしまって言葉にできずに悩んでいるとのことですね。たしかに異性はなかなか自分の意見をストレートに伝えることって難しいです。

(신경이 쓰이는 사람이 있어도 이런 저런 생각을 해서 말을 못하고 고민하고 있다는 것이군요. 분명히 이성에게는 좀처럼 자신의 의견을 직설적으로 말하는 것은 어렵습니다.)

動詞「ない形」+ ず

1. 赤ちゃんが寝付くまで一緒にいるお母さんやお父さん、そこから立ち去るのはなかなか難しい。のでは？いなくなると泣いちゃう赤ちゃんを起こさずに上手く立ち去るための、面白い動画です。

(아기가 잠들 때까지 함께 있는 엄마와 아빠, 거기서 자리를 뜨는 건 꽤 어렵다. 없게 되면 울어 버릴 아기를 깨우지 않고 잘 떠나가기 위한 재미있는 동영상입니다.)

2. うちの子も父親のパソコンを使って友達とメールをしていますが、それをのぞいてみると、汚い言葉がたくさん出てくるのです。注意をするとかえって反抗し、この先、問題を起こさず育ってくれるか心配です。

(우리 아이도 아버지의 PC를 사용하여 친구와 메일을 하고 있습니다만, 그것을 들여다보면 상스러운 단어가 많이 나옵니다. 주의를 하면 오히려 반항하고, 앞으로 문제를 일으키지 않고 자라줄까 걱정입니다.)

3. 「僕はお金を一銭も使わずに生きることにした。1年経ったが、暮らしは快適だ」1年間お金を使わずに生活する実験をした29歳の若者の記事がイギリスのテレビや新聞で紹介されるや、世界中から取材が殺到し、大きな反響を呼んだ。

("나는 돈을 한 푼도 쓰지 않고 살기로 했다. 1년이 지났지만 생활은 편안하다." 1년간 돈 쓰지 않고 생활하는 실험을 한 29세의 젊은이의 기사가 영국 텔레비전과 신문에 소개되자 세계 각국에서 취재가 쇄도하고 큰 반향을 불러 일으켰다.)

4. かさが大きく満腹感も得られるため、ご飯などの主食を食べ過ぎずにすむといったメリットもあるそうです。
(정말 많이 포만감도 얻을 수 있기 때문에, 밥 등의 주식을 과식하지 않아도 된다는 메리트도 있다고 합니다.)

5. 夕飯を食べずにライブを見て、そのまま夜に飲み、「小腹減ったな、何か食べたいな」と思っていて、宿泊先が近かったのでそば屋へ行ってきました。
(저녁을 먹지 않고 라이브를 보고, 그대로 밤에 마시고, 아랫배 줄어들었구나, 뭔가 먹고 싶다고 생각이 나서 숙박시설이 가까웠기 때문에 소바 집에 다녀왔습니다.)

6. 搭乗から降りるまで、電源を切らずにゲームや音楽、動画を楽しめるようになる。
(탑승에서 내릴 때까지 전원을 끄지 않고 게임이나 음악, 동영상을 즐길 수 있게 된다.)

動詞「ない形」+ ずにすむ/ないですむ

(A)

1. 兄が学校で使った本があったので、新しいのを買わずに済んだ。
(형이 학교에서 쓴 책이 있었기 때문에 새로운 것을 사지 않고 해결되었다.)

2. 近隣住民が救急車を呼び、救急隊員の手当てを受けたため病院には行かずに済んだ。
(인근 주민이 구급차를 불러, 구급대원의 치료를 받았기 때문에 병원에 가지 않고 끝났다.)

3. 人に優しくて自分にも甘いタイプだから働かずに済むような金儲けには向いてない。
(사람에게 상냥하게 자신에게 무른 타입이라 일하지 않아도 되는 돈벌이에 적합하지 않다.)

4. 人の不運や不幸の何割かはお金さえあれば経験せずにすむものです。
(사람의 불운과 불행의 몇 할은 돈만 있으면 경험하지 않고 해결되는 것입니다.)

5. 節約と言うと、安い買い物だけじゃなく、無駄使いをしないことも含まれる。その無駄使いをしないところに注目。生活において必要な物の中で、お金をかけずに済むもの、無料で済むものをリストアップした。
(절약이라고 하면 저렴한 쇼핑뿐만 아니라, 낭비를 하지 않는 것도 포함된다. 그 낭비를

하지 않는 곳에 주목. 생활에 필요한 물건 속에서 돈을 들이지 않아도 되는 것을, 무료로 해결하는 것을 작성했다.)

(B)

1. 大きなミスを犯したので、解雇されると思ったが、田中さんが口をきいてくれたおかげで、首にならずにすんだ/ないですんだ。

(큰 실수를 했기 때문에 해고되는 줄 알았는데, 다나카 씨가 말을 해 준 덕분에 해고되지 않고 끝났다.)

犠牲者は俺が余計な事をしなければ、死なずに済んだ可能性があるのだ。

(희생자는 내가 불필요한 일을 하지 않으면 죽지 않고 끝날 가능성이 있다는 것이다.)

2. 子どもへの虐待を発見し、早期に対応をすれば年間約50人もの幼い命を失わずに済んだはずです。

(어린이 학대를 발견하고 조기 대응을 하면 연간 약 50명의 어린 목숨을 잃지 않고 끝날 것입니다.)

3. 事前対策はそもそも事故を生じさせないための安全対策であり、リスクを排除、軽減する対策になります。患者さんに未然に気づいていただいて大きな事故にならずにすんだ。

(사전대책은 원래 사고를 일으키지 않기 위한 안전 대책이며, 위험을 제거, 경감하는 대책입니다. 환자 미연에 주의해 주면 큰 사고가 나지 않고 해결된다.)

4. 住民約150人ほどが一時避難しましたが、だれもケガをせずに済んだようでした。

(주민 약 150여 명이 일시 피난했지만, 아무도 부상 없이 끝난 것 같았습니다.)

5. 昼食も休憩も取らず、ただひたすらトラクターで暴走族のように走り回り、なんとか仕事を済ませて集合時間に遅刻せずに済んだのであった。

(점심도 휴식도 취하지 않고 오로지 트랙터로 폭주족처럼 뛰어 다니고, 어떻게든 일을 끝내고 집합 시간에 지각하지 않고 끝났다.)

動詞「ない形」+ずにはいられない/ないではいられない

1. たぶん自分の考えと違うことを言われたら反論せずにはいられないんでしょうね。

(아마도 자신의 생각과 다른 것을 들으면 반박하지 않고는 견딜 수 없는 것이지요.)

2. 子供の将来を心配せずにはいられないからだ。

(자녀의 미래를 걱정하지 않고는 견딜 수 없기 때문이다.)

3. 医者にとめられているが、お酒があったら、飲まずにはいられない。

(의사로부터 끊으라고 들었지만, 술이 있으면, 마시지 않고는 견딜 수 없다.)

4. 小さい子供が父親のまねをして歩いているのを見て、笑わずにはいられなかった。

(어린 아이가 아버지의 흉내를 내고 걷고 있는 것을 보고 웃지 않고는 견딜 수 없었다.)

5. あんなにひどいことを言われたら、だれでも、怒らずにはいられない。

(그렇게 심한 말을 들으면 누구든 화나지 않을 수 없다.)

6. 困っている人を見ると助けずにはいられない性分で、貧しい患者から決して金を取ろうとせず、むしろ金を施した程であったと伝わっている。

(도움이 필요한 사람을 보면 도와주지 않고서는 견딜 수 없는 성품으로, 가난한 환자로부터 결코 돈을 받으려 하지 않고 오히려 돈을 줄 정도였다고 전한다.)

7. あの映画を見れば、だれでも感動せずにはられないだろう。

(그 영화를 보면 누구라도 감동받지 않을 수 없을 것이다.)

8. 日本の棚田100選にも選ばれている富山の棚田。山間に広がる絶景に心奪われ、誰しも写真を撮らずにはいられない。

(일본의 계단식 논 100선에도 선정되어 토야마의 계단식 논. 산간에 펼쳐지는 절경에 마음을 빼앗겨, 누구나 사진을 찍지 않고서는 견딜 수 없다.)

9. 情緒あふれる昔懐かしい町並みを再現した店内の空間は、誰もが故郷を思い出さずにはいられない雰囲気を体感するでしょう。

(정서 넘치는 옛 거리를 재현한 점내 공간은, 누구나 고향을 떠올리지 않고는 참을 수 없는 분위기를 체감할 것입니다.)

10. 海に出かけた「私」は不思議な魅力を持った男性(先生)に出会う。そして、二人の会話から強い友情が伝わってきて、読者は好感を持たずにはいられない。

(바다로 나간 '나'는 묘한 매력을 가진 남성 (선생님)을 만난다. 그리고 두 사람의 대화에서 강한 우정이 전해져 오고, 독자는 호감을 가지지 않고서는 견딜 수 없다.)

動詞「ない形」＋ずにはおかない/ないではおかない

(A)

1. セミナーの講師として活躍しておられるが、彼女の鋭い観察力とその流暢な弁舌は、人々をして感動させずにはおかない。
   (세미나의 강사로 활약하고 계신 그녀의 예리한 관찰력과 유창한 언변은 사람들을 감동시키지 않고는 내버려두지 않는다.)

2. この物語を社会人は共感するにせよしないにせよ、魂を(いろんな意味で)揺さぶらずにはおかない一作です。
   (이 이야기를 사회인은 공감하든 하지 않던, 영혼을 (여러 가지 의미로) 흔들지 않고는 내버려두지 않는 한 작품입니다.)

3. 彼はなにか人を惹きつけずにはおかない魅力を持ち合わせていた。
   (그는 뭔가 사람을 끌어들이지 않고는 못 배기는 매력을 가지고 있었다.)

4. こうした状況は、世の中の動きをぴりぴりと受け止める思春期·青春期の若者にとっては、行動せずにはおかない感情をつのらせるものでもあった。
   (이러한 상황은 세상의 움직임을 과민하게 받아들이는 사춘기, 청춘 시절의 젊은이에게는 행동하지 않고는 내버려두지 않는 감정을 격화시키는 것도 있었다.)

(B)

1. むすめは一流の音楽家になると言って家を出た。大変だが、きっと目的を達成せずにはおかにない/達成しないではおかないだろう。
   (딸은 유명한 음악가가 되겠다고 말하고 집을 나섰다. 힘들겠지만 반드시 목표를 달성하지 않고는 내버려두지 않을 것이다.)

2. いくら困難があっても力を尽くして行方不明者を捜さずにはおかない/捜さないではおかない。
   (아무리 어려움이 있어도 힘을 다해 실종자를 찾지 않고는 내버려두지 않을 것이다.)

3. どんな困難があおろうと、大学に入って、日本語教育学を勉強する宿願を果たさずにはおかない/果たさないではおかない。
   (어떤 어려움이 있다 하더라도 대학에 들어가, 일본어 교육학을 공부하는 숙원을 성취하지 않고는 내버려두지 않을 것이다.)

動詞「ない形」＋ずにはすまない/ないではすまない

1. 国民の税金の一部を私用に使っていた官僚は処罰されずにはすまないだろう。

(국민 세금의 일부를 개인에 사용하던 관료는 처벌되지 않고는 끝나지 않을 것이다.)

2. 相手をあんなに怒らせたのだから、謝らずにはすまないだろう。

(상대방을 그토록 화나게 했으니까 사과하지 않고는 풀리지 않을 것이다).

3. 私たちの生き方は、相互関係の中で他人や自然になんらかの影響を与えずにはすまないからです。

(우리의 삶은 상호 관계 속에서 타인과 자연에 어떤 영향을 주지 않고는 끝나지 않기 때문입니다.)

4. 山田さんには留学中お世話になったのだから、帰国前にお礼を言わずにはすまない。

(야마다씨에게 유학중 신세를 졌기 때문에 귀국 전에 인사를 하지 않으면 안 된다.)

5. いくら自分の子がかわいくてもなんなかひどいいだずらをして人に迷惑をかけたのだから、責めずにはすまない。

(아무리 자신의 아이가 귀여워도 뭔가 심한 장난을 쳐서 사람에게 폐를 끼쳤으면, 비난받지 않으면 안 된다.)

動詞「ない形」＋ずとも(分かる/いい)：(ーしなくても(分かる/いい)：하지 않아도 알 수 있다.)

1. 最初から知って近づいたよりなんか大物をつり上げた感があっていいですが、職業柄に聞かずとも雰囲気で分かます。

(처음부터 알고 접근하기 보다는 뭔가 거물을 끌어 올린 느낌이 있어 좋습니다만, 직업상 듣지 않아도 분위기로 압니다.)

2. 「日本語の漢字には読み方を習わずとも意味が分かるものが多い」と韓国人の彼が言った。

("일본어의 한자는 읽는 법을 배우지 않고도 의미를 알 수 있는 것이 많다"고 한국인인 그가 말했다.)

専門職は何にでも言えるけど誰にも習わずとも出来る。

(전문직은 무엇이든 말할 수 있지만 누구에게도 배우지 않고도 할 수 있다.)

3. 40年も共に暮してきた二人は、何も言わずも相手の気持ちが推測できる。

(40년이나 함께 살아온 두 사람은, 아무것도 말하지 않아도 서로의 기분을 추측할 수 있다.)

4. 不思議がります。でも魔法や念力を使ったわけでもなく、理にかなったことを行なえば患部を触らずとも楽になることが可能です。

(신기함이 있습니다. 하지만 마법이나 일념을 사용한 것도 아니고 이치에 맞는 것을 행하면 부위를 만지지 않고도 편해질 수 있습니다.)

참고

「ぬ」는 현대 회화체에서는 거의 쓰이지 않고 문어체에서 주로 쓰인다. 특히 회화체에서는 연용형인「ず」「ずに」의 형태가 주로 쓰인다. 그리고「ん」은「ません」의 형태로 회화체에서 주로 쓰인다.

a. 行かぬ。《문어체》
b. 行かない。《회화체》
c. 行きません。《정중한 회화체》
d. 食べずに。《문어체》
e. 食べないで。《회화체》
f. 行かねばならぬ。《문어체》
g. 行かなければならない。《회화체》
h. 行かなければなりません。《정중한 회화체》

1. 腹ペコのまま学校に行かぬこと.朝食を食べずに学校へ行くと集中力が保てず、勉強に悪影響が出てしまうことがある。

(배고픈 대로 학교에 가지 않는 것. 아침을 먹지 않고 학교에 가면 집중력을 유지할 수 없어 공부에 악영향이 나올 수 있다.)

2. 男には行かねばならぬ時があるのだ。

(남자에 가지 않으면 안 되는 때가 있는 것이다.)

せっかく国際免許とってレンタカーも予約したし、なによりこの旅での目標のひとつをやすやすあきらめるわけにもいかず、折衷案としてナポリ行きはあきらめた。

(모처럼 국제 면허 따고 렌트카도 예약했고, 무엇보다 이 여행의 목표 중 하나를 쉽게 포기할 수도 없어서, 절충안으로 나폴리 행은 포기했다.)

(4) 조동사「そうだ」

そうだ(様態助動詞)

용 례

- **의미**

사물의 모양이나 상태가 그렇게 될 것 같다는 의미를 나타냄.
「~일 것 같다, ~인 모양이다.」

- **접속**

(1) 동사 및 동사형 조동사의 연용형에 붙는다.

1. 雨が降りそうだ。
(비가 내릴 것 같다.)

2. あの食べ物を食べさせそうだ。
(저 음식을 먹일 것 같다.)

(2) 형용사 · 형용동사 · 형용사형 조동사의 어간에 붙는다.

1. この荷物(にもつ)は重(おも)たそうだ。
(이 짐은 무거울 것 같다.)

2. とてもしずかそうな家ですね。
(정말 조용한 듯한 집이군요.)

3. 日本へ行きたそうだ。
(일본에 가고 싶은 것 같다.)

[「そうだ」(양태)의 활용표]

基本形	活用形	未然形	連用形	終止形	連体形	仮定形	命令形
そうだ	형용 동사형	そうだろ	そうだっ① そうだ② そうに③	そうだ	そうだ	そうなら	○
주요 용법		「う」가 이어짐	「た」는 ①, 「ない」는 ②, 「なる」는 ③에 이어짐	文을 끝맺음	「명사」가 이어짐	「ば」가 이어짐	

動詞「ます形」+そうだ/そうだった
い形容詞語幹+そうだ/そうだった
な形容詞語幹+そうだ/そうだった

1. お腹が減ってきた。ハラペコで目がまわってきた。もう倒れそうだ。
   (배가 고파왔다. 배가 너무 고파서 눈이 돈다. 이제 쓰러질 것 같다.)
2. ちょっと外に出たら、暑すぎて死にそうだから、部屋に来てクーラーつけてひんやりしてます。
   (잠시 밖으로 나왔더니, 너무 더워서 죽을 것 같아서, 방에 와서 쿨러를 켜고 서늘하게 쉬고 있습니다.)
3. 目玉焼きを厚切りパンに乗せてペロリと食べるシーンは本当においしそうです。
   (계란 후라이를 두껍게 자른 빵에 얹어 순식간에 먹는 장면은 정말 맛있을 것 같습니다.)
4. 10年ぶりに前の職場の仲間に会った。夫が亡くなったことはみんな知っている。死因も知っているのはその中の半分。しかし、彼女は元気そうで良かった。
   (10년 만에 전 직장 동료를 만났다. 남편이 사망한 것은 모두 알고 있다. 사인도 알고 있는 것은 그 중의 절반. 하지만 그녀는 건강한 것 같아 좋았다.)
5. これの存在を一旦忘れたほうが精神衛生上によさそうだ。
   (이것의 존재를 일단 잊는 편이 정신 건강에 좋을 것 같다.)

名詞 + ではなさそうだ/ではなさそうだった

남으로부터 듣고 확실함이 없는 경우, 그 사람이 그렇게 느끼고 있는 것만으로 확증이 없는 경우에 사용한다.

1. あの人は韓国人ではなさそうです。
   (그 사람은 한국인이 아닌 것 같습니다.)
2. 4日よりも雨の降る日が少ないと言えそうですが、2日とはほぼ同じですので、3日だけが突出しているというわけではなさそうです。

(4일보다 비오는 날이 적다고 말할 수 있을 것입니다만, 2일과는 거의 동일하기 때문에 3일만 돌출되었다는 의미는 아닌 것 같습니다.)

3. 夕べは星も月も出ていないし、今日は晴れではなさそうだったが、朝から雲ひとつないいい天気だった。

(어제 밤은 별도 달도 나와 있지 않으며, 오늘은 맑은 것 같지는 않지만, 아침부터 구름 한 점 없는 좋은 날씨였다.)

な形容詞語幹 + ではなさそうだ/ではなさそうだった

1. 使おうと思ったら使えそうですが、買い物かごには小さいし、あまり重いものをいれるほど丈夫ではなさそうだ。

(사용하려고 생각하면 사용할 수 있을 것입니다만, 장바구니는 작고, 너무 무거운 물건을 넣을 정도로 튼튼치 않은 것 같다.

2. さすがに京都まで行くのは簡単ではなさそうだ。まあ、その場で、ハンコを押す話ではなさそうだったので、とりあえず持ち帰って検討することを伝えました。

(과연 교토까지 가는 것은 쉽지는 않은 것 같다. 글쎄, 그 자리에서 도장을 찍는 이야기는 아닌 것 같아서, 일단 가져가 검토할 것을 전했습니다.)

い形容詞「く形」+ なさそうだ/なさそうだった
い形容詞語幹 + そうではない/そうではなっかた
形容詞「ない」ーなさそうだ/なさそうだった

1. 最初あまりおもしろくなさそうだなと思ったけど、じっさいやってみて楽しかったし、いろいろ絵があってじっくりみれた。

(처음에는 별로 재미없을 것 같다고 생각했지만, 실제로 해보고 즐거웠고, 다양한 그림이 있어 차분히 볼 수 있었다.)

2. 昨日はとても暖かかったため、今日釣りに行ったとしてもあまり寒くなさそうだし、寒がりの息子も楽しく釣りができるのではないかと思った。

(어제는 너무 따뜻했기 때문에 오늘 낚시하러 갔다 해도 그다지 춥지 않을 것이고, 추위를 많이 타는 아들도 즐겁게 낚시를 할 수 있지 않았을까 생각했다.)

3. あれからお袋の意識がはっきりしてきて、食欲も出始めた。病院食がまずいと文句をつけられるくらい元気になってきたから、問題なさそうだ。

(그 때부터 어머니의 의식이 뚜렷해져 식욕도 생기기 시작했다. 병원음식이 맛이 없다고 불평을 할 정도 건강해졌기 때문에 문제는 없을 것 같다.)

動詞「ます形」+ そうもない/そうもなかった
動詞「ます形」+ そうにない/そうになかった
動詞「ます形」+ そうにもない/そうにもなかった
動詞「ます形」+ そうではない/そうではなかった
動詞「ない形」+ なさそうだ/なさそうだった

1. お金を貯めるのはなかなかなのに、食いつぶすとなると早いものだ。また食いつぶしながらお金を貯める方法なんてありそうにもない。

(돈을 저축하는 것은 힘들지만, 탕진하게 되는 것은 빠른 것이다. 또한 탕진하면서 돈을 저축하는 방법 따위 있는 것 같지도 않다.)

2. 戦後の米軍統治下で、米軍に酷いことをされた女性もいそうではありますが、米軍に補償を求める日本人は慰安婦より一般女性が訴えるべきだと思います。

(전후 미군 통치하에 미군에 심한 일을 당한 여성도 있는 것 같습니다만, 미군에 보상을 요구한 일본인은 위안부보다는 일반 여성이 호소해야 한다고 생각합니다.)

3. 昼は空が晴れていて、雨が降らなさそうでしたが、夜になると、急に雨が降り出しました。

(낮에는 하늘이 맑아 비가 오지 않을 것 같았지만, 밤이 되자 갑자기 비가 내리기 시작했습니다.)

4. 昼は、空が晴れていて、雨が降りそうもありませんでしたが、夜は、空が曇ってきて、(いまにも)雨が降りそうです。

(낮에는 하늘이 맑아 비가 올 것 같지도 않았습니다만, 밤은 하늘이 흐려지고, (지금이라도) 비가 올 것 같습니다.)

참고

「もう雨は降らなそうだから傘は置いていこう」

「もう雨は降らなさそうだから傘は置いていこう」

위 문장 중 어느 쪽을 사용해야 할지 어려울 때가 종종 있다. 양태의「そうだ」가 동사에 연결될 경우의 부정형은「そうにない」가 되는 경우가 있기 때문이다.
또한 부정의 조동사「ない」에「そうだ」를 붙인 형태는 문법적으로 틀렸다고 생각하는 사람도 있다. 그러나 실제로는「~な(さ)そう」의 표현도 사용되고 있어, 미묘한 뉘앙스의 차이도 있다. 전자는 예를 들어 일기 예보에서는 아직 내린다고 하지만,「もう降りそうにない」라고 할 때,「降りそう」의 표현을 부정하는 느낌이기도 들고, 후자는 내리지 않을 것을 예상하고 표현한 느낌이 든다.
실제적으로「降りそうにない」와「降らなそう」의 어느 쪽을 많이 사용하느냐의 조사에 의하면,「降りそうにない」59.1%,「降らな(さ)そう」40.9%가 나왔다.
이처럼「降りそうにない」표현이 과반수가 되었지만,「降らなそう」와「降らなさそう」도 절반 가까이 사용하는 것으로 나타났습니다. 그리고 降らなそう」와「降らなさそう」의 비교에서는「降らなさそう」의 쪽이 많이 사용한다는 결과가 나왔다.

な形容詞語幹+そうに見える
い形容詞語幹+そうに見える

1. 国際線の旅客機って頑丈そうに見えても遠くから銃撃されて貫通するくらいです。
(국제선 여객기라 튼튼한 듯이 보여도 멀리서 총격을 받아 관통할 정도입니다.)

2. 思ったより元気そうに見えたので安心しました。
(생각했던 것보다 건강해 보여서 안심했습니다.)

3. 今日は、「あの人、若そうに見えるけど、ホントはいくつ」。歳をとっても若く見える人がいる。反対に、かわいそうなぐらいに老けて見える人がいる。
(오늘은 "그 사람, 젊음 듯이 보이지만 사실은 몇 살". 나이가 너무 어려 보이는 사람이 있다. 반대로, 불쌍한 정도로 늙어 보이는 사람이 있다.)

4. 体調が悪そうに見えても、悲しい事があったからそう見える等も考えられるので、とりあえず「どうしたの？」と聞いてみるのはどうでしょうか。

(컨디션이 나쁜 것 같이 보여서도, 슬픈 일이 있었기 때문에 그렇게 보이는 등도 생각할 수 있으므로 우선 "무슨 일이야?"라고 물어 보는 것은 어떨까요.)

な形容詞語幹+そうに見えない
い形容詞語幹+そうに見えない

1. 50年以上の木材を使っても、なかなか50年以上もつ家はつくれません。なぜでしょう。一見丈夫そうに見える鉄筋コンクリートの家。実は50年が耐久年数です。

(50년 이상의 목재를 사용해도, 좀처럼 50년 이상 견디는 집은 만들 수 없습니다. 왜일까요. 보기에는 튼튼하게 보이는 철근 콘크리트 집. 사실 50년이 내구연수입니다.)

2. 写真で見る限り、ほとんどが従来の財布より、薄いデザインのようで、丈夫そうに見えません。丈夫とはいえない感じの強度です。

(사진으로 보는 한, 대부분이 기존 지갑보다 얇은 디자인 같아, 튼튼한 것처럼 보이지 않습니다. 튼튼하다고는 말할 수 없는 느낌의 강도입니다.)

3. 元気そうに見えない人に対しても、私は「元気そうですね」と言いたくなる。それは嘘でもお世辞でもなく、よく見ると、必ずどの人もどこかに元気さを覗かせているし、元気になりたいという強い気持ちをにじませているのがわかるからである。

(건강해 보이지 않는 사람에 대해서도 나는 "건강해 보이네요"라고 말하고 싶어진다. 그것은 거짓말도 겉치레 말도 아니고, 잘 보면 반드시 어떤 사람도 어딘가에 건강함을 들여다 보이기도 하고, 건강하고 싶다는 강한 의지를 배이게 하고 있는 것을 알 수 있기 때문이다.)

4. 家内が作った料理は見た目がおいしそうに見えませんが、実はとてもおいしいですよ。

(아내가 만든 요리는 보기에는 맛있게 보이지 않지만 무척 맛있어요.)

おいしそうに見える食べ物が必ずしもおいしいとは限らない。

(맛있어 보이는 음식이 반드시 맛있는 것은 아니다.)

1. 手作り料理をあげると嫌そうにゆっくりゆっくり食べるんだけど。
(수제 요리를 드리면 싫은 듯이 천천히 천천히 먹지만.)

2. 友人と話すときも、相手の話は聞かず、会話が自己完結して最後に満足そうに「ウフフ」と笑う。
(친구와 말할 때도 상대방의 얘기는 듣지 않고, 대화가 자기완결로써 마지막에는 만족한 듯 "우와와"라고 웃는다.)

3. あなたが、ある日、人に出会いました。初対面の相手は、嬉しそうな表情です。そんなとき、あなたはどんな話から話し始めますか。おそらく、明るい表情で、明るい会話から話し始めることでしょう。
(당신이 어느 날 사람을 만났습니다. 첫 대면의 상대는 기쁜 듯한 표정입니다. 그럴 때, 당신은 어떤 이야기로 말하기 시작합니까? 아마도 밝은 표정으로 밝은 대화로 이야기를 시작하겠죠.)

4. 勝手に母乳が噴出して恥かしそうな表情が最高にエロイ。私服姿でTシャツをめくって母乳を搾り、途中、勝手に母乳がピューピュー吹き出て恥かしそうな表情がたまらなくエロイ。
(멋대로 모유가 분출해 부끄러운 표정이 가장 야하다. 사복 차림으로 T셔츠를 저치고 모유를 짜고, 도중 멋대로 모유가 뿌뿌 뿜어져 나와, 부끄러운 표정이 대단히 야하다.)

5. 韓国人、「寒そうにしているキム·ヨナの表情をご覧ください。」
(한국인, "추운 것 같이 하고 있는 김연아의 표정을 봐주세요.")

もう少しで 動詞「ます形」そうだった/そうになった

1. 歩きスマホをしていて、人にぶつかったり、ぶつかりそうになったことがある人はどのくらいいるのだろうか。
(걸으며 스마트 폰을 하고 있어, 사람과 부딪치거나, 부딪칠 뻔한 적이 있는 사람은 어느 정도 있는 것일까.)

2. 女の子がひかれそうになり、自分が飛び込んで犠牲になって助けたら、母親が「なんで助けたんだよ」と怒った。

(여자가 치일 뻔 했는데 자신이 뛰어들어 희생해서 도왔더니, 어머니가 "왜 도운거야"라고 분노했다.)

3. 今朝、旦那に息子の無断外泊を報告。文句を言いそうだったので「あいつにも同じ血が流れてたわ」って言っちゃった。

(오늘 아침 남편에게 아들의 무단 외박을 보고, 꾸중을 할 것 같아서 "그 녀석도 같은 피가 흐르고 있었어."라고 말해 버렸다.)

4. 私は何かに足を引っ掛けて前のめりに転んだ。吸い込まれてしまいそうだった。

(나는 무언가에 다리를 걸려 앞으로 기우뚱거리며 넘어졌다. 빨려 들어갈 것 같았다.)

(5)「う/よう」의 용법

[う/よう] 推量 · 意志 · 勧誘의 助動詞

용례

● **의미**

조동사「~う, よう」는 추량 · 의지 · 권유를 나타내며「~것이다, ~하겠지」「~하겠다」「~하자」라는 의미를 갖는다.

● **접속**

「~う, よう」는 아래 표에서 보는 바와 같이 각 활용어의 미연형에 접속된다.

う	よう
① 5단 활용동사 ② 형용사 ③ 형용동사 ④ 형용사형 조동사(ない, たい) ⑤ 형용동사형 조동사(そうだ, ようだ, だ) ⑥ 특수활용형 조동사(た, ます, です)	① 상1단 동사 ② 하1단 동사 ③ カ행 변격동사 ④ サ행 변격동사 ⑤ 동사형 조동사(せる[させる], れる[られる])

[「う[よう]」의 활용표]

基本形	活用形	未然形	連用形	終止形	連体形	仮定形	命令形
う	무변화형	○	○	う	う	○	○
よう	무변화형	○	○	よう	よう	○	○
주요 용법				文을 끝맺음	「こと」 「もの」 「はず」 「わけ」 등이 이어짐		

「う」의 접속

1. 農家さんにお手紙を書こう！お客様の声が、農家さんの励みになりますのでぜひ宜しくお願い致します。

   (농가에게 편지를 쓰자! 고객의 목소리가 농가에게 격려가 되기 때문에 꼭 잘 부탁드립니다.)

2. 娘がお世話になったホームステイ先に手紙を書こうと思っているのですが英語がまったくできなくてなかなか手紙が書けずにいます。

   (딸이 신세를 진 홈스테이에게 편지를 쓰려고 생각하고 있는데 영어를 전혀 못해 좀처럼 편지를 쓰지 못하고 있습니다.)

3. 明日は天気がよかろう。

   (내일은 날씨가 좋을 것이다.)

4. 夫は妻が他人に優しかろうが冷たかろうが割とどうでもいい。

   (남편은 아내가 타인에게 상냥하든 차갑든 생각보다는 아무래도 좋다.)

5. 米国はあすも事実上の休日状態なので、市場は静かだろうと指摘した。

   (미국은 내일도 사실상 휴가 상태이므로 시장은 조용할 거라고 지적했다.)

6. あしたは雨が降りそうだろう。

   (내일은 비가 내릴 것 같다.)

7. エボラ出血熱は日本にも来るでしょうか。防疫体制は十分なのでしょうか。治療薬のアビガン錠は効くのでしょうか。何でも良いです。ご存知のことがあれば、教えて下さい。

(에볼라는 일본에도 올까요. 방역 체제는 충분한 것입니까 치료제 아비간 정은 효과가 있을까요? 무엇이든 좋습니다. 아시는 것이 있으면 가르쳐 주세요.)

8. 天ぷらを食べる際には、脂肪の吸収を緩やかにしたり、脂肪の燃焼を助けたりする役割を持つ食べ物と一緒に食べましょう。

(튀김을 먹을 때 지방의 흡수를 완만하게 하고, 지방 연소를 돕기도 하는 역할을 하는 음식과 함께 먹읍시다.)

「よう」의 접속

1. 日曜日こそ早く起きよう！とくに平日は忙しいビジネスマンや、どっさり宿題や課題を抱えた学生にありがちな悪い傾向です。

(일요일은 빨리 일어나자. 특히 평일에는 바쁜 비즈니스맨과 잔뜩 많은 숙제나 과제를 안고 있는 학생들에게 흔히 있는 나쁜 경향입니다.)

2. 今度はぼくが投(な)げよう。

(이번에는 내가 던지겠다.)

3. 一生懸命勉強しよう。

(열심히 공부하자.)

4. 「カナダの中学·高校で勉強しよう！」カナダでは、中学·高校は公立と私立に分かれ約5、500校ありますが、なんと約95%の生徒が公立高校へ通っているのをご存知でしょうか。

("캐나다의 중고등 학교에서 공부하자!" 캐나다에서는 중학교 · 고등학교는 공립과 사립으로 나누어 약 5,500개 있지만, 무려 95%의 학생들이 공립 고등학교에 다니고 있는 것을 알고 있습니까?)

5. あの人はあしたまた来よう。

(저 사람은 내일 또 올 것이다.)

6. 文字に興味を示さない子どもの親は、あせって無理矢理に字を書かせるようになる。

(문자에 흥미를 보이지 않는 아이의 부모는 서두르고 무리하게 글자를 쓰게 한다.)

7. 8時過ぎに起きていた僕が毎朝5時に起きられるようになった。

(8시 이후에 일어나고 있던 내가 매일 아침 5시에 일어나 수 있게 되었다.)

참고

「う[よう]」의 조동사가 추량·의지·권유의 의미를 나타내고 있지만 추량을 나타낼 경우에는 「う[よう]」 보다 「たろう」나 「でしょう」의 형태를 많이 쓴다.

① 冬は ずいぶん 寒かった。 ② 冬はずいぶん寒いだろう。
③ 冬はずいぶん寒いでしょう。

② 「~うが(と), ~まいが(と)」「~ようが(と)~まいが(と)」(~해도 ~하지 않아도 관계없이)

1. あなたが行こうが行くまいが私は行きます。
(당신이 가든 가지 않든 나는 가겠다.)

2. 料理(りょうり)を食べようが食べまいがお金だけは払います。
(요리를 먹든 먹지 않든 돈만은 지불하겠다.)

1. 泣いてる街の明日に待っているのは守るべき未来の風。手をのばし、つかんだものは「愛を歌おう」。
(울고 있는 거리의 내일에 기다리고 있는 것은 지켜야 할 미래의 바람. 손을 뻗어 잡은 것은 "사랑을 노래하자")

2. とにかく君に会いに行きましょう。ある日、夏のあの坂道をずっと2人で歩いていた。さけんでもさけんでも届かない空へ旅立とうと。にかく君に会いに行きましょう。(作詞:つじあやの)
(어쨌든 너를 만나러 가겠다. 어느 날, 여름 그 언덕길을 계속 둘이서 걷고 있었다. 외쳐도 외쳐도 닿지 않는 하늘로 여행을 떠나자. 어쨌든 너를 만나러 가겠다.)

3. 韓国語をやろう。韓国人には全く会ってもいないし、勉強もしていないのです。
(한국어를 하자. 한국인을 전혀 만나지도 않고, 공부도 하지 않는 것입니다.)

4. 野生動物の肉はしっかり焼いて食べましょう。野生動物等の肉の生食は危険です。E型肝炎ウイルス等による食中毒を引き起こす恐れがあります。
(야생 동물의 고기는 잘 구워 먹읍시다. 야생 동물 등의 고기의 생식은 위험합니다. E형 간염 바이러스 등에 의한 식중독을 일으킬 수 있습니다.)

기타 용법

1. 「いつから日本人はこんな馬鹿になったのだろう?」との疑問を持ち、「昔の日本人はもっとましだったにちがいない」として「22歳の自分へ手紙を書き送るようにして小説を書いた」と述懐している。

   (“언제부터 일본인은 이런 바보가 된 것일까?”라는 의문을 가지고 “옛 일본인은 더 나았을 것임에 틀림없다.”며 “22세의 자신에게 편지를 써 보내는 것처럼 해서 소설을 썼다”고 술회하고 있다.)

2. 君に吹く風、それが、愛でしょう。

   (너에게 부는 바람, 그것은 사랑이겠지요.)

3. 街の清潔さ、建物の色、自然、木々、いったいなにがこの国をこんなにも美しくしているんだろう？日本の写真が美しいのは日本が清潔で規律正しく、あらゆる部分が整っているからだと思う。

   (거리의 청결, 건물의 색상, 자연, 나무들, 도대체 무엇이 이 나라를 이렇게도 아름답게 하는 것일까? 일본의 사진이 아름다운 것은 일본이 청결하고 규율 바르게, 제대로 모든 부분이 갖추어져 있기 때문이라고 생각한다.)

4. この時期の模試でいい結果がでないというのはきっと苦しいでしょうね。うちも全然伸びませんでした。

   (이 시기의 모의시험으로 좋은 결과가 나오지 않았고 하는 것은 분명 괴로운 것이지요. 우리도 전혀 늘지 않았습니다.)

5. 降りるときに「ナイスパス」を使うときはカードを青い部分に当てましょう。降りるときに「お金」「ETカード」を使うときは整理券を取りましょう。

   (내릴 때 “나이스패스”를 사용할 때는 카드를 파란색 부분에 맞춥시다. 내릴 때 “돈” “ET카드”를 사용할 때는 정리권을 끊읍시다.)

6. 私は今日朝5時にどこにいたでしょう？皆さまコメントありがとうございます。

   (나는 오늘 아침 5시에 어디 있었을까? 여러분 댓글 감사합니다.)

____

1. 今度髪の毛切りに行こうと思います。山田さんみたいな髪型になりたいので、美容師さんに写真を見せてやってもらおうと思ってるんですけど今の長さとかでできますかね?

(이번 머리카락 자르러 가려합니다. 야마다씨 같은 머리 모양을 하고 싶어서, 그래서 미용사 사진을 보이고 이렇게 해 주었으면 하고 생각했지만 지금의 길이 등으로 할 수 있을까요?)

2. 自転車で佐世保から福岡へ帰ろうと思います。スタート位置は佐世保駅からと考えます。帰る途中に有料道路などを通る必要はありますか?

(자전거 사세보에서 후쿠오카로 돌아가려고 생각합니다. 출발 위치는 사세보 역에서 생각합니다. 가는 길에 유료도로 등을 통과할 필요가 있나요?)

3. 私は、喫煙者ですが、タバコを止めようと思っています。

(나는 흡연자이지만 담배를 끊으려고 하고 있습니다.)

4. 留学しようと思ったきっかけは、私の場合は、小さい時から英語に触れていたので、英語を使っている国へ行ってみたいという幼いころからの夢がきっかけです。

(유학하려고 생각한 계기는 나의 경우는 어릴 때부터 영어를 접해 있었으므로, 영어를 사용하는 나라에 가보고 싶다는 어릴 때부터의 꿈이 계기입니다.)

5. デッサンを独学で勉強しようと思っています。今年は浪人なんですが、去年時間が足りなくて諦めたAO入試を受けようと思っています。

(디자인을 독학으로 공부하려고 생각하고 있습니다. 올해는 재수생인데, 작년 시간이 모자라 포기한 AO 입시를 치르려고 생각하고 있습니다.)

6. 京都大学の理学部に進学しようと思ったのですが、文化祭の準備に夜中まで追われて受験勉強どころではなかったし、浪人しても仕方がないなと内心では考えていました。

(교토 대학의 이학부에 진학하려고 생각했습니다만, 문화제의 준비로 한밤중까지 쫓겨 수험공부 경황은 없었고, 재수해도 어쩔 수 없구나 하고 속으로는 생각했습니다.)

1. この夏富士山に登ったという人は少なかったのだが、過去に登ったことがあるので今年あえて登ろうとは思わなかった。

(이번 여름 후지산에 오른 사람은 적었지만, 과거에 올라갔던 적이 있어서 올해 일부러 오르려는 생각하지 않았다.)

2. こんな雪になろうとは夢にも思わなかったと云うが、東海地方では41年ぶりの大雪なので誰も夢にも思う筈がない。

(이런 눈이 될 거라고는 꿈에도 생각하지 못했는데, 동해지방에서는 41년만의 폭설을 누구도 꿈에도 생각지 못했다.)

3. お昼ご飯に食べた大好きなカレーがあんな悲劇をもたらすことになろうとは夢にも思わなかった。

(점심에 먹은 무척 좋아하는 카레가 저런 비극을 가져 오게 되리라고 꿈에도 생각지 못했다.)

4. 事故や事件のニュースはテレビで毎日流れていますが、まさかそれがわが身や家族に降りかかろうとは思わなかった。

(사고나 사건의 뉴스는 TV에서 매일 흐르고 있습니다만, 설마 그것이 내 몸과 가족에 닥칠 거라고 생각지 못했다.)

5. こんなたくさんの仕事がたった一日で完成しようとは誰も想像しなかった。

(이런 많은 일을 단 하루에 완성하려고는 아무도 상상하지 않았다.)

1. 天気図のように台風が高気圧や気圧の峰に囲まれてしまうと動こうにも動くことが出来ません。

(일기도와 같이 태풍이 고기압이나 기압의 봉우리에 둘러싸여 버리면 움직이려고 해도 움직일 수 없습니다.)

2. 死期が見えてからでは書こうにも書けないことが多いのです。また、死亡直前に作成された遺言は、かえって紛争を巻き起こすことがあります。

(임종이 다가와서는 쓰려고 해도 쓸 수 없는 경우가 많습니다. 또한 사망 직전에 작성된 유언은 오히려 분쟁을 일으킬 수가 있습니다.)

3. 食事の用意をするといっても、材料も買っていなければ調味料もそろっていない。これでは、作ろうにも作れない。

(식사 준비를 한다고 해도, 재료도 구입되어 있지 않고 조미료도 갖추어져 있지 않다. 이것으로는 만들려고 해도 만들 수 없다.)

4. いつでも出られる準備を怠らず、グランドにいる選手と一体となり、勝利を信じ、それに向かってひたむきに努力をしていた。そうした選手達、井戸田選手はオリンピックには出ようにも出られなかった。

(언제든지 나올 수 있는 준비를 게을리 하지 않고, 그라운드에 있는 선수와 하나가 되어, 승리를 믿고, 그것을 향해 한결같이 노력을 하고 있었다. 그런 선수들, 이토다 선수

는 올림픽에 나가려고 해도 나갈 수 없었다.)

5. 急にお金が必要になってしまった時、借りようにも、頼む友人がいないので、借りられない。

(갑자기 돈이 필요하게 될 때 빌리려고 해도 부탁할 친구가 없어서 빌릴 수 없다.)

1. 京都市北部にほんの少しでも活気を増やそうじゃないかという想いで始まった地域マップ作りの自由倶楽部です。

(교토시 북부에 조금이라도 활기를 불러 일으키지 않을까라는 생각에서 시작된 지역지도 제작의 자유 클럽입니다.)

2. もう一人の坂本くんはまず自分からは何も言おうとしないし、何かに参加しようという気持ちがなさそうだ。

(다른 사카모토군은 우선 자신부터 아무것도 말하려 하지 않으며, 뭔가에 참여하려는 마음이 없는 것 같다.)

3. 子供向けのアニメ、「エマニエル夫人」みたいな色気系の作品、「赤毛のアン」みたいな女性映画など、堂々と見に行こうじゃないか。

(어린이용 애니메이션 "엠마뉴엘 부인" 같은 섹시계의 작품, "빨간 머리 앤" 같은 여성영화 등 당당히 보러 가지 않겠어.)

4. 私はこの手紙であなたの悲しさを軽くしてあげようとか、励ましてあげようなどとは思っていません。

(나는 이 편지에서 당신의 슬픔을 덜어 주려고 하거나, 격려해 주려는 등은 생각하지 않습니다.)

5. おまえが花なら俺は酒、男同士が惚れたから今度生れたらふたりでいいことをやろうじゃないか。

(네가 꽃이라면 나는 술, 남자끼리 반해서 이번에 태어난다면 좋은 것을 하지 않겠어.)

(6)「ようだ」의 용법

不確実性 断定 · 比喩 · 例示의 助動詞

용례

● **의미**

(1) 불확실한 단정을 나타낸다.「~것 같다, ~듯하다」

확실히 알 수 없는 것에 대해 '아마 그럴 거야'라고 추량하는 의미를 가지고 있다.

a. 雨が降り始めたようです。
(비가 내리기 시작했던 것 같군요.)

b. 山田さんはこの計画(けいかく)に賛成(さんせい)しているようです。
(야마다씨는 이 계획에 찬성하고 있는 듯합니다.)

(2) 비유를 나타낸다.「~처럼, ~와 같다」

「まるで」(마치),「いかにも」(자못),「ちょうど」(꼭) 등의 부사와 함께 쓰이는 경우가 많다.

a. まるであの人は泣いたような顔(かお)をしている。
(마치 저 사람은 운 것 같은 얼굴을 하고 있다.)

b. 今日は寒くてまるで冬のようです。
(오늘은 추워서 마치 겨울과 같습니다.)

(3) 예시를 나타낸다.「~답게, ~처럼」

실례로 들어 말하는 경우에 쓰이며「たとえば」(예를 들면)을 문장 속에 넣어보면 알 수 있다.

a. 彼は山田君のように親切だ。
(그는 야마다군처럼 친절하다.)

b. 東京のような都会(とかい)はいやですね。
(도쿄 같은 도시는 싫어요.)

(4) 목적을 나타낸다. 주로「~ように」(~도록)의 형태이다.

a. 日本の映画を見て分かるようにしなければ いけない。
(일본의 영화를 보고 이해할 수 있도록 하지 않으면 안된다.)

b. かぜをひかないように気(き)を付(つ)けてください。
(감기에 걸리지 않도록 주의해 주세요.)

● **접속**

모든 활용어(동사, 형용사, 형용동사, 조동사)의 연체형, 조사「の」및 연체사에 이어진다.

(1) 모든 활용어의 연체형

a. 子供が書くようだ。
(어린애가 쓰는 것 같다.)

b. このりんごはあかいようだ。
(이 사과는 빨간 것 같다.)

c. へやはしずかなようだ。
(방은 조용한 것 같다.)

d. あの女の子に本を読ませるようだ。
(저 여자애한테 책을 읽히는 것 같다.)

(2) 조사「の」에 이어진다.

a. まるで花のようだ。
(마치 꽃과 같다.)

b. 山田君のようにまじめだ。
(야마다군처럼 착실하다.)

(3) 연체사에 이어진다.

a. このようにしてください。
(이와 같이 해 주세요.)

b. このようなものもある。
(이와 같은 물건도 있다.)

[「**ようだ**」의 활용표]

基本形	活用形	未然形	用連形	終止形	連体形	仮定形	命令形
ようだ	형용 동사형	ようだろ	ようだっ① ようで② ように③	ようだ	ような	ようなら	○
주요 용법		「う」가 이어짐	「た」는 ①, 「ある」는 ②, 「なる」는 ③이 이어짐	文을 끝맺은	명사가 이어짐	「ば」가 이어짐(생략)	

名詞 + の + ようだ
な形容詞 + ようだ
い形容詞 + ようだ
動詞普通形 + ようだ

1. そとで音がしましたよ。だれか来たようです。

   (밖에서 소리가 나는군요. 누군가 온 것 같습니다.)

2. 最近、苦戦する外食チェーンが多い中、「塚田農場」などの居酒屋チェーンを経営する田村さんはかなり元気なようです。

   (최근 고전하는 외식 체인점이 많은 가운데, 「塚田農場」 등의 술집 체인을 경영하는 다무라씨는 상당히 건강한 것 같습니다.)

3. 中学校の入学式、はじめてのセーラー服、新しい友達、この写真を撮ったお父さんの晴れやかな姿も伝わってくるようです。

   (중학교 입학식, 처음의 세라복, 새로운 친구, 이 사진을 찍은 아버지의 환한 모습도 전해져 오는 것 같습니다.)

4. 時代の求めに応える新鮮な居住形式としてのシェアハウス、じつはさまざまな背景のうえに成り立っているようだ。

   (시대의 요구에 부응하는 신선한 거주 형식으로써의 쉐어 하우스, 실은 다양한 배경 위에 이루어진 것 같다.)

5. この度夫に病気が見つかり、様々な検査を経て、盆明けに手術になったようです。

   (이번에 남편에게 질병이 발견되어, 다양한 검사를 거쳐, 추석 새벽에 수술하게 된 것입니다.)

6. 聖書にはイエスが歩けない人を歩けるようにした記述はありましたが、原因も治し方は書かれていなかったようです。

   (성경에는 예수가 걸을 수 없는 사람을 걷게 한 기술은 있었습니다만, 원인도 치료 방법은 적혀 있지 않은 것 같습니다.)

1. 子供の夏風邪が急増しているようです。子供の夏風邪の代表の「ヘルパンギーナ」ですが、実は大人も注意が必要のようです。

(아이의 여름 감기가 급증하고 있는 것 같습니다. 아이의 여름 감기의 대표의 「헤르팡기나」이지만, 사실 어른도 주의가 필요할 것 같습니다.)

2. 私が小さい頃の、習い事の定番といえばピアノ、水泳。同じクラスに同じ教室に通う子は当たり前のようにたくさんいました。

(내가 어렸을 때, 배우는 것의 기본이라 하면 피아노, 수영. 같은 반에, 같은 교실에 다니는 아이는 당연한 듯이 많이 있었습니다.)

毛穴さえなければ、陶器のような"理想の肌"にも近づけるのに。最近、毛穴の悩みを抱える女性も増えています。

(모공 만 없다면 도자기 같은 "이상적인 피부"에 근접하는데. 최근 모공으로 인한 고민을 품고 있는 여성도 늘고 있습니다.)

3. 氷のように冷たい水の中で泳ごうとするなんて彼も無茶(むちゃ)なことをしたものだ。

(얼음처럼 차가운 물속에서 수영을 하려고 하다니 그도 엉뚱한 (과용) 일을 한 것이다.)

1. あなたのような人に聞いてみたいことがある。相手の気持ちは考えないの？もしあなたが得体の知れない生物(例えば宇宙人とか)に拉致されて、好きにされても構わないの？

(당신 같은 사람에게 물어보고 싶은 것이 있다. 상대의 기분은 생각하지 않아? 만약 당신이 정체 모를 생물 (예를 들면 우주인이라든지)에 납치 돼 좋아하게 되어도 상관없어?)

2. あなたの隣人をあなた自身のように愛しなさい。"あなたの隣人をあなた自身のように愛せよ。"

(네 이웃을 너 자신처럼 사랑하라. "네 이웃을 너 자신처럼 사랑한다.")

3. テレビがあれば、外国のニュースがすぐわかる。それに、家で有名な人の歌を聞いたり、映画を見たりすることもできる。このように、テレビは便利なので、テレビのない家は少ない。

(텔레비전이 있으면 외국 뉴스를 바로 알 수 있다. 게다가 집에서 유명한 사람의 노래를 듣거나 영화를 감상할 수도 있다. 이처럼 TV는 유용하기 때문에, TV 없는 집은 적다.)

4. あなたは英語で自分自身が理解されるようにすることができますか。一つの事に専心して、それがうまくできるようにするべきだ。自分の言語を他の人たちの言語と同じようにするために必要な変更を加える。

(당신은 영어로 자신이 이해되도록 할 수 있습니까? 한 가지에 전념하고 그것을 잘 할 수 있도록 해야 한다. 자신의 언어를 다른 사람들의 언어처럼 하기 위해서 필요한 변신을 더한다.)

5. 夢を実現させていく途中に起こるいろいろなハプニング(出来事)は、自分を成長させてくれます。「成長」と言うとつらいことのようにも聞こえますが、途中の出来事を通してあなたの世界がどんどん広がり、新しい体験や感情を味わい、今まで以上に深い幸せを感じるようになるので、「つらく苦しいことばかりだった」という感想だけで終わることはないのです。

(꿈을 실현시켜가는 도중에 일어나는 다양한 해프닝 (사건)은 자신을 성장시켜 줍니다. "성장"라고 하면 힘든 일처럼도 들립니다만, 도중의 사건을 통해서 당신의 세계가 점점 넓어가고, 새로운 체험과 감정을 맛보고, 지금까지 이상으로 깊은 행복을 느끼게 되기 때문에, "힘들고 괴로운 것 뿐이었다."라는 감상만으로 끝나는 것은 아닙니다.)

な形容詞「な形」+ ようなら/ようだと/ようだったら/ようでは
い形容詞, 動詞普通形 + ようなら/ようだと/ようだったら/ようでは

(A)

1. もしも、赤ちゃんに処方された薬を飲み続けて熱が下がらないようならば、薬を持参して再受診してください。

(만약 아기에게 처방된 약을 계속 복용해 열이 떨어지지 않도록 한다면, 약을 지참하고 재 진찰해 주세요.)

2. 生理不順の人は、生理が遅れていても「いつものこと」と素通りしがちだ。生理が10日ぐらい遅れているようなら妊娠の可能性があります。

(생리불순의 사람은 생리가 늦어도 "평소의 일"이라고 그냥 지나쳐 버리기 쉽다. 생리가 10일 정도 늦은 것 같으면 임신의 가능성이 있습니다.)

3. 明日お天気がよいようでしたら、バイキングに行きませんか。

(내일 날씨가 좋은 것 같으면, 바이킹에 가지 않겠습니까.)

4. この値段が相手に高いようだったら、少し安くしてあげてもいいよ。

(이 값이 상대에 높은 것 같으면, 조금 싸게 해줘도 돼.)

5. お金に困るようだったら、遠慮なく私に言ってください。

(돈에 곤란한 것 같으면 염려 말고 나에게 말해 주세요.)

(B)

1. 体調不良などの場合は単純に風邪で熱が出た時は何日休むかわからないので初日に電話連絡してあとは経過を見て休むようなら都度連絡を入れます。

(컨디션불량 등의 경우는 단순히 감기로 열이 날 때는 며칠 쉴지 모르기 때문에 첫날에 전화 연락한 후 경과를 보고 쉴 것 같으면 매번 연락을 하겠습니다.)

2. 小学1年生の頃、どのように足し算ができるようになったのかを覚えていますか？

(초등학교 1학년 때 어떻게 덧셈을 할 수 있게 되었는지를 기억하고 있습니까?)

3. 医療費抑制には病院に行かないようにするのが一番？危機的な状況にある日本の医療財政を健全化するため、各地で様々な取り組みが始まっています。

(의료비 억제에 병원에 가지 않도록 하는 것이 가장? 위기 상황에 있는 일본의 의료 재정을 건전화하기 위해 각지에서 다양한 노력이 시작되고 있습니다.)

4. 除染ができないようでは福島の復興といっても難しい。これが福島の真実なのだ。

(오염이 제거될 수 없을 것 같으면 후쿠시마의 부흥은 어렵다. 이것이 후쿠시마의 진실인 것이다.)

5. 被告を非難するようでは、弁護士の資格はないと言い切った。

(피고를 비난하는 것은 변호사의 자격이 없다고 잘라 말했다.)

名詞「の形」＋ ような気がする
形容詞「な形」＋ ような気がする
形容詞、動詞普通形 ＋ ような気がする

1. 近ごろ困っている人がいてもそれを無視する不親切な人が増えているような気がする。

   (요즘 어려움을 겪고 있는 사람이 있어도 그것을 무시하는 불친절한 사람이 증가하고 있는 것 같은 느낌이다.)

2. 食中毒報道が増えているような気がするが、食の安全にかかわる人だから少しでも食中毒(食品による事故)を減らしたくてこのブログを立ち上げているのだろう。

   (식중독 보도가 증가하고 있는 것 같은 느낌이 들지만, 식품 안전에 종사하는 사람이기 때문에 조금이라도 식중독 (식품 의한 사고)을 줄이고 싶어서 이 블로그를 시작하는 것이다.)

3. 優しいというよりは人に甘い、厳しいというよりは自分をギセイにしすぎてしまう。人に尽くしてしまう女の方が多いような気がするのだ。

   (온화하다고 하기 보다는 사람에 무르다. 엄격하다고 하기 보다는 자신을 너무 희생시킨다. 사람에게 전력을 다하는 여자분이 많은 듯한 느낌이든다.)

4. いろいろな書籍で「子ども達は面白くて厳しい先生を好む」と、自分の可能性を信じてくれているという思いが、「あの先生厳しい」という表現には隠されているような気がする。

   (여러가지 서적에서 "아이들은 재미있고 엄격한 선생님을 선호한다"고, 자신의 가능성을 믿어준다는 생각이, "그 선생님은 엄격하다"라는 표현은 숨겨져 있는 것 같은 느낌이다.

5. お酒を飲むと、自分が何でもできるような気がしてくる。私はあなたがいればなんでもできるような気がする。

   (술을 마시면 자신이 뭐든지 할 것 같은 생각이 든다. 난 당신이 있으면 뭐든지 할 수 있는 기분이 든다.)

6. 元夫も十分反省し考えてくれたようで、戻るのもいいじゃないかと心が揺らいでいます。文面では男の人に依存しているような気持ちがしてしまいました。

   (전 남편도 충분히 반성하고 생각해 준 것 같고, 돌아오는 것도 좋지 않을까 마음이 흔들리고 있습니다. 문구에서는 남자에 의존하는 것 같은 기분이 들었다.)

7. 多くの人が一攫千金を夢にて宝くじを買う。私はまるで夢を見ているような気がする。

(많은 사람들이 일확천금을 꿈꾸고 복권을 산다. 나는 마치 꿈을 꾸고 있는 것 같은 생각이 든다.)

8. 道に水をまくと、少しすずしくなったような気がします。

(도로에 물을 뿌리면 조금 시원해지는 것 같은 생각이 듭니다.)

名詞「の形」+ ように見せるが
な形容詞「な形」+ ように見せるが
い形容詞、動詞普通形 + ように見せるが

1. あの二人は夫妻のように見せているが、本当は犯罪を捜査している警察だった。

(그 두 사람은 부부처럼 보이고 있지만, 사실은 범죄를 수사하고 있는 경찰이었다.)

2. 彼は元気なように見せているが/元気そうに見せるが、実際はさっき病院で点滴をしてもらったばかりだ。

(그는 건강한 것처럼 보이고 있지만 / 건강해 보이지만, 실제로는 아까 병원에서 링거를 맞았다.)

3. 相手の目を見て、声が聞こえるように、また礼をしっかりするように見せてくれました。

(상대의 눈을 보고, 소리가 들리도록, 또한 예를 확실하게 보여 주었습니다.)

4. お金に恵まれている人ほどお金を、まるで人格すら宿っているように大切に扱っている。

(돈이 풍부한 사람일수록 돈을, 마치 인격까지 들어있는 것처럼 소중히 다루고 있다.)

5. 「緊張しないように」と考えるほど、緊張してしまいます。「自信がない」と考えていると、もっと自信がなくなります。人間は、気にしないように思っても、実際は気にしているのです。

("긴장하지 않도록" 하고 생각할수록 긴장합니다. "자신이 없다"고 생각하면 더 자신감이 없어집니다. 인간은 신경 쓰지 않도록 해도 실제는 신경 쓰고 있는 것입니다.)

6. これは古代ギリシャ神殿などで使われている「エンタシス」という建築は、窓

を小さくすることによって、遠近の差を強調して建物がより大きく、また真っ直ぐに安定しているように見せている。

(이것은 고대 그리스 신전 등에서 사용되고 있는 「엔타시스」라는 건축은 창을 작게 함에 따라, 원근의 차이를 강조해서 건물이 더 크고 또 곧게 안정되어 있는 것처럼 보이고 있다.)

名詞「の形」+ ように見えるが
な形容詞「な形」+ ように見えるが
い形容詞、動詞普通形 + ように見えるが

1. 彼女は彼の姉のように見えるが、実は母親なのだ。

   (그녀는 그의 누나처럼 보이지만, 실은 어머니인 것이다.)

2. この漢字は、複雑で、まるで虫のように見える。

   (이 한자는 복잡해서 마치 벌레처럼 보인다.)

3. ビルの上に上がると、遠くの家がおもちゃのように小さく見えた。

   (빌딩 위에 올라가면 멀리 있는 집이 장난감처럼 작아 보였다.)

4. 雨の音が音楽のように聞こえる。

   (빗소리가 음악처럼 들린다.)

5. あの二人が話していると、まるでけんかをしているように聞こえる。

   (그 두 사람이 이야기하고 있으면 마치 싸움을 하고 있는 것 같이 들린다.)

6. 薬を変えて、白血球がもとに戻るまで、ウイルス感染の恐れがあるので、マスクをかけ、病室から出ないようにと医師から告げ、おかしいと思いながらも、部屋を替えて落ち着いていたように見えた。

   (약을 바꾸어 백혈구가 원래로 돌아올 때까지, 바이러스 감염의 우려가 있으므로 마스크를 쓰고 병실에서 나오지 않도록 의사로부터 들어, 이상하다고 생각하면서도, 방을 바꾸어 안정되어 있는 것 같이 보였다.)

7. このソフトは、講演者や講演内容を補助する視覚的情報を表示するのに便利なように設計されていて、スライド自身が「ショーの主役」になるように作られているわけではない。

   (이 소프트웨어는 강연자와 강연내용을 보조하는 시각적 정보를 표시하는 데 유용하도록 설계되어, 슬라이드 자신이 "쇼의 주역"이 되도록 만들어져 있는 것은 아니다.)

8. 一見すると計算機科学、数学の前提知識をあまり必要としないこともあって易しいように見える。

(언뜻 보면 컴퓨터 과학은, 수학의 사전지식을 많이 필요로 하지 않는 것도 있어 쉬운 것처럼 보인다.)

9. 床が膨らんでこちらにせり出しているように見えるが、物理的にはすべて正方形で描かれており、感じられる丸みは錯視である。

(바닥이 부풀어 여기에 밀려난 것처럼 보이지만, 물리적으로는 모두 사각형으로 그려져 있어, 느껴지는 둥글함은 착시이다.)

(7) 조동사 [ー(ら)れる] 표현

1. 수동(**受身**)의 표현

(1) 수동조동사

일본어 문법용어로는 受身(うけみ)라고 한다. 주어가 남으로부터 어떤 영향을 받는다는 의미를 나타낸다.「~되다」「~을 받다」「~당하다」

[수동(**受身**) 조동사 「**れる[られる]**」의 활용표]

(가능 자발 존경의 조동사는 명령형이 없다)

基本形	活用形	未然形	連用形	終止形	連体形	仮定形	命令形
れる	下1段	れ	れ	れる	れる	れれ	れろ, れよ,
られる	下1段	られ	られ	られる	られる	られれ	られろ, られよ
주요 용법		「ない」「よう」가 이어짐	「ます」「た」「て」가 이어짐	文을 끝맺음	「명사」가 이어짐	「ば」가 이어짐	명령의 뜻으로 끝맺음

(2) 수동(**受身**)표현의 종류

1) 人物・動物Aは、(人物・動物)Bに~(ら)れる

2) 人物・動物Aは、(人物・動物)Bに~を~(ら)れる

3) 人物・動物Aは、(人物・動物)Bに(Aの所有物)を~(ら)れる

4) 人物Aは、(人物)Bに~<自動詞>+(ら)れる

5) 人物Aは、(雨・風)Bに~<自動詞>+(ら)れる

6) Aは、B(みんな)に~(ら)れている

7) 名詞+から、動詞<未然形>+(ら)れる

8) 名詞+によって、動詞<未然形>+(ら)れる

9) 名詞+で、動詞<未然形>+(ら)れる

1. 昨日、ちちはわたしを叱りました。
   →昨日、わたしはちちに叱られました。

2. このことを職場で話してたら、ある女性に叱られました。「そんなことして、もしケガさせたらどうするの?」
   (이것을 직장에서 이야기했더니, 한 여성에게 야단맞았습니다. "그런 것을 해서 만약 부상케 하면 어떻게 할 거야?")

3. はははは毎朝早く私を起こします。
   →私は毎朝ははに早く起こされます。

4. 冬よりも日差しは強く、日の出時刻が日ごとに早くなっていることもあり、私の場合、朝は冬場よりも早く起こされているような気がします。
   (겨울보다 햇볕은 강하고, 일출 시간이 날마다 빨라지고 있는 것도 있고, 내 경우 아침은 겨울철보다 일찍 깨지는 것 같은 느낌이 듭니다.)

5. 周りの人たちは私を笑いました。とても恥ずかしかったです。
   →私は周りの人たちに笑われて、とても恥ずかしかったです。

6. 「世界的視野に立つ」と言って社員に笑われた本田氏!私がかつてシンガポール、マレーシアで海外生産を担当していたとき、失礼な言い方だが、こんな会社まで海外に進出しているのか?
   ("세계적인 시야에 서다"라고 해 직원들에게 웃음을 샀던 혼다 씨! 내가 예전 싱가포르, 말레이시아에서 해외 생산을 담당하고 있었을 때, 무례한 말투이지만, 이런 회사까지 해외에 진출해 있는지?)

7. 先生は人の前で私を褒めました。とても嬉しかったです。

→私は人の前で先生に/から褒められました。とても嬉しかったです。

8. ゴミを拾った子供が「○○ちゃん、ゴミを拾ってえらいね」と大人に褒められました。それが嬉しかった子供は、またゴミを拾おうとします。

(쓰레기를 주운 아이가 "ㅇㅇ야, 쓰레기를 주워 대단하구나"라고 어른에게 칭찬을 받았습니다. 그것이 기뻤던 아이는 또 쓰레기를 주우려고 합니다.)

9. 田村さんは私を誘って、一緒にお酒を飲みました。

→私は田村さんに/から誘われて、一緒にお酒を飲みました。

10. その後、彼が一人暮らししている部屋に誘われて断りきれず、しぶしぶ着いて行っちゃいました。

(그 후, 그가 혼자 살고 있는 방에 이끌려 거절 못하고, 마지 못해 가게 되어 버렸습니다.)

11. 危ないところを警察は彼女を助けました。

→危ないところを彼女は警察に/から助けられました。

12. 嵐の日に森に助けられた鳥は、お金儲けばかりを考え木を切ろうとしていた村人から大切な森を守ろうと奮闘していました。

(폭풍이 부는 날에 숲에 구조된 새는 돈벌이 만 생각해, 나무를 자르려고 했던 마을사람으로부터 소중한 숲을 지키려고 분투했습니다.)

13. 父は私に買い物を頼んだ。

→私は父に買い物を頼まれた。

14. 病棟で勤務する看護師は、基本的に自分の持ち場を離れることはできません。にも関わらず、患者さんから個人的な買い物を頼まれたときはどうすればよいでしょうか。

(병동에서 근무하는 간호사는 기본적으로 자신의 담당 구역을 떠날 수 없습니다. 그럼에도 불구하고 환자에서 개인적인 쇼핑을 부탁받았을 때 어떻게 해야 합니까.)

15. 先生は私たちに難しい数学の問題を出しました。

→私たちは先生に難しい数学の問題を出されました。

16. 甲子園にて高校生向けに出された問題などが出題されました。

(고시엔에서 고등학생용으로 나온 문제 등이 출제되었습니다.)

17. スミスさんは山村さんに新しい漢字の読み方を聞いた。しかし、山村さんはその字が読めなくて、恥ずかしがっていた。

→山村さんはスミスさんに新しい漢字の読み方を聞かれた。しかし、山村さんはその字が読めなくて、恥ずかしがっていた。

18. 彼女は、先生に読み方を聞かれた際にシンちゃんの居住地、春日部(かすかべ)を思い出し「かす」と読むと答えたそうなのです。

(그녀는 선생님에게 읽는 법을 물었을 때 신짱의 거주지, 가스카베를 기억나서 「かす」라고 읽는다고 대답했답니다.)

19. 交通事故に遭って、若い父が死んだ。うちの収入がなくなって、母と私はとても困った。

→交通事故な遭って、若い父に死なれて、家の収入がなくなった。それで、母と私はとても困った。

20。小学生の時に小学校教諭をしていた父に死なれ、母の内職と父の遺してくれた財産で高等学校まで進みました。

(초등학생 때에 초등학교 교사를 하고 있던 아버지가 돌아가셔서 어머니의 부업과 아버지가 남겨 준 재산으로 고등학교까지 진학했습니다.)

21. 母が突然入院した。父は家事がなにもできないので、私はたいへんだった。

→母に突然入院されて、私は大変だった。父がいますけど、家事が何もできない。

1. 海外旅行で雨に降られた日は、旅行を計画されるはずなので、せっかく取った日程が雨だとガッカリですよね。

(해외여행에서 비를 맞는 날은, 여행이 계획하는 것이므로, 모처럼 잡은 일정이 비라고 하면 실망이겠지요.)

2. 愛が終わったこの町で生きて行くのはつらいから秋桜の風に吹かれてひとりの旅に出るのです。(作詞:木下龍太郎、作曲:水森英夫)

(사랑이 끝난 이 마을에서 살아가기가 힘들기 때문에 코스모스 바람을 맞으며 혼자 여행을 떠납니다. (作詞 : 木下龍太郎, 作曲 : 水森英夫))

3. 対馬海流に流された可能性がありましか?ないとは言い切れないけど、多分そんな遠くまでは流れてこないと思うよ。

(쓰시마 해류에 휩쓸려갈 가능성이 있었습니까? 없다고는 단언할 수 없지만, 아마 그렇게 멀리까지는 흘러오지 않을 거예요.)

4. 弟が私のパソコンを壊した。

→私は弟にパソコンを壊された。

5. なぜ子供は親に所有物を壊されたら泣くのですか？子供の物は親が働いた金で買ったものです。

(왜 아이들은 부모에게 소유물이 훼손되면 우는 걸까요? 아이들의 물건은 부모가 일한 돈으로 산 것입니다.)

6. 人は誰でも何らかの形で誰かの支えになっています。それに気付き実感できるか。そんな時も「足を踏まれたのは、神様が自分に何かを伝えようとしているのかもしれない」。

(사람은 누구나 어떤 식으로든 누군가의 버팀목이 되어 있습니다. 게다가 알고 실감할 수 있는가? 그럴 때도 "발을 밟힌 것은, 신이 자신에게 무언가를 전하려고 하고 있는지도 모른다")

1. 泥棒が山本さんの財布を盗んだ。

→山本さんは泥棒に財布を盗まれた。

2. 犯人に財布を盗まれた場合、犯人が近くにいる場合もまだあると思うので、警察に連絡することも大事ですが、それ以上に二次被害を防ぐために、すぐに銀行のコールセンターに連絡してカード盗難の旨を伝え、カードを使用不可にしてもらう必要があります。

(범인에게 지갑을 도난당한 경우, 범인이 근처에 있는 경우도 아직 있다고 생각하기 때문에 경찰에 연락하는 것도 중요하지만, 그 이상으로 2차 피해를 방지하기 위해 즉시 은행 콜센터에 연락해 카드 도난 사실을 전하고, 카드를 못 사용하게 해달라고 해야 합니다.)

3. 弟が母の服を汚した。

→母は弟に服を汚された。

4. 過去に2度ほど飲食店で店員に服を飲み物で汚されたことがあります。どちらも被害を受けたのは私ではなく同席の女性です。

(과거에 두 번 정도 음식점에서 점원에게 옷을 음료로 더럽힌 적이 있습니다. 모두 피해를 입은 것은 내가 아니라 동석한 여성입니다.)

5. 先生が玉村さんの名前を間違えました。

→玉村さんが先生に名前を間違えられました。

メールで彼氏に名前を間違えられました。呼び間違えはわかりますがメールで書き間違えるってことは浮気の率は高いのでしょうか？

(메일에서 남자 친구가 이름을 틀리게 썼습니다. 잘못 부르는 것은 알 수 있지만 메일로 잘못 쓴 것은 바람피운 확률이 높은 것일까요?)

6. 警官は私の名前や住所を聞いた。

→私は警官に名前や住所を訊かれた。

ここに着いた初日、海岸を警邏中の警察官から、名前や住所等を訊かれ、早く届けを出すようにと言われていたのである。

(여기에 도착한 첫날, 해안을 순찰 중인 경찰관으로부터, 이름과 주소 등을 물어, 빨리 신고를 하도록 들었던 것입니다.)

1. 先生は私の作文をほめました。

→私は先生に/から作文をほめられました。

2. 作文が以前より上手に書けるようになったことです。先生からほめられました。

(작문이 이전보다 잘 쓸 수 있게 된 것입니다. 선생님으로부터 칭찬받았습니다.)

3. 監督は彼女の演技才能を認めるようになった。

→彼女は監督から演技才能を認められるようになった。

4. ヒューストンへ引っ越した後、彼は1か月の間失業していたため、一家はサンアントニオに戻ろうとしたが、ジュリサは有名な体操指導者、ベラ·カロリーにその才能を認められた。

(휴스턴으로 이사한 후 그는 1개월 동안 실직했기 때문에, 가족은 샌안토니오로 돌아가려고 했지만, 쥬리사는 유명한 체조지도자인 베라 칼로리에게 그 재능을 인정받았다.)

5. 医者は父の命を救いました/助けました。

→父は医者から命を救われました/助けられました。

6. 「職場の人のあの一言に救われました！」のトピックも最終回、3回めとなります。今回は、仕事のことや人間関係などに漠然とした悩みを抱えるとき、また、その悩みを相談したとき、そんな場面で掛けられた一言です。

("직장 동료의 그 한마디에 도움을 받았습니다!"의 주제도 마지막 회, 3회째입니다. 이번은 일이나 인간관계 등에 막연한 고민을 안고 있을 때, 또 그 고민을 상담할 때, 그런 경우에 걸려온 한마디입니다.)

1. 全世界の人がアメリカを知っています。
   →アメリカは全世界の人に知られています。
2. 配達の際に運賃は受取人に知られてしまいますか？
   (배달 시에 요금은 수신자에게 알려집니까?)
3. みんながこの図書館を利用しています。
   →この図書館はみんなに利用されています。
4. 調査結果はどのように利用されているのですか？国や都道府県などの雇用政策など重要な行政施策の立案, 学術研究などに利用されています。
   (조사 결과는 어떻게 이용되고 있습니까? 국가와 도도부현 등의 고용 정책 등 중요한 행정 시책의 수립, 학술 연구 등에 이용되고 있습니다.)
5. たくさんの人が日本の映画を楽しんでいる。
   →日本の映画はたくさんの人に楽しまれている。
6. 日本では、障がい者や高齢者施設、学校などの教育機関を中心にカルチャー教室なのでも、様々な年代の人に楽しまれている。
   (일본에서는 장애인 및 노인시설, 학교 등의 교육기관을 중심으로 문화교실이라도 다양한 연령층의 사람들에게 애용되고 있다.)

1. 現状全て移転先にデータが移され、編集もそちらで積極的に行なわれています。
   (현재 모든 이전대상에 데이터가 옮겨지고, 편집도 그곳에서 적극적으로 행해지고 있다.)
2. 科学の進歩に伴い、地球の大気のしくみについて理解が進み、地球温暖化が深刻な問題として、科学者の間でも注目されるようになりました。
   (과학의 진보에 따라 지구 대기의 구조에 대한 이해가 진행되어, 지구 온난화가 심각한

문제로 과학자들 사이에서도 주목받게 되었습니다.)

3. 自己破産をしたからといって、裁判所から会社へ連絡することはありませんので、基本的に会社や同僚、上司に知られることはないでしょう。

(개인 파산을 했다고 해서 법원에서 회사에 연락하는 일은 없으므로, 기본적으로 회사나 동료, 상사에게 알려진 것은 없을 것입니다.)

4. 海は最高の自然なのに、それを隠すように樹木が植えられているのはおかしい。

(바다는 최고의 자연인데, 그것을 숨기려고 나무가 심어져 있는 것은 이상하다.)

1. 美しさは口元からつくられます。皆さんがイメージする美しさは、口元からつくられると言っても過言ではありません。

(아름다움은 입가에서 만들어집니다. 여러분이 상상하는 아름다움은 입가에서 만들어진다고 해도 과언이 아닙니다.)

2. 植物から抽出される医薬品の材料など有用な天然の物質を人工的に化学合成することができれば希少な物質を大量に生産できます。

(식물에서 추출되는 의약품의 재료 등 유용한 천연 물질을 인공적으로 합성할 수 있으면 희귀한 물질을 대량으로 생산할 수 있습니다.)

3. 鮭(サケ)から抽出した超高濃度の美容成分で、一般的に利用されている「動物性プラセンタ」を上回る作用を持つ新しい成分なのだ。

(연어에서 추출한 초고농도의 미용성분이어서, 일반적으로 이용되고 있는 "동물성 태반"을 웃도는 작용을 가지는 새로운 성분인 것이다.)

4. 大型原発事故が発生した福島産の酒25トンが韓国国内に輸入されたことが確認され、衝撃を与えている。

(대형원전사고가 발생한 후쿠시마산 술 25톤이 한국 국내에 수입된 것으로 확인되어, 충격을 주고 있다.)

5. 北海道でもっともポピュラーな民俗芸能は、明治期以降に富山県から伝えられた「獅子舞」といえるでしょう。

(홋카이도에서 가장 인기 있는 민속예능은 메이지시대 이후에 도야마 현에서 전해진 '사자춤'이라고 할 수 있습니다.)

6. 治安が良いはずの日本で、なぜビニール傘が盗まれるのか。使い捨ての感覚で考える人も多く、盗むことの罪悪感がないからだという。

(치안이 좋은 일본에서 왜 비닐우산이 도난되는 것인가. 일회용 감각으로 생각하는 사람도 많고, 훔치는 것에 죄의식이 없기 때문이라고 한다.)

1. 師は瞑想とヨガにおける偉大な哲学者であり、多くの著作を有する著作家であり、神聖な聖者として他の宗派や政治的な指導者からも尊敬されています。

(스승은 명상과 요가의 위대한 철학자이며, 많은 저작이 있는 저술가이며, 신성한 성자로 다른 종파와 정치적 지도자로부터도 존경을 받고 있습니다.)

2. 母との楽しい思い出もたくさんあったことや、母から無条件の愛ももらっていたこと、愛されている感もあるんです。

(어머니와의 즐거운 추억도 많았던 것과, 어머니로부터 무조건적인 사랑을 받고 있었던 것, 사랑받고 있는 느낌도 있습니다.)

3. 自白により殺された大学生の遺体も出たが、弁護士は刑事の暴力による自白の強要を訴えている。

(자백에 의해 살해된 대학생의 시신도 나왔지만, 변호사는 형사의 폭력에 의한 자백 강요를 호소하고 있다.)

4. 家庭教師にほめられるのは、親や親戚からほめられるのとは、ひと味違います。身内からのものではないので、社会からほめられた気分になります。

(가정교사에게 칭찬받는 것은 부모나 친척으로부터 칭찬받는 것과는 조금 다릅니다. 가족이 아니기 때문에 사회로부터 칭찬받은 기분입니다.)

1. クリスマスに彼氏からとてつもないプレゼントが送られてきた。

(크리스마스에 남자 친구로부터 엄청난 선물을 보내왔다.)

2. 校長から一人一人に卒業証書が渡されました。卒業生は将来の夢や中学校生活への期待を胸を張って発表しました。何よりも今まで苦労をかけてきた保護者の方に卒業証書を渡しました。

(교장선생님께서 한 사람 한 사람에게 졸업증서를 전달했습니다. 졸업생들은 미래의 꿈과 중학교 생활에 대한 기대를 자신만만하게 발표했다. 무엇보다 지금까지 고생을 시켜드린 보호자에게 졸업 증서를 전달했습니다.)

3. 街を歩いている時に外国人から突然道を聞かれたり、駅のホームで電車の時間を尋ねられたりするとそれだけでパニクッてしまいがちですよね。

(거리를 걷고 있을 때 외국인으로부터 갑자기 길을 물어오거나 역 홈에서 전차의 시간을 물어오거나 하면 그것만으로 패닉상태가 되기 십상이죠.)

4. 時には自分より未熟な者から教えられることもある。

(때로는 자신보다 미숙한 자로부터 배울 수 있다.)

5. 実習を通しての経験がどのようなものであれ、多くの実習生は、教師の役割を演ずることにより多くのことを学び、非常に貴重な体験、その経験は他人から教えられた。

(실습을 통해 경험이 어떤 것이 든, 많은 실습생은 교사의 역할을 해보는 것으로 많은 것을 배우고 매우 귀중한 체험, 그 경험은 다른 사람들로부터 배웠다.)

1. 玉村教授はみんなから(に×)学長に選ばれました。
2. 私は彼女から(に×)家に招待された。→ 私は彼女に家へ招待された。

近所の公園で、ようやくお話できるママさんに出会いました。そのママさんの自宅に招待されたのですが、初めてなのでどうしたら良いか分からず、なかなか実現できずにいます。

(근처의 공원에서 간신히 이야기할 수 있는 어머니를 만났습니다. 그 어머니의 집에 초대된 것입니다만, 처음이라 어떻게 해야 할지 몰라, 좀처럼 실현하지 못하고 있습니다.)

(A)

1. 仮名文で書かれている事が原則であり、漢文によって書かれた史論書とは区別されている。

(가나문장으로 쓰여 있는 것이 원칙이며, 한문에 의해 쓰인 사론서와 구분되어 있다.)

2. 上司である富士雄先生によって発明され、1984年の半導体関係の国際会議「IEDM」で発表されました。

(상사인 후지오 박사에 의해 발명되고, 1984년 반도체 관련 국제회의 'IEDM'에서 발표되었습니다.)

3. 飛行機は100年ほど前にライト兄弟によって発明されましたが、発明後は改良に改良を重ねられ今では一度に数百人の人を乗せ、ジェットエンジンをつけ高速飛行ができるようになりました。

(비행기는 100년 전 라이트 형제에 의해 발명했지만, 발명 후 개량에 개량을 거듭, 지금은 한 번에 수백 명의 사람을 태우고 제트 엔진을 달고 고속 비행을 할 수 있게 되었습니다.)

4. 仏教は2500年前、お釈迦さまによって開かれた教えですが、その教えは今も私たちの心を照らす鏡としてその輝きを失っていません。

(불교는 2500년 전 부처님에 의해 열린 가르침이지만, 그 가르침은 지금도 우리의 마음을 비추는 거울로 그 빛을 잃고 있지 않습니다.)

5. 世界中の何百という核融合装置によって蓄積された経験を基に設計され、核融合エネルギーは科学的、技術的に実現可能であることを実証するだろう。

(세계의 수백 개의 핵융합 장치에 의해 축적된 경험을 바탕으로 설계된 핵융합 에너지는 과학적, 기술적으로 실현 가능하다는 것을 입증하는 것이다.)

6. 一般的に辞書は、複数の人が意見を持ちよって合議により作られていくものだと思われています。

(일반적으로 사전은 여러 사람들이 제각기의 의견을 가지고 합의에 의해 만들어나가는 것이라고 생각합니다.)

7. 企業によって生産されたものは、誰かが自身のお金を支出して買い取るか、あるいは生産した企業が在庫として抱え込む。

(기업에 의해 생산된 물건은 자신의 돈을 지출하고 매입하거나, 혹은 생산한 기업이 재고로 떠안게 된다.)

8. 韓国で販売された製品。協力会社によって韓国で販売された製品は、貴社のライセンス商品ということになり、それ自体は韓国で販売される限り違法な製品ではありません。

(한국에서 판매된 제품. 협력 회사가 한국에서 판매된 제품은 귀사의 라이센스 상품이라는 것이 되어, 그 자체는 한국에서 판매되는 한 불법 제품은 아닙니다.)

(B)

1. 戦争は「ある人々」によって計画的に起こされるもの。もし人から襲われて、それを防ごうとして相手を殺してしまった、あるいは子どもたちに危害を加える者がいて、加害者を殺さなければ子どもが守れない場合、その殺人はどうなのですか？

(전쟁은 "있는 사람들"에 의해 계획적으로 일어나는 것. 만약 사람으로부터 습격 당해 그것을 막으려고 상대를 죽여 버린, 혹은 아이들에게 위해를 가하는 자가 있어 가해자를 죽이지 않으면 아이를 지킬 수 없는 경우, 그 살인은 어떻게 합니까?)

(C)

1. この花火、普通とはちょっと違います。これは火薬ではなくビーズで作られているのです。

(이 불꽃놀이, 보통과는 조금 다릅니다. 이것은 화약이 아니라 구슬로 만들어진 것입니다.)

2. 印刷に使われる紙が、適正に植林管理された森林から伐採された木材でつくられたものであれば、また、きちんとしたリサイクル活動によって、紙が持続的に提供されているのなら、印刷物は電子メディアをはるかに上回る環境貢献度をもっています。)

(인쇄에 사용되는 종이가 적정하게 조림관리된 산림에서 벌채된 목재로 만들어진 것이면, 또한 깔끔한 재활용 활동에 의해 종이가 지속적으로 제공되고 있다면, 인쇄물은 전자 미디어를 훨씬 웃도는 환경 공헌도를 가지고 있습니다.)

3. 生地は綿や麻から織られたもので、服は生地で縫製されたものだ。

(원단은 면이나 마로 짜인 것으로, 옷은 원단에서 봉제된 것이다.)

1. 夫は、「音のしてない時に、寝入ってしまえばいい」などと言ったが、音がしてないときに、寝入ってしまわないと、と思えば思うほど、焦って眠れないのだ。それだけ努力して寝入っても、また音で起こされるんだし。私は、寝ているときに起こされる。

(남편은 "소리 내지 않을 때 잠들어버리면 된다" 등을 말했지만, 소리가 나지 않을 때 잠들어 버리지 않으면, 하고 생각하면 생각할수록 초조해 잠들 수 없는 것이다. 그만큼

노력해서 잠들어도, 또한 소리로 깨지기도 하고, 나는 자고 있을 때 깨진다.)

2. 自動車の排ガスなどから排出される窒素酸化物や黄酸化物などの環境汚染物質によって空気が汚されてしまっています。

(자동차의 배기가스 등에서 배출되는 질소산화물과 황산화물 등의 환경오염 물질에 의해 공기가 오염되어 있습니다.)

3. ポルポト政権時代の大虐殺(拷問や処刑などによって180万人から300万人が殺された)やベトナム軍の侵攻などによって戦争を望まない多くの人々が殺されました。

(폴 포트 정권시대의 대학살(고문과 처형 등으로 인해 180만 명에서 300만 명이 사망했다)과 베트남군의 침공 등에 의해 전쟁을 원치 않는 많은 사람들이 사망했습니다.)

1. 皆さんは日本語が話せます。人によっては、外国語も話せると思います。そこで皆さんは、日本語以外に何語が話せたらいいと思いますか？その言葉を話したいのは、なぜですか？

(여러분은 일본어를 할 수 있습니다. 사람에 따라서는 외국어도 말할 수 있다고 생각합니다. 그래서 여러분은 일본어 이외에 어떤 언어를 할 수 있으면 좋다고 생각하십니까? 그 말을 하려는 이유는 무엇입니까?)

2. 平泳ぎは4泳法の中で、最もスピードが出にくい泳ぎ方ですが同時に楽に長く泳げる泳法でもあります。

(평영은 4영법 중 가장 속도가 나지 않는 수영 방법이지만 동시에 편하게 오랫동안 수영할 수 있는 영법이기도 합니다.)

3. それだけでホームページが作れますか？ホームページにある程度詳しい方なら、ホームページ作成ツールがあればホームページを作れます。

(그것만으로 홈페이지를 만들 수 있습니까? 홈페이지에 어느 정도 밝은 사람이라면 홈페이지 제작 도구가 있으면 홈페이지를 만들 수 있습니다.)

4. 日本で契約し、海外へ持ち出した携帯電話へもかけられますか？その際の携帯電話へのかけ方はどうなりますか？

(일본에서 계약하고, 해외로 반출된 휴대전화로도 걸 수 있나요? 그 때 휴대전화로 거는 방법은 어떻게 됩니까?)

5. シンガポールで日本の国際免許証があれば運転できますか？シンガポー

ル短期滞在者です。

(싱가폴에서 일본의 국제 면허증이 있으면 운전할 수 있습니까? 싱가폴 단기 체류자입니다.)

1. 通話停止·解除。ケータイ·スマートフォンの盗難·紛失などの際、電話回線を一時的に止めることができます。

(통화 정지 · 해제. 휴대폰 스마트 폰의 도난 · 분실 등의 경우에는 전화회선을 일시적으로 중지할 수 있습니다.)

2. 救急車はサイレンを鳴らさないで来る事はできますか？道路交通法により, 緊急走行する際はサイレンを鳴らし, 赤色灯を点灯させなければなりませんので, サイレンを鳴らさないで出動することはできません。

(구급차는 사이렌을 울리지 않고 올 수 있습니까? 도로교통법에 의해 긴급 주행할 때 사이렌을 울리고 빨간 불빛을 점등시켜야 하기 때문에 사이렌을 울리지 않고 출동할 수 없습니다.)

3. 食べることができる食べ物であっても、毎日同じものばかり食べさせていたり一度に大量に与えるなどすれば体調不良·病気につながる恐れがあります。

(먹을 수 있는 음식도 매일 같은 것만 먹게 하거나, 한 번에 대량으로 주는 등하면 컨디션 불량 · 질병으로 이어질 수 있는 두려움이 있습니다.)

4. 水には、その人の目的や体調に合った、正しい量と飲むタイミングというものがあるのです。それを知れば、高価なミネラルウォーターを効果的、かつ経済的に使いこなすことができます。

(물은 그 사람의 목적이나 컨디션에 맞는 올바른 양과 마시는 타이밍이라는 것이 있는 것입니다. 그것을 알면 비싼 생수를 효과적이며 경제적으로 사용할 수 있습니다.)

5. 私はこの席ではタバコを吸うことができません。

(나는 이 자리에서 담배를 피울 수 없습니다.)

(8) 가능「れる/られる」「~ことができる」

1. 가능(可能)의 표현

● 5단동사의 가능동사

1. 日本語が話(はな)せる。
   (일본어를 말할 수 있다.)
2. 中学2年程度の英語力があれば、誰でも英語が自由に話せるようにプログラムされています。
   (중학교 2학년 정도의 영어 실력이 있으면 누구나 영어를 자유롭게 말할 수 있도록 프로그램화 되어 있습니다.)

● 가능조동사「れる・られる」

1. 日本語が話される。
   (일본어를 말할 수 있다.)
2. わけわからない英語をペラペラ話されるより、川崎選手のような英語を話してくれたほうがネイティブは理解しやすい。
   (모르는 영어를 유창하게 이야기할 수 있는 것보다 가와사키 선수처럼 영어를 말해 주는 쪽이 원어민은 이해하기 쉽다.)

● 동사의 연체형에「~ことができる」가 붙는다.

1. 日本語を話すことができる。
   (일본어를 말할 수 있다.)
2. 韓国語を話すことができるようになったらどのようなメリットがありますか。
   (한국어를 말할 수 있게 되면 어떤 혜택이 있습니까?

●「する」⇒「~ができる」

1. 日本語ができる。
   (일본어를 할 수 있다.)

2. 日常会話レベルの日本語ができるベトナム人、またはベトナム語のできる日本人。

(일상 회화 수준의 일본어를 할 수 있는 베트남인 또는 베트남어가 가능한 일본인.)

3. 運動をしたいのだが、忙しくて運動ができない。

(운동을 하고 싶지만 바빠서 운동을 할 수 없다.)

4. 見ようとしたが恥ずかしくて、その人の顔が見られない。

(보려고 했지만 부끄러워서 그 사람의 얼굴을 볼 수가 없다.)

5. どうやって25歳で5カ国語を話せるようになったんですか？

(어떻게 25살에 5개 국어를 할 수 있게 되었던 건가요?)

6. 私は、外国語がしゃべれる友達とか募集とか、自分から探しに出掛けたりとか全然しなくて。

(나는 외국어를 말할 수 있는 친구를 모집하거나, 스스로 찾아 나가거나 전혀 하지 않고.)

1. A：あなたはどんな外国語が話せますか/外国語を話すことができますか。

   B：私は英語が少し話せます/英語を話すことができます。

2. A：何メートルぐらい泳げますか/泳ぐことができますか。

   B：100メートルぐらい泳げます/泳ぐことができます。

3. フランス語圏で偶然に知り合った日本人に「フランス語が話せますか」と訊かれることがあります。

(불어권에서 우연히 만난 일본인에게 "불어를 할 수 있습니까?"라고 질문할 수 있습니다.)

4. 今回は人前で話すことが苦手な人がどうすれば話せるようになるのかを考えてみたいと思います。

(이번에는 사람 앞에서 말하는 것이 서투른 사람이 어떻게 하면 말할 수 있게 되는지를 생각해 보고 싶다.)

1. A: 何時まで車が止められますか/止めることができますか。

B: 夜8時まで止められます/止めることができます。

2. 京都で安く泊まれる宿泊施設はありますか。京都で団体で利用できる宿泊施設はありますか。宿泊施設に車は止められますか。

(교토에서 싸게 묵을 숙박 시설은 있습니까? 교토에서 단체로 이용할 수 있는 숙박 시설은 있습니까? 숙박 시설에 차는 주차할 수 있습니까?)

3. 明日は用事があるので、旅行に行けません/行くことができません。

(내일은 일이 있기 때문에 여행에 갈 수 없습니다.)

1. お子さんはなかなかじっと座ってくれません。お子様が楽しんで座っていられるツールをご用意いたしました。

(아이는 좀처럼 가만히 앉지 않습니다. 어린이가 즐겨 앉아 있을 수 있는 도구를 준비했습니다.)

2. 急ぐ必要ない時にまで待っていられない友人の気持がわからない。

(서두를 필요없을 때까지 기다리고 있을 수 없는 친구의 기분을 모르겠어요.)

(9) 자발(自発) 조동사

어떤 동작이 저절로 그렇게 된다는 의미를 나타낸다.「저절로 ~하게 되다」

1. 最近には故郷が思い出されない。

(최근에는 고향이 생각나지 않는다.)

2. 母の事がいつでも忘れられません。

(어머니의 일이 언제나 잊을 수 없습니다.)

3. 悲(かな)しいドラマを見とつい泣(な)かれて(=泣けて)くる。

(슬픈 드라마를 보면 저절로 눈물이 나온다.)

4. あの学生の将来が案じられます。

(그 학생의 장래가 염려됩니다.)

1. このスマートフォンは安くて、デザインもいいのでよく売れます。

(이 스마트폰은 저렴하고 디자인도 좋기 때문에 잘 팔리고 있습니다.)

2. テレビに移された福島津波による惨憺たる場面には，思わず泣かされました(泣けました)。

(TV에 방영되는 후쿠시마 쓰나미에 의한 참담한 장면은 무심코 눈물이 났습니다.)

3. 田中さんの冗談には、いつも思わず笑わせられました。

(다나카 씨의 농담은 항상 무심코 웃게 되었습니다.)

4. 読売新聞に載っていたカップラーメンの名前が思い出させない。その記事を見たときに無性に食べたい衝動に駆られたのにどうしても思い出されません。

(요미우리신문에 실려 있던 컵라면의 이름이 생각나지 않는다. 그 기사를 볼 때 공연히 먹고 싶은 충동에 사로잡혀 아무리 생각해도 떠오르지 않습니다.)

5. 新婚1年目です。旦那には忘れられない人がいます。元彼女です。私と付き合うとほぼ同時に別れて、その後私たちはずっと不安で嫉妬してきました。

(신혼 1년째입니다. 남편은 잊을 수 없는 사람이 있습니다. 전 여자 친구입니다. 저와 교제하자 거의 동시에 헤어져, 그 후 우리는 계속 불안해 질투해 왔습니다.)

6. そのコーヒーがとても熱くて脚をやけどして、最高のディナーでも、二度と思い出されないかもしれません。

(그 커피가 너무 뜨거워서 다리에 화상을 당해서, 최고의 저녁이라도 두 번 다시 생각나지 않을지도 모릅니다.)

1. 説明してわかってもらいたいのに泣かれてしまうとどうしようもなくなりますね。泣くのは反則だと男が思っていることは承知しているけれども、どうしても泣けてくるのは仕方がないこと。

(설명해서 이해해 주었는데 울어버리면 어쩔 수 없군요. 우는 건 반칙이라고 남자가 생각하는 것은 알고 있지만, 아무래도 눈물이 나오는 것은 어쩔 수 없는 것.)

2. あの事がいつまでも忘(わす)れられません。

3. 「看護の日」事業の一環として、看護を通じて得られた忘れられない思い出やエピソードを、看護する側(看護職部門)と看護を受ける側(一般部門)の双方から募集し、優秀作品を表彰·発表しています。

(「간호의 날」 사업의 일환으로 간호를 통해 얻은 잊을 수 없는 추억과 에피소드를 간호하는 측 (간호직 부문)과 간호를 받는 측 (일반 부문) 모두로부터 모집하고 우수작품을 표창 발표하고 있습니다.)

4. ネットではマスキングテープがよく売れまが、実店舗では雑貨類が本当によく売れます。

(인터넷에서는 마스킹 테이프가 잘 팔리고 있지만, 실제매장에서는 잡화류가 정말 잘 팔립니다.)

5. 昔はこの川で魚がたくさん釣れたんですが、いまは汚れてしまって、魚はもう一匹もいないんです。

(예전에는 이 강에서 물고기가 많이 잡혔습니다만, 지금은 더러워져, 물고기는 이제 한 마리도 없어요.)

1. つい昔(むかし)の友だちが思い出される。

문득 옛날 친구가 생각난다.

2. ついと思い出されるのはホスピスでの生活で、思い出すのが確かに辛い事もあるのですが、夫婦だけで過ごした大事な時間、それがとても幸福な時間だったなあと思う毎日です。

(문득 생각나는 것은 호스피스의 생활이고, 기억나는 것은 확실히 힘든 일도 있지만, 부부만 보낸 소중한 시간, 그것이 매우 행복한 시간이었다고 생각하는 매일입니다.)

3. この学生の将来が案じられる。

이 학생의 장래가 염려된다.

4. ゆくさきが案(あん)じられる。これから後の物事が心配される。この先どうなるかが気がかりである。

(목적지가 염려된다. 이제부터의 다음 일이 걱정된다. 앞으로 어떻게 될지가 걱정이다.)

5. 入院した母の容体が案じられる。

心に大きな穴が空くことでしょう。ご冥福をお祈り申し上げながら細かい気配りのひとの受ける打撃が案じられます。

(마음에 큰 구멍이 뚫린 것이지요. 명복을 기원하면서 세세하게 배려한 사람이 받는 타격이 염려됩니다.)

(10) 존경조동사

주어의 동작에 대한 존경을 나타낸다.「~하시다」

1. 先生はまだ新しい車を買われないそうです。

   (선생님은 아직 차를 사시지 않는다고 합니다.)

2. 奥さんを乗せるために買われたそうです。病院の送り迎えだけでなく、機嫌良く体調よく天気よしという日には、奥様をあちらこちらへと乗せて行こうということです。

   (부인을 태우기 위해 사셨다고 합니다. 병원 전송과 마중 뿐만 아니라, 기분 좋고 컨디션 좋고 날씨 좋은 날에는 부인을 여기저기로 태우고 가려고 한 것입니다.)

3. 雨が降ってきたが、社長(しゃちょう)はまだ帰られなかった。

   (비가 내렸지만, 사장님은 아직 오시지 않았다.)

4. 現在は、一緒にご自宅に伺ったのですが、支店長はまだ帰られなかった。

   (현재는 함께 집에 들렀습니다만, 지점장은 아직 돌아오지 않으셨다.)

1. 今日は山田先生は5分遅く授業を始められました。

   先生はまず私たちを見回してから、敬語のついての話を始められました。

   (선생님은 먼저 우리를 둘러보고서는 경어가 대해서 이야기를 시작하셨습니다.)

2. 先生は上京(じょうきょう)されました。

先生は私の入門当時、本部道場に上京されました。

(선생님은 내가 입문 당시, 본부도장에 상경하셨습니다.)

1. 先生は毎日日本に電話をかけられる。

   社長は毎日韓国の支社に電話をかけられます。

   (사장님은 매일 한국 지사에 전화를 거십니다.)

2. おじいさんが日本について話される。

   (할아버지가 일본에 대하여 말씀하셨다.)

1. 先生の言われるとおりにしなさい。

   高等部の先生に言われたとおり、まずは、理科と数学が足をひっぱらないよう努力します。

   (고등부 선생님이 말씀하신대로, 우선 이과와 수학이 방해가 되지 않도록 노력합니다.)

2. 先生がこの教室に入って来られる時、学生たちは熱心(ねっしん)に勉強していた。

   (선생님이 교실에 들어오실 때 학생들은 열심히 공부하고 있었다.)

1. 木村(きむら)さんが来られればさしあげます。

   (기무라 씨가 오시면 드립니다.)

2. 田中先生が教えられればいいのに…。

   (다나카 선생님이 가르치시면 좋을 텐데 …)

참고

「ら抜き言葉」

조동사 「れる」는 5단활용동사와 サ행변격동사의 미연형(未然形)에 붙고, 助動詞「られる」는 그 이외의 동사에 미연형에 붙는다.

예를 들면, 「書く→書かれる」「する→される」「見る→見られる」「着る→着られる」「食べる→食べられる」가 된다.

그러나 실제의 생활에서 가능의 표현에서 「見れる」「着れる」「食べれる」 등을 자주 듣는다. 이것들은 원래 「られる」가 붙어야 하는데 「ら」가 빠져 있다. 이러한 표현을 일반적으로 「ら抜きことば」라고 부른다. 학교문법에서는 틀린 표현형식이라고 말하고 있지만 일부에서는 「ら抜きことば」를 옹호하는 견해도 있다.

(11)「える/うる」

1. たんに距離を置こうとする恋人が何故そうするのか、説明あるいは「経験」から、観客は彼らの内面を十分に理解し得るのです。

   (단순히 거리를 두려는 애인이 왜 그러냐? 설명 또는 "경험"에서 관객은 그들의 내면을 충분히 이해할 수 있는 것입니다.)

2. 彼の話が全部うそだということは十分考えうることだ。人生の目的は何かという問題に対してみんなが納得しうる答えを出すのは難しい。

   (그의 말이 모두 거짓말이라는 것은 충분히 생각할 수 있는 것이다. 인생의 목적은 무엇인가 하는 문제에 대해 모두가 납득할 수 있는 답을 내는 것은 어렵다.)

3. 愛の無い真の革命家を想像することは不可能だ。想像しうる限りの最高の世界を出発点にすることだ。

   (사랑이 없는 진정한 혁명가를 상상하는 것은 불가능하다. 상상할 수 있는 한 최고의 세계를 출발점으로 하는 것이다.)

4. 年間60本塁打も、誰もまだ昨年の今頃の時期には予想し得なかっただろう。それなら今年は日本プロ野球では今まで誰もなかった打率四割を見てみたい。

(연간 60홈런도, 아무도 아직 작년 이맘때의 시기에는 예상할 수 못했을 것이다. 그렇다면 올해는 일본 프로 야구에서는 지금까지 아무도 없었던 타율 4할을 보고 싶다.)

1. いじめは決して許されることのない重大な人権侵害である。いじめはどの子どもにも、どの学校にも起こり得るものである。

(왕따는 결코 용서받을 수 없는 중대한 인권침해다. 왕따는 어떤 아이에게도 어느 학교에서도 일어날 수 있는 것이다.)

2. 数字にはプログラマが読みうるあらゆる種類の情報が含まれていて、それらはえてしてきわめて重大な手がかりとなる。

(숫자는 프로그래머가 판독 가능한 모든 종류의 정보가 포함되어 있어, 그들은 자칫 매우 중요한 단서가 된다.)

3. 耳掃除をし過ぎて外耳炎をおこし、そこから炎症が拡がって中耳炎になるということはありえます。

(귀 청소를 너무 해서 외이염을 일으켜 거기에서 염증이 확산되어 중이염이 된다는 것은 있을 수 있습니다.)

(12) 사역「せる/させる」

1. 私は息子に「買い物に行きなさい」と言いました。

→私は息子を買い物に行かせました。

2. 学校から帰ってきた次男くん、「お腹すいた」というのでコンビニまでおやつのお買い物にいかせました。

(학교에서 돌아온 차남 군 "배고파"라고 해서 편의점까지 간식거리를 사러 가게 했습니다.)

3. 学校の成績を見ると、塾に通わせた方が良いと思っているのですが、初期費用がかなりかかるので、ちょっと厳しいかなって思っています。

(학교의 성적을 보면 학원에 다니게 하는 것이 좋다고 생각하고 있습니다만, 초기 비용이 상당히 걸리기 때문에 조금 힘든 거라고 생각하고 있습니다.)

4. 杉の木の香りが漂い、自然の息吹が感じられる住まいに見事に変身させました。

(삼목 나무의 향기가 떠돌고, 자연의 숨결이 느껴지는 거주지로 훌륭하게 변신시켰습니다.)

5. 食べ物は、残りごはんのおにぎりを持って来られた方がいて、それをいただき、子どもたちに食べさせました。

(음식은 남은 밥으로 주먹밥을 만들어 가지고 온 분이 있어, 그것을 받아 아이들에게 먹였습니다.)

AはBに~[自動詞](さ)せる/(さ)せてあげる
AはBに~[他動詞](さ)せる/(さ)せてあげる

1. 子供たちは鍵を持っていたようで、納得して家に帰りましたが、その日にかおりちゃん、翌日に鈴木ちゃんのお母さんからお怒りの電話が来ました。「大雨警報が出て危ないんだから、子供を一人で帰らせないでほしかった。」

(아이들은 열쇠를 가지고 있던 것 같아서 납득하고 집에 돌아갔습니다만, 그 날에 가오리양 다음날 스즈키씨의 엄마로부터 분노의 전화가 왔습니다. "호우 경보가 나와 위험하니까, 아이를 혼자 돌아오지 않게 했으면 했다.")

2. 山田さんのご両親は、山田さんを留学させてあげました。

(야마다씨의 부모님은 야마다씨를 유학시켜 주었습니다.)

3. 家族にやりたいことをさせてあげられるように自分ががんばる、という感覚なんです。たとえば奥さんが一人で旅行に行きたいと言えば行かせてあげるんです。

(가족에게 하고 싶은 것을 시켜 줄 수 있도록 스스로 노력한다는 느낌이에요. 예를 들면 부인이 혼자 여행을 가고 싶다고 말하면 가게 해주는 거죠.)

4. とにかく、みんな日本から持ってきた浴衣を着せてあげました。ものすごく喜んでくれました。

(어쨌든, 모두 일본에서 가져온 유카타를 입혀 주었습니다. 굉장히 기뻐해 줬습니다.)

5. 私は小さい頃にピアノを習わせてくれた母(音楽未経験で譜面も読めない)に、本当に感謝しています。

(나는 어렸을 때 피아노를 배우게 해준 어머니(음악 미경험으로 악보도 읽을 수 없는)께 정말 감사하고 있습니다.)

6. クッキーとか庶民的な食べ物だと満足しなさそうなので、ステーキを食べさせてあげました。

(쿠키 등 서민적인 음식이라고 만족하지 않은 것 같아서, 스테이크를 먹여 주었습니다.)

AはBを~[感情自動詞](さ)せる
AはBに~を[感情他動詞](さ)せる

1. 確かに泣かないお子さんはいませんし、ちょっとくらい泣かせておいても特に問題になることはないでしょう。

(확실히 울지 않는 자녀는 없고, 조금은 울려도 특별하게 문제가 될 것은 없을 것입니다.)

2. 多くの親は我が子を愛し、幸福な行く末を願って懸命に子育てをします。ところが子どもも独立した人間ですから、いくら親子であっても行き違いや不協和音が生じます。それが親を心配させます。

(많은 부모는 우리 아이를 사랑하고 행복한 장래를 갖기를 원해 열심히 육아를 합니다. 그런데 아이도 독립적인 인간이기 때문에, 아무리 부자라도 엇갈림과 불협화음이 발생합니다. 그것이 부모를 걱정시키게 합니다.)

3. 先日、そこそこ仲が良く、好意を抱いている後輩の女の子に、携帯で気に障ることを言って怒らせてしまいました。

(얼마 전 적당히 사이가 좋고, 호의를 품고 있는 후배 여자에게, 휴대폰으로 신경을 건드리는 말을 해서 화나게 했습니다.)

4. コスタリカは、まさに世界を驚かせましたよね？前回の大会、日本が決勝トーナメントに進出した時に「世界を驚かせた」と、日本代表のレベルが低すぎたのがあらためてわかりました。

(코스타리카는 정말로 세계를 놀라게 했군요? 지난 대회 일본이 결승 토너먼트에 진출했을 때 "세계를 놀라게 했다"고, 일본 대표의 수준이 너무 낮은 것을 새삼 알게 되었습니다.)

5. 自身のファンの女性の結婚式に「早まらないで。僕と一緒に逃げよう」と呼びかけるビデオを送って招待客たちをびっくりさせたそうだ。

(자기 여성 팬의 결혼식에 "서두르지 마. 나와 함께 도망치자"고 호소하는 비디오를 보내 하객들을 깜짝 놀라게 했다고 한다.)

6. 今日は、「男性は○○してくれる女性を喜ばせたい」というお話です。無料レポートを読んでくださっているので、男性が女性を喜ばせたいというのはご存知かと思います。

(오늘 "남성은 ㅇㅇ해 주는 여자를 즐겁게 하고 싶다"라는 이야기입니다. 무료 보고서를 읽어 주셨기 때문에 남성이 여성을 기쁘게 하고자 하는 것을 아십니까.)

7. そんなとき父が癌になり手術をしましたがうまくいかず。父を安心させたかったので意を決して元彼に逆プロポーズしました。

(그러한 때에 아버지가 암에 걸려 수술을 했지만 잘 되지 않았다. 아버지를 안심시키고 싶었기 때문에 결심하고 옛날 사귀던 그에게 반대로 프로포즈했습니다.)

A(人物、事情、物品)は/が、B(人物、事情、物品)を~(さ)せる
A(人物、事情、物品)は/が、B(人物、事情、物品)に~(さ)せる

1. 体の各部分を意識的にストレッチさせることができると多くの効果を得ることができます。一つの効果として体の血の流れを良くすることができます。筋肉をほぐしリラックスさせることで新陳代謝が活性化されて気分が良くなり免疫力を高めることができます。

(몸의 각 부분을 의식적으로 스트레칭시킬 수 있으면 많은 효과를 얻을 수 있습니다. 하나의 효과로 몸의 혈액 흐름을 좋게 할 수 있습니다. 근육을 풀어 편안하게 쉬게 함으로써 신진 대사가 활성화되고 기분이 좋아지고 면역력을 높일 수 있습니다.)

2. この場合においては、その身分を証明する証票を携帯させ、関係者の請求があったときは、これを提示させなければならない。

(이 경우에는 그 신분을 증명하는 증표를 휴대케 하고, 관계자의 청구가 있을 때에는 이를 제시하도록 하여야 한다.)

3. 1年の年明けくらいに、田中が違うクラスの中村と仲良くなっていた。この中村は、私が人生を狂わせた相手になる。

(1년의 연초 정도에, 다나카가 다른 클래스의 나카무라와 친해지고 있었다. 이 나카무라는 내가 인생을 미치게 한 상대이다.)

4. オバマは、ロシアの経済を停滞させて日本株に迷惑をかけるなよ。本当に10兆から20兆円も資本がロシアから逃避していたら、ロシアは大変なことになってしまうではないか。

(오바마는 러시아 경제를 침체시켜 일본 주식에 폐를 끼치지 마라. 정말 10조~20조엔 자본이 러시아에서 도피하면, 러시아는 큰일이 나버리는 것은 아닐까.)

5. 問題を混乱させた最大の原因は、その後22年も誤報を認めないで、問題をすり替えて逃げ回った朝日新聞の幹部にある。

(문제를 혼란시킨 가장 큰 원인은 다음 22년 오보를 인정하지 않고 문제를 살짝 바꾸어 놓고 도망간 아사히신문의 간부에 있다.)

「に/を」

1. 女子児童の母親は事件前に不審な車を見かけており、用心のためGPS(全地球測位網)機能とブザーを備えた子供向け携帯電話を持たせていた。

(여학생의 어머니는 사건 전에 의심스러운 차를 언뜻 보고, 안전을 위해 GPS(위성 위치 확인 웹) 기능과 부저를 갖춘 어린이용 휴대전화를 갖게 했다.)

2. 目的を意識できるようになれば、仕事の質も変わってくるはず。そこで今日は、目的意識がない人に意識を持たせる方法についてお話します。

(목적을 의식할 수 있게 되면, 업무의 질도 당연히 달라진다. 그래서 오늘은 목적의식이 없는 사람에게 의식을 갖게 하는 방법에 대해 이야기하겠습니다.)

3. あなたは先生を困らせたり、心配させたりすることがありますか。両親を怒らせたことがありますか。

(당신은 선생님을 곤란하게 하거나 걱정시키거나 한 적이 있습니까? 부모를 화나게 한 적이 있습니까?)

4. 女性と一緒に歩いているときは、車道側ではなくて歩道側を歩かせてください。これを常に意識してください。

(여성과 함께 걷고 있을 때는 차도 쪽이 아니라 보도 쪽을 걷게 하세요. 이것을 항상 의식해 주시오.)

5. 無理に散歩させる必要はありません。散歩させないからといって、運動不足になることはありません。散歩させないからといって、死ぬこともありません。

(무리하게 산책하게 할 필요는 없습니다. 산책시키지 않는다고 하여, 운동 부족이 될 수는 없습니다. 산책시키지 않는다고 해서 죽는 일도 없습니다.)

6. 計測手法や分析化学的な概念をキーワードに年4回, 月単位で特集号を刊行してまいりましたが, 2010年より新しい試みとして「年間特集」をスタートさせました。

(측정방법과 분석 화학적 개념을 키워드로 연 4회, 월 단위로 특집호를 발행하여 왔습니다만, 2010년부터 새로운 시도로 "연간특집"을 시작했습니다.)

7. すべて、疲れた人、重荷を負っている人は、わたしのところに来なさい。わたしがあなたがたを休ませてあげます。

(모든 지친 사람, 짐을 지고 있는 사람은 내게로 오십시오. 내가 너희를 쉬게 하리라.)

8. 「反抗期の息子に勉強させるには、どうしたらいいですか？」反抗期のお子さんへのお声がけは、ストレートに言うと反発されますので、なるべく変化球で語りかけましょう。

("반항기의 아들에 공부하게 하려면 어떻게 해야 하나요?" 반항기 자녀에게 말 걸음은, 스트레이트로 말하면 반발함으로 가급적 변화구로 말을 합시다.)

9. 喫煙者は、タバコ吸う為に、人を待たせたり、酷いことをしているという自覚ありますか？いつも思うけど、喫煙者というのは、自身がニコチンを補給することに対して優先順位が高すぎる。

(흡연자는 담배 피우기 위해, 사람을 기다리게 하거나, 심한 일을 하고 있다는 자각이 있나요? 언제나 생각하지만, 흡연자는 자신이 니코틴을 공급하는 것에 대해 우선순위가 너무 높습니다.)

10. 子供が学ぶ場所は、学校以外にもあると思うからです。松井さんも子供を一年くらい休ませて島で暮らさせたという話も聞きました。

(아이들이 배우는 장소는 학교 이외에도 있다고 생각하기 때문입니다. 마츠이씨도 아이를 일년 정도 쉬게 섬에서 살게 했다는 이야기도 들었습니다.)

11. 大災害と、原発事故により、大きな不安を、その後も募らせました。

(대 재해와 원전사고로 인해 큰 불안을, 그 후도 더해졌습니다.)

12. 田中さんの奥さんは、春休みの間、純子さんに、自分の部屋を片付けさせました。買い物や料理も、手伝わせました。

(다나카씨의 부인은 봄 방학 동안 쥰코 씨에게 자신의 방을 정리하게 하였습니다. 쇼핑과 요리도 돕게 했습니다.)

13. 水に対して音楽を聞かせたり、写真を見せたり、文字を見せたり、あるいは祈りを捧げたりすることによって、その結晶構造がどのように変化するかについても実験を重ねました。

(물에 대해서 음악을 들려주기도 하고, 사진을 보여 주기도 하고, 문자를 보이거나, 혹은 기도를 하거나 함에 따라, 그 결정 구조가 어떻게 변화하는지에 대해서도 실험을 거듭했습니다.)

참고

◆「着せる」

1. 母親は三ヶ月の赤ちゃんに新しい服を着せた。
(어머니는 3개월 된 아기에게 새 옷을 입혔다.)

2. キャラクターに浴衣を着せた時に通常のモーションでは足を大きく開いて浴衣のすそが物理的にありえないくらい伸びてしまう。
(캐릭터에 유카타를 입혔을 때에는 정상적인 동작으로는 다리를 크게 벌려 유카타 소매 자락이 물리적으로 있을 수 없을 정도 늘어난다.)

◆「着させる」

1. 母は上半身が裸になっている雪子ちゃんに「上着を着なさい」と言った。つまり、母は雪子に上着を着させた。
(어머니는 상반신이 알몸이 되어 있는 유키코씨에게 "겉옷을 입어라"고 말했다. 즉, 어머니는 유키코에게 옷을 입게 했다.)

2. 母は「身体の弱い子なので体育の時間は上着を着させて、厚着に嫌味言わないで」と言ってみたが「そうやって甘やかすからいつまでも丈夫にならないんです」。
(어머니는 "몸이 약한 애여서 체육시간은 겉옷을 입히고, 두꺼운 옷을 싫어하지마"라고 말해 보았지만 "그렇게 애지중지했기 때문에 언제까지나 튼튼하게 자라지 않았습니다.")

3. 教師たちは校内を回り、児童たちに上着を着させた。
(교사들은 교내를 돌며 어린이들에게 겉옷을 입게 했다.)

참고

① **バスが目的地に着いたが、子供が降りようとはしない。それで、母は子供をバスから降りさせた。(×)**

② **お父さんは、疲れているから、寝させておきましょう。(×)**

1. 「回送」とは、運転手が一人で会社から観光客がいる場所まで行くこと、もしくは、目的地で観光客をバスから降ろした後、運転手が一人で会社に戻ることをいう。

("회송"이란 운전수가 혼자 회사에서 관광객이 있는 장소까지 가는 것. 또는 목적지에서 관광객을 버스에서 내리게 한 후 운전수가 혼자서 회사에 돌아오는 것을 말한다.)

2. 衣服をゆるめて、まわりに危険なもの、おもちゃなどを置かないようにしましょう。子供を強く抱いたり、押さえたりしないで静かに寝かしておきましょう。

(옷을 풀고 주위에 위험한 물건, 장난감 등을 두지 않도록 합시다. 아이를 강하게 안거나 누르거나 하지 않고 조용히 재워 둡시다.)

3. 吐き気がある場合は、あお向けではなく、横向きに寝かせると、吐いた物で気道がふさがれる心配もありません。

(구토가 있으면 위를 향하지 않게 옆으로 재우면, 토한 것으로 기도가 막힐 염려도 없습니다.)

(13)「まい」

否定推量 · 否定意志의 助動詞

용례

● **의미**

조동사「~まい」는「~하지 않을 것이다」라는 부정의 추량과「~하지 않겠다」는 부정의 의지를 나타낸다.

보통 주어가 1인칭인 경우에는 부정의지「~하지 않겠다」가 되고, 그렇지 않을 경우에는 부정의 추량「~하지 않을 것이다」가 된다.

a. 私はもうけっして彼のようなやつとは口をきくまい。
(나는 더 이상 결코 그와 같은 놈과는 말을 하지 않겠다.)

b. 君にはこの問題(もんだい)は分かるまい。(자네로서는 이 문제는 알 수 없을 것이다.)

● **접속**

(1) 5단 활용동사와 조동사「たがる」「ます」의 종지형에 접속한다.

a. あしたは雨がふるまい。(내일은 비가 오지 않을 것이다.)

b. 今年は実(み)がなりまい。(올해는 열매가 열리지 않을 것이다.)

c. あの人はさかながきらいだからすしなとは食べたがるまい。
(저 사람은 생선을 싫어하니까 초밥 따위는 먹고 싶어 하지 않을 것이다.)

(2) 상1단 하1단 행 변격 · 행변격 동사와 동사형 조동사「せる[させる], れる[られる]」의 미연형에 접속한다.

a. もうテレビは見まい。
(더 이상 텔레비전은 보지 않겠다.)

b. ちまらないことはもう考(かんが)えまい。
(쓸데없는 것은 이제 생각하지 않겠다.)

c. あんなばかなことはもう二度(にど)としまい。
(저런 바보 같은 일은 이제 두 번 다시 하지 않을 것이다.)

d. 彼は学校には来まい。(그 이는 학교에는 오지 않을 것이다.)

e. 親(おや)は子供(こども)に字を書かせまい。
(부모는 어린이에게 글씨를 쓰게 하지 않을 것이다.)

[「まい」의 활용표]

基本形	活用形	未然形	連用形	終止形	連体形	仮定形	命令形
まい	무변화형	○	○	まい	まい	○	○
주요 용법				文을 끝맺은	「こと」「もの」「はず」「わけ」등이 이어짐		

참고

サ행 · カ행 변격동사는「まい」와 접속할 경우 보통 미연형에 붙지만, 5단 활용동사처럼 종지형에 붙는 경우도 있다.

来まい＝来るまい
しまい＝するまい

1. 明日は雨が降るまいと思うが、万一降っても出かけます。
(내일은 비가 오지 않을 거라고 생각하지만, 만일 내려도 나가겠습니다.)

2. 父親は、もちろん、イキナリそんなことをいわれても誰も信じまい。
(아버지는 물론, 갑자기 그런 말을 들어도 아무도 믿지 않을 것이다.)

3. お口に合いますまいが、一つ味わってみてください。

(입에 맞지 않겠지만, 하나 맛봐 주세요.)

4. その友達は、毎日自分より早く登校し遅く帰るので自分も負けまいともっと早く来てもっと遅くまで勉強しようと頑張っていました。

(그 친구는 매일 자기보다 일찍 등교하고, 늦게 귀가하기 때문에 자기도 지지 않겠다고 더 빨리 와서 더 늦게까지 공부하려고 노력했습니다.)

5. 確かに有効な手段だが、それは私たち自身が車両盗難の手口を知り、獲られまいとする姿勢が大切だ。

(확실히 유효한 수단이지만, 그것은 우리자신이 차량 도난 수법을 알고 도난당하지 않으려는 자세가 중요하다.)

~まいとして/まいと思って

1. 泣いているのを悟られまいとする様子が好き、スポーツ選手などの、全てを出し切っての感動の涙が好き、自分の前だけで泣くなら、男性が泣いてしまったときの慰め方や対応は、女性としての魅力を発揮する良い機会。

(울고 있는 것을 들키지 않으려고 하는 모습이 좋고, 스포츠 선수 등의 모든 것을 발휘하는 감동의 눈물이 좋고, 자신의 앞에서만 운다면, 남성이 울고 말았을 때 위로방법이나 대응은 여성으로서의 매력을 발휘하는 좋은 기회.)

2. 今回は男性読者の意見を参考に「浮気した男性が「もう二度とするまい」と猛反省した本命彼女の言動9パターン」を紹介します。

(이번에는 남성 독자의 의견을 참고로 "바람 핀 남성이 '다시는 하지 않겠다'고 맹 반성했던 그녀의 언동 9패턴"을 소개합니다.)

3. 日本へ来てしばらくは、韓国へ電話をかけるまいと思っていたが、今日は寂しくてたまらず、ついかけてしまった。

(일본에 와서 당분간은 한국에 전화를 걸지 않겠다고 생각했지만, 오늘은 외롭고 참지 못하고 무심코 걸어 버렸다.)

4. そんな彼女達が、ミュージックステーションに生出演するという。"これはもう、絶対、見なければなるまい"と急ぎで帰宅した。

(그런 그녀들이 뮤직 스테이션에 생방송 출연한다고 한다. "이것은 또 절대로 보지 않으면 안 될 것이다"라고 급히 귀가했다.)

1. 「歴史認識などをめぐる中日との溝が深まる日本人は特別なのだ、という意識で隣国とつきあってきたのではあるまいか」。

(“역사 인식 등을 둘러싼 한중과의 홈이 깊어가는 일본인은 특별한 거라는 의식에서 이웃나라와 교제해 온 것은 아닐까”)

2. この品質で、こんな値段をつけるとは、あまりにも非常識ではあるまいか。

(이 품질에서 이런 가격을 매기는 너무 비상식적인 것은 아닐까.)

3. むしろ「今」という瞬間瞬間を大事に扱い、より一層活発に動き廻り、その行動は輝くのではあるまいか。

(오히려 ‘지금’이라는 순간순간을 소중하게 취급해, 보다 활발하게 활동하면, 그 행동은 빛나는 것이 아닐까.)

4. わたしがビジネスでこれまでに訪れたことのある国は、すでに50を超えているのではあるまいか。

(내가 사업으로 지금까지 방문한 적이 있는 국가는 이미 50을 초과한 것이 아닐까.)

1. 日本でもPS4がいよいよ今週末に発売される。買うか買うまいか決めかねているうちにもう発売されてしまう。

(일본에서도 PS4가 드디어 이번 주말에 발매된다. 살까 말까 구입 결정하지 못하는 사이에 이미 발매되어 버린다.)

2. 食べるか、食べまいか？こんなに可愛いから食べたらもったいない。。

(먹을까 말까? 이렇게 귀여운데 먹으면 아깝다.)

3. 恋人がいなければ焦り、恋人がいれば一度は考える「結婚しようか、するまいか」。今回はそんな心理を探っていきましょう。

(애인이 없으면 초조하고, 연인이 있으면 한 번 생각는 “결혼할까 하지 말까.” 이번에는 그런 심리를 살펴보겠습니다.)

1. 雨が降ろうと降るまいと、私は計画を変えない。雨が降ろうが降るまいが、藤田はピクニックをしようと計画している。

(비가 오나 오지 않으나 나는 계획을 바꾸지 않는다. 비가 오거나 오지 않던, 후지타는 피크닉을 하려고 계획하고 있다.)

2. 素人はそんな性能必要としないからな。そんなに売れてないんだから連写出来ようが出来まいが関係ないんだよ。

(아마추어는 그런 성능 필요 없으니까. 그렇게 팔리지 않으니까 연사를 할 수 있어도 할 수 없어도 상관없는 거야.)

3. 私たちが考えていることはどうやって時間を無駄にしないようにするかだ。あなたが賛成しようがするまいが、私は考えを変えるわけにいかない。

(우리가 생각하고 있는 것은 어떻게 시간을 낭비하지 않도록 하거나 하는 것이다. 당신이 찬성하든 하지 말든 나는 생각을 바꿀 수는 없다.)

4. 父親が子どもの試合をよく見に来ようが来るまいが、うまい子はうまいだろうし、下手な子は下手なんじゃないか、と思うんです。

(아버지가 자녀의 경기를 자주 보러 오든 오지 않던, 능숙한 아이는 능숙할 것이고, 서툰 아이는 서툴지 않을까 생각합니다.)

5. 税金を減らすのに反対する人はまずあるまい。あなたが出席しようがしまいが、私は出席します。

(세금을 줄이는 데 반대하는 사람은 우선 없을 것이다. 당신이 참석하든 말든 나는 참석합니다.)

1. 冬山登山をするのではあるまいし、大げさな格好は要りません。

(겨울 산등산을 하지는 않을 것이고, 과장된 모습은 필요 없습니다.)

2. 外交は友達関係ではあるまいし、会った時間が長いからといって、必ずしも友好とは言えないでしょう。

(외교는 친구 관계는 아닐 것이고, 만난 시간이 길다고 해서 반드시 우호적이라고는 할 수 없을 것입니다.)

3. クリスマスだからって、動物の発情期ではあるまいし、行事を目がけて、彼氏·彼女を見つけようとするなんて、ちょっとむりではないか。

(크리스마스라고 해서, 동물의 발정기는 아닐 것이고, 행사를 겨냥해, 그와 그녀를 찾으려고 하는 건 좀 무리는 아닐까.)

4. 家族(かぞく)が死んだわけではあるまいし、おおげさな泣く奴(やつ)があるか。

(가족이 죽은 것도 아닌데 어찌 우는 녀석이 있는가!)

1. もし急いで病院へ運んであげたら、死ぬまいに/死ななかっただろうに。

(만약 서둘러 병원에 옮겼더라면 죽을 리 없었을 텐데.)

2. 彼のせいでパーティーはめちゃくちゃになった。「来てくれ」と誘わなかったのなら、彼は来るまいに/来なかっただろうに。

(그 때문에 파티는 엉망이 되었다. "와줘"라고 초대하지 않았다면, 그는 오지 않았을 것인데.)

참고

각각의 의미의 차이를 알아보자.

(1)「食べまい」と「食べるまい」

「食べる」는 下一段活用이기 때문에 문법상은「食べまい」가 정규의 표현이다.

(2)「するまい」と「すまい」

「する」는 サ行変格活用이기 때문에 未然形의「し」에 붙어서「しまい」가 정규의 표현이다.

(3)「くるまい」と「こまい」

「来る」는 カ行変格活用이기 때문에 未然形의「こ」에 붙어서「こまい」라고 하는 것이 정규표현이다.

이상과 같이 쓰고 있지만, 실제 회화나 문장에서는 활용형의 종류와 관계없이「食べるまい」,「するまい」,「来(く)るまい」등과 같이 함께 쓰는 케이스를 많이 볼 수 있다. 이들은 엄밀하게는 문법상 위반이지만, 특히 부자연스러운 느낌이 없기 때문에 관용표현으로 인정해도 좋다고 생각한다. 사회일반에 있어서 사용상황에 따라서는 장래 문법이 개정될 가능성도 있을지도 모른다.

(14)「べし」

「べし」동사 べから, べく · べかり, べし · べかる, べけれ 등과 같이 활용어의 종지형, 연체형에 붙는다. 당연한 뜻을 나타낸다.「地方路線のいくつかはやがて廃止されるべき運命にある」

1. 悪路に出くわすことはないが、未舗装区間があるので、洗車した車で通るべからず！

   (험로를 딱 마주친 적은 없지만, 비포장 구간이 있기 때문에, 세차 한 차로는 통과하지 말 것!)

2. これだけ辛いのは、頑張っている証拠だ。これだけ悔しいのは、熱中している証拠だ。辛い時期なくして、夢実現すべからず。

   (이 만큼 괴로운 것은, 노력하고 있는 증거다. 이만큼 분한 것은 열중하고 있는 증거다. 괴로운 시기 없애고는, 꿈을 실현할 수 없다.)

3. 大きな川の小さな変化を見逃すべからず。

   (큰 강의 작은 변화를 놓치지 말 것.)

4. 知るべからざる秘密を知ってしまって、殺されそうになった。

   (알지 말아야 할 비밀을 알아버려, 살해될 뻔했다.)

5. 彼は学生として許すべからざる行為を行なったとして退学させられた。

   (그는 학생으로 용서할 수 없는 행위를 행함으로 퇴학당했다.)

1. 2003年以降様々な技術革新が起こり、世界中がヒト疾患の遺伝素因を明らかにすべく精力的な研究を展開しています。

   (2003년 이후 다양한 기술 혁신이 일어나고 온 세계가 인간 질병의 유전 소인을 분명히 해야 하는 정신적인 연구를 전개하고 있습니다.)

2. 「Webデザインを勉強するとどうなるの？」「Webデザイナーになるために

はどうすればいいの？」というよくあるご質問にお答えすべく、「未経験からWebデザイナーになるために学習すべきこと」についてまとめてみました。

("Web 디자인을 공부하면 어떻게 되는 거야?" "Web 디자이너가 되기 위해서는 어떻게 해야 해?"라는 자주 묻는 질문에 대답해야 하는 "미경험으로부터 Web 디자이너가 되기 위해 학습해야 할 것"에 대해 정리해 보았습니다.)

3. 国会に提出すべく、検討している給与の引下げを内容とする法案の提出の時期に合わせて、この目標の実現に向けた各般の取組を明らかにした。

(국회에 제출해야 할, 검토하고 있는 급여의 인하를 내용으로 하는 법안의 제출시기에 맞춰, 이 목표의 실현을 위한 제반 활동을 분명히 했다.)

4. 父親を助けるべく7歳の少女が車を運転して助けを呼びに行くという出来事があったそうです。

(아버지를 도와야 하는 7세 소녀가 차를 운전하고 도움을 요청하러 간다고 하는 사건이 있었다고 합니다.)

5. 地震が起きた時に皆、自身の命を守るべくとるべき対策を考えています。

(지진이 일어났을 때, 자기 자신의 생명을 지키기 위해 취해야 할 대책을 생각하고 있습니다.)

1. 地域がそれぞれ持つ課題を解決すべく、色々なアイデアを出し続けることが「使命」であり、社会への恩返しになる。

(지역이 각각 가지는 문제를 해결하기 위해 다양한 아이디어를 계속 내는 것이 "사명"이고, 사회에 환원이 된다.)

2. 膨大な言葉のなかで、残るべくして残った言葉、その強さが自然と自分を静かな思考へ引き入れる。

(방대한 말 속에서 남아야 하였기에 남는 말, 그 강함이 자연과 자신을 조용한 사고로 끌어들인다.)

3. 私は何をなすべくしてこの世に生まれたのだろう。この問いの発端は、すべての現象には意味がある。

(나는 무엇을 해야만 했기에 세상에 태어난 것일까. 이 물음의 발단은 모든 현상에는 의미가 있다.)

1. 私はサラリーマンだから、そんな大金を手に入れることなど、望むべくもないことだ。

(나는 샐러리맨이라 그런 거액을 손에 넣는 것 등, 바랄 수도 없는 것이다.)

私が生まれ育ったような、本当の田舎の生活というのは望むべくもない。

(내가 태어나고 자란 것처럼, 진짜 시골 생활이라는 것은 바랄 것도 없다.)

2. 昔は栄養とかいう考えはなかったでしょうから、おそらくは、今の70歳とは比べるべくもない老いにあったのでしょう。

(옛날에는 영양이라는 생각은 없었을 테니, 아마도 지금의 70세와는 비교할 수 없는 노인이었을 것입니다.)

3. 人生の延長線上にあるのであって、住民一人一人の暮らし体験の中から見いだしていかねば、見つかるべくもないのです。

(삶의 연장선상에 있는 것이지 주민 개개인의 생활 체험 속에서 발견해 나가지 않으면, 발견할 수도 없다.)

1. 短期集中で長期記憶にしみ込ませるのが受験勉強の鍵である。年が明けてからは、本番に向けてさらに勉強に励むべし。

(단기 집중으로 장기기억에 흡수시키는 것이 수험 공부의 핵심이다. 새해부터는 실전을 향해 더욱 공부에 힘쓸 것.)

2. 常に住民の立場に立って、生命、健康、自由、環境などの住民の共通利益のために、働くべし。

(항상 주민의 입장에 서서, 생명 · 건강 · 자유 · 환경 등 주민 공동의 이익을 위해 일할 것.)

3. 電磁波は放射線よりも注意すべし。

(전자파는 방사선보다 주의할 것.)

4. 今日の事は今日やるべし。今日できることを明日に伸ばすべからず。

(오늘 일은 오늘 해야 하고, 오늘 할 수 있는 일을 내일로 미루지 말 것.)

1. 優先席において、もし優先されるべき人がいた場合には9割以上の方が席を譲るべきだという意識を持っているという結果が出ました。

(우선석에서 만약 우선되어야 할 사람이 있을 경우에는 90% 이상의 사람이 자리를 양보해야 한다는 의식을 가지고 있다는 결과가 나왔습니다.)

2. インフルで仕事休むべきか休まぬべきか？インフルで仕事を休むべきでしょうか？インフルで仕事に出ると周りに迷惑をかけてしまうかもしれません。

(독감으로 일을 쉬어야 할 것인가 쉬지 말아야 할 것인가? 독감으로 일을 쉬어야 할까요? 독감으로 일하러 가면 주위에 폐를 끼쳐 버릴지도 모릅니다.)

3. 中銀総裁は、記者会見の合間に一部の記者に対して、「その選択肢を検討すべきだと思う。そして、実際に発動する場合に向けて準備をすべきだ」との考えを示した。

(중앙은행 총재는 기자회견 사이에 일부 기자에게 "그 대안을 검토해야 한다고 생각한다. 그리고 실제로 발동하는 경우를 대비해 준비를 해야 한다"는 생각을 시사했다.)

4. 給料は安くてもやりたい仕事につくべきかどうかと悩んでいる方からの質問です。

(월급은 적어도 하고 싶은 일에 종사해야 하는지 고민하고 있는 분으로부터의 질문입니다.)

もう少し頑張って働くべきか、いっそのこと辞めて看護とはぜんぜん違う職業に就くべきか悩んでいます。

(좀 더 열심히 일해야 하거나 아예 그만두고 간호와는 전혀 다른 직업에 종사해야 할지 고민하고 있습니다.)

5. 約束はどんなことがあっても守るべきだ。「学生は、先生が教室に入って来た時には、席についているべきです。」どんなに欲しくても、人のものを盗むべきではない。熱がある時には、激しい運動はするべきではない。

(약속은 무슨 일이 있어도 지켜야 한다. "학생은 선생님이 교실에 들어온 때는 자리에 있어야 할 것입니다. "아무리 갖고 싶어도 남의 물건을 훔쳐서는 안 된다. 열이 있을 때에는 격렬한 운동은 해서는 안 된다.)

6. ずっと弾圧の歴史を調べてきて、強制収容所も見てきたが、こういうことがあっていいのかと思っているので、私はこういうことは絶対に許すべきではない。

(계속 탄압의 역사를 조사해 보고, 강제 수용소도 보고 왔는데, 이런 일이 있어 좋은 것인지라고 생각하는 데, 나는 이런 것은 절대로 용서해서는 안 된다.)

1. 今回のテーマは「高校時代にやっておくべきだったこと」なので、残念ながら悔いの残る時間を過ごしてしまった私の高校時代の話。

   (이번 테마는 "고등학교 때 해 두어야만 했던 것" 이어서, 불행하게도 후회가 남는 시간을 보냈던 나의 고교시절의 이야기.)

2. いわゆる結婚適齢期と言われる年齢になったり、まわりが結婚ラッシュだったり、親から「まだ結婚しないの？」なんて聞かれると、結婚への焦りが生まれてきてしまうもの。妥協して結婚なんかしたくない！と思いつつ、ここで手を打つべき？

   (이른바 결혼 적령기로 불리는 나이가 되거나 주위가 결혼 러시거나, 부모로부터 "아직 결혼하지 않아?"라고 물으면, 결혼에 조바심이 생겨 버리는 것. 타협해서 결혼 따위 하고 싶지 않아! 라고 생각하면서, 여기에서 타협해야?)

3. もっと日本語の文法を勉強しておくべきだったなー。

   (더 일본어 문법을 공부했어야 했는데.)

4. 家庭や経済にとって大きな打撃となる消費増税の負担を少しでも減らすには、何をいつ買うべきなのでしょうか？

   (가정이나 경제에 큰 타격이 되는 소비증세의 부담을 조금이라도 줄이기 위해서는 무엇을 언제 구입해야 하는 것일까요?)

5. サラリーマンは家を買うべきではないという理論。

   (샐러리맨은 집을 사서는 안 된다는 이론.)

6. 内閣をめぐって安倍晋三首相から打診された安全保障法制担当相ポストを辞退する意向をラジオ番組で表明したことに関し、「公共の電波で言うべきことではなかった。」a

   (개각을 놓고 아베 신조 총리가 타진한 안전보장법제담당장관의 직위를 사퇴할 뜻을 라디오 프로그램에서 표명한 것에 대해 "공공의 전파로 말할 수 있는 것은 아니었다.")

1. 自信をもってオススメする、死ぬまでに読むべき面白い本です。私はこれらを読むときに面白すぎて睡眠不足になりました。

(자신 있게 추천한다. 죽기 전에 꼭 읽어야 할 재미 있는 책입니다. 나는 이것을 읽을 때 너무 재미 있어서 수면 부족이 되었습니다.)

2. 僕らが出逢った日は2人にとって一番目の記念すべき日だね。そして今日という日は2人にとって二番目の記念すべき日だね。心から愛せる人、心から愛しい人、この僕の愛の真ん中にはいつも心(きみ)がいるから。

(우리가 만난 날은 두 사람에게는 첫 번째 기념해야 할 날이다. 그리고 오늘이라는 날은 두 사람에게 두 번째 기념해야 할 날이다. 진심으로 사랑할 수 있는 사람, 진심으로 사랑하는 사람, 이 내 사랑의 한가운데에는 항상 자네가 있으니까.)

3. 文芸作品は、飽くまで文芸作品であってそれ以外のものでないのだから、鑑賞に透徹することを目指すべきであり、また鑑賞に終始すべきものなのである。

(문예 작품은 어디까지나 문예 작품이며 그 이외의 것이 아니기 때문에, 감상에 투철한 것을 목표로 해야 하며, 또한 감상에 시종일관해야 하는 것이다.)

4. 日帝の残滓でも中国の残滓でも文化的·歴史的に意味があるのなら、それが恥ずべき歴史であっても、保存するのが正しいだろう。

(일제의 잔재에서도 중국의 잔재에서도 문화적 · 역사적으로 의미가 있다면 그것은 부끄러운 역사도 보존하는 것이 옳을 것이다.)

5. 患者さん個人個人の状況によって治療法は選択すべきところです。自己流で行わず、医師や栄養士に相談してみる事をお勧めします。

(환자 개개인의 상태에 따라 치료 선택해야 할 것입니다. 자기방식대로 하지 않고, 의사나 영양사와 상의해 보는 것을 추천합니다.)

6. だれかを信頼するということは, 人間が基本的に必要とする事柄です。エホバを信頼すべきもっともな理由があります。自らの個人的な利得, あるいは親族や友人の利得を増やすために信頼を裏切ることはありませんでした。

(누군가를 신뢰한다는 것은, 인간이 기본적으로 필요로 하는 사항입니다. 여호와를 신뢰해야 좋은 이유가 있습니다. 자신의 개인적인 이득, 혹은 친척이나 친구의 이득을 늘리기 위해 신뢰를 배반하지 않았습니다.)

7. 世の中にもたらす経済効果は絶大であり、財布のひもが固くなるような不況の中に置いてもとても注目すべき現象でもあるのです。

(세상에 가져 올 경제 효과는 기대하며, 지갑의 끈이 단단해질 것 같은 불황 속에 있어서도 매우 주목할 만한 현상이기도 합니다.)

8. 現在お付き合いしている彼とこのまま付き合うべきなのか別れるべきなのか悩んでいる女性にとって、それを判断するポイントが分かっていたら決断もしやすいです。

(현재 교제하고 있는 그와 이대로 교제해야 하는가 헤어져야 하는가 고민하는 여성에게 그것을 판단하는 포인트를 알고 있다면 결단도 하기 쉽습니다.)

(15)「ごとし」

活用語의 **の連体形、体言、助詞「の」「が」**에 붙는다.

1. 비유(은유)로 동일 유사한 뜻을 나타낸다. …같다. 비슷하다. 같다.
2. 예시를 나타낸다. …인 것 같다.
3. 불확실한 단정을 나타낸다. …와 같다.

1. これほどこの曲が似合うステージはない。まるで竹やぶを、吹き抜ける風を肌で感じるかのごとしだ。

(이렇게 이 곡이 어울리는 무대는 없다. 마치 대나무 숲을, 지나가는 바람을 피부로 느끼는 것 같다.)

2. 桜の木を眺めながら、ご主人の心遣いに感謝しつつ、桜の花のごとく短い人生をもっともっと楽しもうと考えていた。

(벚꽃 나무를 바라보면서, 남편의 배려에 감사하면서, 벚꽃처럼 짧은 인생을 더욱 더 즐기려고 생각하고 있었다.)

3. 青春は短い。宝石の如くにしてそれを惜しめ。

(청춘은 짧다. 보석과 같아서 그것을 소중히 하라.)

1. 彼が言うごとき結果になる。

(그가 말하는 것 같이 결과가 된다.)

彼のごとき人物はこの世に二人とはいない。

(그와 같은 인물은 세상에 두 사람은 없다.)

2. 信念、それは人生を動かす羅針盤のごとき尊いものである。従って信念なき人生は、ちょうど長途(ちょうと)の航海の出来ないボロ船のようなものである。

(신념 그것은 인생을 움직이는 나침반과 같은 귀한 것이다. 그러므로 신념 없는 인생은 마치 장거리를 항해할 수 없는 고물선박과 같은 것이다.)

3. お前ごときの力でオレに勝てると思っているのか！

(너 따위의 힘으로 나를 이길 수 있다고 생각하는 것인가!)

1. 浮き世は夢のごとし。

(속세는 꿈과 같다.)

2. 新幹線の最高速度は光陰矢のごとしだね。

(신간선의 최고 속도는 광음 화살 것과 같다구나.)

3. 新聞のテレビ番組欄を見ると、この名前を見ない日はないと言っては大げさだが、その登場ぶりは人気タレントのごとしだ。

(신문의 TV 프로그램 목록을 보면, 이 이름을 보지 않는 날은 없다는 것은 과장이지만, 그 등장 모습은 인기 탤런트와 같다.)

4. 赤いドレスの彼女がほほえむと、美しい花が開たかのごとしだった。

(빨간 드레스의 그녀가 미소 지으면 아름다운 꽃이 피는 것 같았다.)

3

형식명사의 문형

3.1. 형식명사의 문형(文型)

(1)「こと」

1. 추상적인 것을 나타낸다.
2. 행위, 문제, 사건, 사태 등을 나타낸다.

1. 私の悩みの原因であるその同僚は私のやること、なすことに穴がないか等、常に厳しい目で接してきます。
   (내 고민의 원인인 동료는 내가 하는 일, 이루는 것에 구멍이 없는지 등, 항상 엄격한 눈으로 접근합니다.)
2. この夏の移籍市場でバルセロナからチェルシーに移籍したスペイン代表MFセスクが、昨シーズン後半から故障を抱えながらプレーを続けていたことを明らかにした。
   (이번 여름 이적 시장에서 바르셀로나에서 첼시로 이적한 스페인 대표 MF 세스크가, 지난 시즌 후반부터 부상을 안고 플레이를 계속하고 있었다는 것을 밝혔다.)
3. チベットのお坊さんに、この言葉を言われた。でも、最初はウソだと思った。自分で考えている。自分で、世界(自分以外のもの)を把握していると思っていた。でも、よく考えたら、誰かのコトバで構築された世界観の中に、生きていることに気が付いた。
   (티베트 스님이 말씀을 하셨다. 하지만 처음에는 거짓말이라고 생각했다. 스스로 생각하고 있다. 스스로 세계(자신 이외의 것)을 파악하고 있다고 생각했다. 하지만 잘 생각해 보면 누군가의 말에 구축된 세계관 속에 살아 있음을 깨달았다.)
4. 君のくれた時計は僕のものなのに時間を止めてあげることができない。僕の大好きな君が決めたことだからたぶんさよならを好きになれるかもしれない。
   (그대가 준 시계는 내 것인데 시간을 멈춰 줄 수 없다. 내가 정말 사랑하는 그대가 정한

거니까 아마 작별을 좋아하게 될지도 모른다.)

5. 人は誰でも「本当にやりたいこと」がわからず悩むときがあるものです。それは18歳のときかもしれないし、50歳のときかもしれません。答えを出すのは大変ですが、希望はあります。

(사람은 누구나 "정말 하고 싶은 일"을 몰라서 고민하는 경우가 있는 것입니다. 그것은 18세 때일지도 모르고 50살 때일지도 모릅니다. 답을 내는 것은 힘들지만 희망은 있습니다.)

6. 毎月の請求金額が決まったことを知らせてくれるサービスはあります。

(월별 청구 금액이 정해진 것을 알려주는 서비스입니다.)

7. 毎月の請求金額が決まったことを知らせてくれるサービスはあります。

(그는 유머 있는 사람이다. 재미있는 것을 말해 자주 모두를 웃긴다.)

8. エネルギー革命の影響で炭鉱の閉山が相次いだことから人口は激減、スクールは競技選手の育成が目的ですが、その第一は「スキースポーツに対する考え方」を育てることに力を注いでいます。

(에너지 혁명의 영향으로 탄광의 폐광이 잇따랐던 것부터 인구는 격감, 학교는 경기 선수의 육성이 목적이지만, 그 첫째는 "스키 스포츠에 대한 생각"을 키우는 것에 주력하고 있습니다.)

9. 十分に「おとな」と言われる年齢になってみて、親の言うことは8割くらいは正しいのではないかと思っている。そのときは全然理解できなかったり、反発してみたりしたことであったとしても。

(충분히 "어른"이라고 말하는 나이가 되어 보고, 부모가 말한 것은 80% 정도는 올바른 것은 아닐까 생각한다. 그 때는 전혀 이해하지 못하거나 반발을 해보기도 했던 것이었다 해도.)

10. 誰の周りにも、必ず悪口を言う人がいるものです。特に女性は、話すことが大好きなので、会社のトイレや休憩中など、人が集まれば自然と盛り上がってしまうことも多いですよね。

(누구의 주위에도 반드시 욕하는 사람이 있는 것입니다. 특히 여성은 말하는 것을 좋아해서, 회사의 화장실과 휴식 중, 사람이 모이면 자연히 분위기가 고조되는 일도 많지요.)

11. 重要なことをより確実に伝えることが大切だとしている。また、仕事は「予習·本番·復習」が3対3対3となる配分をルールとしている。

(중요한 것을 보다 확실하게 전하는 것이 중요하다고 하고 있다. 또한, 일은 "예습 · 운영 · 복습"이 3대 3대 3이 되는 배분을 규칙으로 되어 있다.)

12. 人生とは、できることに集中するためにあるのであって、決して、できないことを悔やむためにあるのではないのです。

(인생은 할 수 있는 것에 집중하기 위해 있는 것이지, 결코 할 수 없는 것을 후회하기 위해 있는 것은 아닙니다.)

1. 忍耐力とは、苦しみや辛さなどに耐える力のことですが、今日の名言では、簡単なことを完璧にやるには忍耐力がいるといっています。

(인내력은 고난과 괴로움 등에 견딜 힘이지만, 오늘의 명언은 간단한 것을 완벽하게 하는 데는 인내력이 있어야 한다고 합니다.)

2. 自分では優しくしてる事が自己満足でしかないことに気がつき、よくわからなくなりました。

(스스로는 상냥하게 하고 있는 것이 자기만족에 지나지 않는 것을 발견하여, 잘 알 수 없게 되었습니다.)

3. 「私は孤独ほど仲のいい友をみいだしたことはない」孤独な者は自分のてのひらを見つめることにすら、熱い涙をさそわれる」「社会の偉大な長所は、人に孤独を感謝させることだ」(アメリカの思想家、ソロー)

(「나는 고독만큼 사이좋은 친구를 발견한 적이 없다」 고독한 사람은 자신의 손바닥을 바라 보는 것조차 뜨거운 눈물을 자아낸다. "사회의 위대한 장점은, 사람에게 고독을 감사하게 하는 것" (미국의 사상가 소로))

4. 一晩中遊んでアパートに帰りシャワーを浴びて、5時まで勤務とはなんと元気があることか。

(밤새 놀고 아파트에 돌아가 샤워를 하고, 5시까지 근무한다는 것은 얼마나 건강한 것인가.)

1. なんど研究を投げ出して医者にもどろうかと思ったことか。しかし、35歳で死ぬかもしれんのだから、とりあえずそれまではがんばろうとふんばっていた。

(몇 번이나 연구를 내던지고 의사로 돌아갈까 했던가? 그러나 35세에 죽을지도 몰라, 일단 그때까지 분발하려고 안간힘을 쓰고 있었다.)

2. テニスは楽しかったが部活動自体はしごかれることの連続で、何度やめようと思ったことかわからないが、ここでやめたら自分に負けることになると言い聞かせました。

(테니스는 즐거웠지만, 부 활동 자체는 호된 훈련의 연속으로, 몇 번 그만두려고 했던지 모르지만, 여기서 그만두면 자신에게 지는 것이라고 타일렀다.)

3. 食べ物にはかなり気を遣っていたし、マッサージにもどれだけ通いどれだけお金を使ったことか。

(음식에 상당히 신경을 쓰고 있었고, 마사지에도 얼마나 다니고 얼마나 돈을 사용했던가?)

1. 健康的にやせるためには、薬を飲んだり食事を抜いたりするより、まずよく体を動かすことだ。

(건강하게 체중을 줄이기 위해서는 약을 먹거나 식사를 거르기보다 먼저 늘 몸을 움직이는 것이다.)

2. 皆さん運動不足の事を気にしているようで、もちろん運動で体を動かすことは大変良いことだと思います。

(여러분 운동 부족을 걱정하고 있는 것 같은데, 물론 운동으로 몸을 움직이는 것은 매우 좋은 일이라고 생각합니다.)

3. 毎日なにげなくしていることだけれど、勉強をがんばるためにも、思い切りに遊ぶためにも、そして、元気に大人になっていくためにも、食べることは大切なんだね。

(매일 무심코 하고 있는 것이지만, 공부를 열심히 하기 위해서라도 마음껏 놀기 위해서라도, 그리고 건강하게 성인이 되어가기 위해서도 먹는 것은 중요하구나.)

4. 学校で学んだ事と実社会の違いにショックを受けた。まずは、自分からアクションを起こして一生懸命やってみること、その中で、何のためにやるのかではなく何がしたいのか、そしてどんな事でも自分から楽しんでいく事が大事なのではないか。

(학교에서 배운 것과 실제 사회의 차이에 충격을 받았다. 우선 스스로의 행동을 하고 열심히 보는 것, 그 속에서 무엇을 위해 할 것인가가 아니라 무엇을 하고 싶은 것인지, 그리고 무슨 일이든 스스로 즐기려 하는 것이 중요한 것이 아닌가.)

5. 人生において何よりも難しいことは、嘘をつかずに生きることだ。そして、自分自身の嘘を信じないことである。

(인생에 있어서 무엇보다 어려운 것은 거짓말을 하지 않고 사는 것이다. 그리고 자기 자신의 거짓말을 믿지 않는 것이다.)

1. 自分が子どもの頃好きだったというママパパも多いのではないでしょうか。素朴なおはなしと素朴な絵。何よりも大きなカステラのおいしそうなこと！

(자신이 어린 시절 좋아하는 엄마 아빠도 많은 것이 아닐까요. 소박한 이야기와 소박한 그림. 무엇보다 큰 카스테라의 맛있는 것!)

2. 私は子供の頃から、人の話を聞いても覚えられず、内容を理解するのが難しい時があります。人からの頼まれ、メモを取ることはいいことだし、大切だと私は思います。

(나는 어린 시절부터 사람들의 이야기를 들어도 기억 못하고, 내용을 이해하기가 힘들 때가 있습니다. 사람의 부탁을 받고 메모를 하는 것은 좋은 것이고, 중요하다고 생각합니다.)

3. 兄と妹が一緒にいると、他の人が居心地悪いんじゃないか？それに俺、村上との人間関係にちょっと疲れたから、装備も揃ったことだし、当分ソロで遊ぶよ。

(남매가 함께 있으면 다른 사람이 기분 나쁘지 않을까? 게다가 나, 무라카미와의 인간관계에 조금 지쳤기 때문에, 장비도 갖춘 것이고 당분간 솔로로 노는 거야.)

4. お宅は私の家に近いことだし、ときどき遊びにおいでくださいね。

(댁은 나의 집에 가까운 터라 가끔 놀러 오시기 바랍니다.)

都内で10年程バイトとして働いていたが、2年ほど海外へ転勤することになり、家も近いことだし、引っ越しの手伝いをすることになった。

(도내에서 10년 정도 아르바이트로 일하고 있었지만, 2년 정도 해외로 전근하게 되고, 집도 가까운 것이고, 이사의 심부름을 하게 되었다.)

5. 風邪というのは人から人へと移る事があります。その為に面接に行く前に風邪を引いている事を、会社へ連絡する事がマナーとなっています。

(감기라고 하는 것은 사람에서 사람으로 옮기는 일이 있습니다. 그 때문에 면접하러 가기 전에 감기가 걸린 것을 회사에 연락하는 것이 매너로 되어 있습니다.)

6. レストランは、お客様がいらしてから、お帰りになるまでの滞在時間は、長くても、たった数時間。やはり、自分でやりたいと思ったことこそ楽しいことだし、それが、経験になると思うのです。

(레스토랑에서는 고객이 계시니까 돌아가시기까지의 체류 시간은 길어도 몇 시간, 역시 자신이 하고 싶다고 생각한 것이야말로 즐거운 것이고, 그것이 경험이 될 것이라고 생각합니다.)

1. 意外なことに女性は長距離競走に体が適していることが分かった。

(예상밖으로 여성은 장거리 경주에 몸이 적합한 것으로 나타났다.)

2. 博識な人は魅力的、あれもこれも何でも知っている人って素敵!でも世の中には知らない方が幸せなこともあるんです。

(박식한 사람은 매력적이고 이것도 저것도 무엇이든 알고 있는 사람은 멋져! 하지만 세상에는 모르는 사람이 행복한 것도 있습니다.)

3. 人口密度の高い地域で暮らす必要がなかった人間にとって、東京に来るのは面白い[興味深い]ことだ。

(인구 밀도가 높은 지역에서 살 필요가 없었던 인간에게, 도쿄에 오는 것은 재미있는 것이다.)

4. 著書を読む中で発見した4つの思いがけないこと、について書いてみました。一つ目に発見した思いがけないことは「読書」の特性です。

(책을 읽는 중에 발견한 4개의 근사한 것에 대해 써 보았습니다. 첫 번째로 발견한 근사한 것은 "독서"의 특성입니다.)

5. 今となっては信じがたいことになってしまいましたが、これらの微笑は周囲の人々に対する「思いやり」だったのです。

(지금에 와서는 믿기 어렵게 되어 버렸습니다만, 이러한 미소는 주위 사람들에 대한 '배려'이었습니다.)

6. 日本からアメリカきて驚いたこと、いっぱいあります。

(일본에서 미국 와서 놀란 것은 많이 있습니다.)

7. マイナス要因をプラスに変える方法。「これまで人間関係に困ったことは?」どう答える?面接時に、前職での人間関係のトラブルを聞かれることがあります。

(마이너스 요인을 긍정적으로 바꾸는 방법 "지금까지 인간관계에 어려운 점은?" 어떻게 대답할까? 면접 시에 전직의 인간관계의 트러블을 들은 적이 있습니다.

1. 僕は1日に何時間も、休むことなくパソコンや携帯をやっています。暗い中でやることも多いです。

(나는 하루에 몇 시간 동안 쉬지 않고 PC와 휴대전화를 하고 있습니다. 어두운 곳에서 하는 경우도 많습니다.)

2. 自分のやりたい仕事であっても、「フリーランス」は楽しいことばかりではなく、苦労することも当然ながらあります。

(자신이 하고 싶은 일이라도 '프리랜서'는 재미있을 뿐만 아니라 고생하는 경우도 당연히 있습니다.)

3. 落ち着いた雰囲気の大人向け隠れ家サロンなので周りに気を使うことなく思いっきりリラックスして施術が受けられる。

(차분한 분위기의 성인용 은신처 살롱이므로 주위에 신경을 쓰는 일없이 마음껏 편안하게 시술을 받을 수 있다.)

4. 極端に言ってそういった選手たちにいわば何も指導することなく選手が這い上がって来るのを待ち、できなければ悪いのは選手だから試合には使わない。

(극단적으로 말해서 그런 선수들에게 말하자면 아무것도 지도하지 않고 선수가 기어 올라오는 것을 기다려, 못하면 나쁜 것은 선수이기 때문에 경기에는 사용하지 않는다.)

5. お金というものは、生活に欠かすことのできない生活必需品です。このお金がもし無くなってしまったら、また、用意できなかったら。と考えると、とても恐ろしくなるのが人間です。

(돈이라는 것은 생활에 빼놓을 수 없는 필수품입니다. 이 돈이 만약 없어져 버리면, 또 준비할 수 없는 경우. 생각하면 너무 무서워지는 것이 인간입니다.)

6. 事件が起きる現場というのは、少し前から現場の気配が異様な感じになるものですが、実際に事件に巻き込まれるのはごく限られた人数で、多くの人は気付かないまま、事件に巻き込まれることもなく、その場を通り過ぎていくものですからね。

(사건이 일어나는 현장이라고 하는 것은, 조금 전부터 현장의 기색이 이상한 느낌이 되는 것이지만, 실제로 사건에 말려 들어가는 것은 극히 제한된 인원으로, 많은 사람들은 깨닫지 못한 채 사건에 말려 들어가는 것도 일도 없이, 그 자리를 지나쳐가는 것이니까요.)

1. 農業の品種改良の技術は日々進歩している。しかし、どんなに優れた技術であっても自然への影響を考えないことなしには／ことがなけらば／ことがなくては／考えないことには、進められない。

(농업 품종개량의 기술은 나날이 발전하고 있다. 그러나 아무리 뛰어난 기술이라도 자연에 미치는 영향을 생각하지 않고서는 진행되지 않는다.)

2. これらを見つめることなしにビジネスを発展させたり、ブランドをつくったりできないということを肝に銘じてください。

(이들을 주시하는 것 없이 사업을 발전시키고, 브랜드를 만들거나 할 수 없다는 것을 명심하십시오.)

3. これは、実物のカラスを観察することなしに(カラスが存在するかどうか明らかでない場合でも)、カラスについての性質を確証できます。

(이것은 실물 까마귀를 관찰하지 않고 (까마귀가 존재하는지 분명하지 않은 경우에도) 까마귀에 대한 성질을 확신할 수 있습니다.)

4. 本当の勉強とは、人と出会って、コミュニケーションを交わすことそのものにあるのです。実際に会って、実際に話をしてみることで、五感を通して感覚的に分かることなのです。

(진짜 공부는 사람과 만나 커뮤니케이션을 나누는 것 자체에 있는 것입니다. 실제로 만나 실제 이야기를 해 보는 것으로, 오감을 통해 감각적으로 알 것입니다.)

5. あれもこれもと悩み、もがきながら、はっきり目標がないために何一つ満足することなしに一生を過ごしてしまう人のことを考えてみましょう。

(저것도 이것도 고민, 발버둥 치면서 뚜렷한 목표가 없기 때문에 무엇 하나 만족하지 못하고 평생을 보내는 사람을 생각해 봅시다.)

1. 日本は高齢化社会になりました。これは医学が発達したことにより可能になりました。このこと自体は良いことなのですが、せっかく長生きすることができたとしても、老後に病院通いの生活が続くようではあまり楽しくはありません。

(일본은 고령화 사회가 되었습니다. 이것은 의학이 발달함으로써 가능하게 되었습니다. 이것 자체는 좋은 것입니다만, 애써 장수할 수 있었다고 해도 노후에 병원 다니는 생활을 계속하는 것은 별로 재미는 없습니다.)

2. これまで彼女にきついことを言ったことはない。結婚するまで彼女があれほどきつい人だとは思わなかった。

(지금까지 그녀에게 힘든 것을 말한 적이 없다. 결혼할 때까지 그녀가 그토록 힘든 사람이라고는 생각하지 않았다.)

3. そんなげんきが可哀想と無表情を装い、急ぎ気味でうどんをすするお婆さん、吸引力が衰えてますのでなかなか食べ終えることが出来ません。

(그런 기운이 불쌍함과 무표정을 가장, 급한 기색으로 우동을 훌짝 먹는 할머니, 흡입력이 쇠퇴했기 때문에 좀처럼 다 먹을 수가 없습니다.)

4. もちろん会いに行くことができないのであれば、連絡をしてみるのも効果的な対処法と言えますが、その分、好きな人に会いたいけれど、会いに行けない、時間的に電話も難しい。

(물론 만나러 갈 수 없는 경우, 연락을 해 보는 것도 효과적인 대처법이라고 하지만 그만큼 좋아하는 사람을 만나고 싶지만 만나러 갈 수 없는 시간적으로 전화도 어렵다.)

5. 女性向けの自己啓発書ってあんまり読んだことがなかったんだけど今回好き嫌いせずに向き合ってみようと思って通勤時間内に読んでみました。

(여성을 위한 자기 계발서는 너무 읽은 적이 없었다지만 이번 좋고 싫음을 떠나서 해보려고 출퇴근시간에 읽어 보았습니다.)

1. 自分がメールや手紙を出したのに、相手から返事が来ないことが気になってしまって、寂しい思いや悲しい思いをしてしまうことがある人は多いのではないでしょうか。

(자신이 메일이나 편지를 보냈는데, 상대로부터 회신이 오지 않는 것이 마음에 걸려, 외로운 생각과 슬픈 생각을 하는 사람은 많지 않겠습니까.)

2. 予算を満たして完成するはずのシステムが, 実際にはこうした条件を満たさないことは残念ながら非常に多い。

(예산을 충족시키고 완성해야 하는 시스템이 실제로는 이러한 조건을 충족시키지 못하는 것은 불행히도 상당히 많다.)

3. 私も鍵っ子だったので、鍵を忘れたら家に入れない事はありました。

(나도 맞벌이 부부의 아이였기 때문에 열쇠를 분실하면 집에 들어 갈 수 없는 일은 있었습니다.)

4. 話すということは、言葉よりも表情や雰囲気などの非言語(ノンバーバル)なコミュニケーションによって、その伝えたいことの意図が伝わっていると言われている。

(말하는 것은, 말보다 표정이나 분위기 등의 비언어적인 커뮤니케이션을 통해 그 전하고 싶은 것의 의도가 전달된다고 알려져 있다.)

1. うつ病で悟って欲しいこと。もう、がんばることはない。努力することはない。楽なほうを選んでも、神様は怒らないこと。

(우울증으로 알아주었으면 한다. 더 이상 분발할 것은 없다. 노력할 것도 없다. 편한 쪽을 선택하든 하나님은 화 내지 않을 것.)

2. 失敗をおそれて何もしなければ、誤ることはないかもしれないが、成功の喜びも味わえまい。自分の信ずることにしたがって、まず行動することこそが人生である。

(실패를 두려워 아무것도 하지 않으면 실패는 없을지도 모르지만, 성공의 기쁨도 맛볼 수 없다. 자신이 믿는 것에 따라 먼저 행동하는 것이야말로 인생이다.)

3. 怒りは「感情のフタ」と言われますが、そのフタが堅固なものになればなるほど諦めてしまう。

(분노는 「감정의 뚜껑」이라고 하지만, 그 뚜껑을 견고한 것으로 하려면 할수록 단념해 버린다.)

4. 食べることについて食欲というのは人間の最も原始的な本能である。人間は食べることによって身体を維持するのに必要な栄養分を得ているわけだからこれは当然のことである。

(먹기에 관하여 식욕이라는 것은 인간의 가장 원초적인 본능이다. 인간은 먹어서 몸을 유지하는데 필요한 영양분을 얻고 있는 것이니까 이것은 당연한 일이다.)

5. 不登校高校受験でお悩みの東京都在住の方へ。不登校からの高校受験、慌てることありません。

(등교거부 고교수험에 고민하는 도쿄도 거주의 분에게. 등교 거부로부터의 고교 수험, 당황할 것 없습니다.)

6. 学生時代に、胸を張れるぐらいに頑張ったことがないのですが、どうしたらいいでしょうか？

(학창시절에 가슴을 펼 수 있을 정도로 열심히 한 적이 없습니다만, 어떻게 하면 좋을까요?)

7. あなたが心配症だとしても、絶望することはない。心配症の人が心配の連鎖を止めるために有効な手立てが、いくつか存在するのである。

(당신이 걱정증이라 해도 절망할 것은 없습니다. 걱정증을 가진 사람이 걱정 연쇄를 중지하기 위해서 유효한 수단이, 일부 존재하는 것입니다.)

1. 水といっしょに薬を飲むことで、薬は胃の中で水に溶け、吸収されやすい形になります。

(물과 함께 약을 복용함으로써 약은 위속에서 물에 녹아 흡수되기 쉬운 형태가 됩니다.

2. 失敗とは転ぶことではない。そのまま、しゃがみこんだままでいることである。

(실패란 넘어지는 것이 아니다. 그대로 웅크린 채로 있는 것이다.)

3. 「緑内障＝失明」というイメージを持っておられる方が多いようですが、緑内障は早期に発見して治療を継続すれば、生きている間に失明することはめったにありません。

("녹내장＝실명"이라는 이미지를 갖고 계신 분들이 많은 것 같습니다만, 녹내장은 조기에 발견하고 치료를 계속하면 살아있는 동안 실명하는 것은 거의 없습니다.)

4. 家族人数が多くなるほど朝食を家族と一緒に食べることはほとんどないと答えた者の割合が高くなる傾向にある。

(가족 수가 많을수록 아침 식사를 가족과 함께 먹는 것은 거의 없다고 응답한 사람의 비율이 높아지는 경향이 있다.)

5. 2回収穫を終えると枯れてしまいますが、実は放っておいても実が落ちて枯れることはないので、必要なときに収穫するのがいいでしょう。

(2회 수확을 완료하면 시들어 버립니다만, 실은 내버려두어도 열매가 떨어져 고사하는 것은 없기 때문에, 필요할 때 수확하는 것이 좋습니다.)

6. どんなに激しく長く降り続く雨も止まないことはない。どんな暗い夜でも朝になればかならず明けるということです。

(아무리 격렬하게 오랫동안 내리는 비도 그치지 않는 것은 없다. 어떤 어두운 밤에도 아침이 되면 반드시 밝아지는 것입니다.)

1. BSフジの番組で韓国訪問に対する批判に反論。「会ったということだけだって大きなことでしょ？」外交権のない都知事が越権行為を行ったという結果になります。

(BS 후지 프로그램에서 한국 방문에 대한 비판에 반론. "만났다는 것만도 큰 것이죠? 외교권이 없는 도지사가 월권행위를 했다는 결과입니다.)

2. 統合医療は、まさにこの点において大変重要な役割を演じることは間違いのないことだと思われます。

(통합 의료는 바로 이 점에서 매우 중요한 역할을 연기하는 것은 틀림없는 일이라고 생각됩니다.)

3. 人間としていささか感情が欠落しているふうに見える、ということだ。

(인간으로서 조금 감정이 누락된 것처럼 보이는 것이다.)

4. 米国が日本を守る可能性がとても高いということだ。

(미국이 일본을 지킬 가능성이 매우 높다는 것이다.)

5. 従業員の適切な誘導で全員無事だったことから生まれた絆だという。

(직원의 적절한 유도로 전원 무사한 것으로부터 발생한 인연이라고 한다.)

1. テレビが無くて暇じゃないの、と聞かれることもあるが、これが別になければないで困ることもないのでそのままほったらかしにしている。地デジが移行前からそんなにテレビを見る習慣もなかったので。

(텔레비전이 없어서 한가롭지 않아 라고 묻는 것도 있지만, 이것이 별로 없으면 없는 대로 지장 없기 때문에 그대로 내버려 두고 있다. 지상파디지털이 이행전 부터 그렇게 TV를 보는 습관도 없었기 때문에.)

2. はじめて水着を着て、水に入ったときのことを覚えていますか？きっと水遊び、泳げないことは恥ずかしいことではありませんが、泳げないより泳げる方がいいです。

(처음 수영복을 입고 물에 들어갔을 때를 기억합니까? 분명 물놀이, 헤엄칠 수 없는 것은 부끄러운 일이 아니지만, 헤엄칠 수 없는 것 보다는 헤엄칠 수 있는 쪽이 좋습니다.)

3. 理解できないことが起こったときは、生まれ変わるチャンスです。拒むのではなく、理解してみるのです。

(이해할 수 없는 일이 생기면 다시 태어날 기회입니다. 거절하는 것이 아니라, 이해해 보는 것입니다.)

---

1. 周囲にとっては単なる幻覚や妄想であっても，患者さん本人にとってはそれがまさに現実なのだということを決して忘れてはいけない。

(주위에게는 단순한 환각이나 망상이라해도 환자 본인에게는 그것이 바로 현실이라는 것을 결코 잊지 말라.)

2. とくに深刻なのは、主食を扱っているパン屋が一ヶ月近くも店を閉めてしまうということだ。

(특히 심각한 것은 주식을 다루고 있는 빵집이 한 달 가까이 가게를 닫아 버리는 것이다.)

3. 私の自宅に侵入した執行官の件の調査も進んでいます。裁判所からは「お願いだから、この件は無かった事にしてくれないか。」と連絡が入ったり、私が勇気を持って告発したことが、こんなにも反響を呼び、みんさんのパワーが一致団結するなんて思ってもいませんでした。

(내 집에 침입한 집행관 조사도 진행되고 있습니다. 법원은 "부탁이니까, 이 건은 없었던 일로 해주지 않을까."라고 연락이 들어오기도 하고, 내가 용기를 가지고 고발한 것이 이렇게 반향을 불러, 여러분의 파워가 일치단결한 거라고는 생각도 못했습니다.)

---

1. 玉村様には、ますますご健勝にてご活躍のことと存じます。

(타마무라씨는 더욱 건승하고 활약할 것으로 생각합니다.)

2. あなたさまにおかれましてはその後いかがお過ごしでいらっしゃいましょうか。相変わらずお元気にご活躍のことと存じます。

(당신은 그 후 어떻게 지내고 계십니까. 변함없이 건강하게 활약할 것으로 생각합니다.)

3. これまで幾多(いくた)の困難を解決してこられた貴殿ですから、必ずや実り多い成果を出されることでしょう。

(지금까지 수많은 어려움을 해결하고 오신 귀하이기에, 반드시 결실 많은 성과를 내실 것입니다.)

4. 今年も残すところあとわずかとなり、お忙しい日々をお過ごしのことと存じます。

금년도 남은 날이 얼마 안 남았지만, 바쁜 나날을 지내고 있으리라 생각합니다.)

5. 日頃より、本園の教育·保育に対しまして、深いご理解をいただき誠にありがとうございます。ご家族の皆様も日毎のお子様の成長がさぞお楽しみのことと拝察しております。

(평소부터, 본원의 교육·보육에 대해서 깊은 이해를 해 주셔서 정말 감사합니다. 가족분들도 매일 자녀의 성장이 아마 즐거움으로 생각하고 계실 거라고 믿습니다.)

6. 想い出のたくさん詰まったマーチくんとのお別れ、さぞ寂しかったことと思いますが、今度はセレナくんを可愛がってあげて下さいね。

(추억이 가득찬 마치 군과의 이별, 필시 외로울 것으로 생각합니다만, 이번에는 세레나 군을 귀여워 해 주세요.)

(2)「もの」

1. 물건. 물품. 품질.
2. 것.
3. 대상을 구체적으로 가리키지 않고 막연하게 표현하는 말.
4. 구체성이 없는 추상된 사항. 개념을 나타냄.
5. 사리. 도리.
6. 생각. 감정. 기분.
7. 큰일. 중대한문제.
8. 자기의 판단을 강조하여 나타냄. …것.

9. 마땅히 그래야 함을 나타냄. …하는법.

10. 과거를 술회하는 심정으로 나타냄. …했었지(-した一だ).

1. 有名なものから未採用のものまで様々な曲があります。すべてフルコーラスで貴重なものもあると思うので、気に入っていただければ幸いです。

   (유명한 것으로부터 미채용에 이르기까지 다양한 곡이 있습니다. 모든 풀 코러스로 귀중한 것도 있다고 생각하기 때문에 마음에 들었으면 합니다.)

2. そんなお給料じゃ欲しいものも買えない。

   (그런 급료로는 갖고 싶은 것도 살 수 없다.)

3. 月から木はダイエット生活で, 金土日は好きなものを食べられる。我が家ではそんなルールになってますなので, 今夜はある意味で最後の晩餐なワケです。

   (월요일에서 목요일은 다이어트 생활로 금토일은 좋아하는 것을 먹을 수 있다. 우리 집에서는 그런 규칙이 되어 있기 때문에 오늘 밤은 어떤 의미로 최후의 만찬인 것입니다.)

4. 値段が下がっている割にはサービスが以前と変わらないようなものですので本当に同業者間で競争が激化している。

   (가격이 떨어지고 있는 것에 비해서는 서비스가 이전과 변함없는 것이므로 정말 동업자 간의 경쟁이 격화되고 있다.)

5. 身軽な短期留学にするために、実際の留学経験から必要なものをリストアップしました。どうしてもなにか必要なものがある場合は現地でも買えます。

   (홀가분하게 단기 유학하기 위해, 실제 유학 경험에서 필요한 것을 나열했습니다. 아무래도 뭔가 필요한 것이 있는 경우는 현지에서도 살 수 있습니다.)

6. スーパーで買い物をするときは、買い物袋(かいものぶくろ)を持っていって、よぶんな袋などをもらわないようにする。ほしいものがあっても、いらなくなったものを、そのままもう一度使うことで、リユースといいます。

   (슈퍼에서 쇼핑을 할 때는 쇼핑백을 가지고 있어, 쓸데없는 가방 등을 받지 않도록 한다. 원하는 것이 있어도 필요 없게 된 물건을 그대로 다시 사용하는 것을 재사용이라고 합니다.)

1. 普通に生きていくうえでは問題ないですがものを知らなくて(世間知らずみたいな)恥ずかしいと感じるようになった。

(보통으로 살아가는 데는 문제없습니다만 물건을 몰라서 (철부지 같은) 부끄럽다고 느끼게 되었다.)

2. もちろん、そう想像しただけです。でも、そう考えるだけで、心が安らいだんです。映画って不思議なものですね。いろんな想像をさせてくれます。素敵です。

(물론 그렇게 상상했을 뿐입니다. 하지만 그렇게 생각만으로 마음이 편안합니다. 영화는 이상한 것이군요. 여러 가지 상상을 하게 합니다. 멋집니다.)

3. 特に、日本語で書かれたものとしては、ひょっとして、これが初めての画期的な出来事かもしれない。

(특히 일본어로 쓰인 것으로는 혹시 이번이 처음 획기적인 사건일지 모른다.

4. 「副業」。気になるけれど、どんなものを選べばいいのかわからない、という方が多いのではないでしょうか。

("부업". 걱정이 되지만, 어떤 것을 선택해야 좋을지 모르는 분들이 많은 것이 아닐까요.)

5. 切手買取を行っていくうえでプレミアがつくものは、1955年以前のものは比較的高い価値のあるものが多いです。

(우표 매입을 하는데 있어서 프리미어가 붙은 것은, 1955년 이전의 것은 비교적 높은 가치가 있는 것이 많습니다.)

6. インターネットでホームページを見ていたら、とてもおもしろいものを見つけました。

(인터넷에서 홈페이지를 보고, 매우 흥미로운 것을 발견했다.)

7. それらの考え方を元に問題を見てみると、問題というのもまた、自分が望んでいるものだという見方ができます。

(그들의 생각을 바탕으로 문제를 보면, 문제라고 하는 것도 또한 자신이 원하는 것이라는 견해가 생깁니다.)

8. 人間は本来もっとすぐれたものである、調和ある繁栄、平和、幸福を実現し得るものである。

(인간은 본래 더 뛰어나다, 조화로운 번영, 평화, 행복을 실현할 수 있는 것이다.)

1. 7歳も年下という事実が、彼を受け止めてあげようという姿勢から、彼に対しては、生まれて初めて無条件の愛情というものを感じたと思う。

(7살이나 연하라는 사실이, 그를 받아 들이려고 하는 자세에서, 그 한테는 난생 처음 무조건적인 애정이라는 것을 느꼈다고 한다.)

2. 人間は生れたいと思って生れたのではないのです。生れたいと思わないのに生れてきた、不思議な五官(目・耳・鼻・舌・皮膚)を持っているのです。理性と良心というものを持っている。

(인간은 태어나고 싶어서 태어난 것이 아닙니다. 태어나고 싶지 않은데 태어난 이상한 오관을 가지고 있는 것입니다. 이성과 양심이라는 것을 가지고 있다.)

3. 私はその光景を微笑ましく見ているのだが、言葉の違いというものは難しいなあ、と考えている。

(나는 그 광경을 흐뭇하게 보고 있는데, 말의 차이라는 것은 어렵다고 생각하고 있다.)

1. 人間というものは、気分が大事です。気分がくさっていると、立派な知恵才覚を持っている人でも、それを十分に生かせません。

(인간이라는 것은 기분이 중요합니다. 기분이 썩어 있으면 훌륭한 지혜 재치를 가지고 있는 사람이라도 그것을 충분히 살릴 수 없습니다.)

2. 男にとって女性の心というものは、分かるようで分からない、つかめそうでつかみにくい存在である。

(남자에게 여자의 마음이라는 것은 알려고 해도 모르겠다. 잡을 수 있을 듯하지만 잡기 어려운 존재이다.)

3. 男というものは自分の愛している女を憎み、どうでもよい女を愛するものだ。

(남자라는 것은 자신이 사랑하는 여자를 미워하고, 아무래도 좋은 여자를 사랑하는 법이다.)

4. 賃貸経営というものは、それなりにお金がかかることではあります。投資の中でも初期投資額が高いものになります。

(임대경영이라는 것은 나름대로 돈이 드는 일입니다. 투자 중에서도 초기 투자비가 높은 것입니다.)

5. 「人間というものは、非常に時間を消費するものであり、そして大部分の人間は時間の浪費家でもある」。

   (“인간이라는 것은 매우 시간을 소비하는 것이며, 그리고 대부분의 인간은 시간의 낭비가이기도 하다.”)

6. 言葉の持つ性質を分析してみると、言葉というものが悲劇を生む要素を持っており、言葉によるコミュニケーションの行き違いで生じる悲劇は避けられないという。

   (말이 갖는 성질을 분석해 보면, 말이라는 것이 비극을 낳는 요소를 가지고 있으며, 언어에 의한 커뮤니케이션의 엇갈림에서 생기는 비극은 피할 수 없다고 한다.)

1. 未成年はたばこなんか吸うものではない。体は大切にするものだ。夜遅く電話をかけるものではない。

   (미성년자는 담배 따위 피우지 않는 법이다. 몸은 소중히 하는 법이다. 늦은 밤 전화를 거는 것은 안 된다.)

2. 結婚したタイミングで母親を大事にする気持ちと同じかそれ以上に妻を大事にするものだと思います。

   (결혼한 시기에 어머니를 소중히 하는 마음과 같거나 그 이상으로 아내를 소중히 하는 법이라고 생각합니다.)

3. 学校で教師に教わってきたので、勉強というのは人に教わりながらするものだ、と思っている人もいるのかもしれない。

   (학교에서 교사한테 배워 왔기 때문에 공부라는 것은 사람에게 배우면서 하는 것이다, 라고 생각하는 사람도 있을지도 모른다.)

4. 葬式では黒い服を着るものだ。派手な服を着るものではない。

   (장례식에는 검은 옷을 입는 것이다. 화려한 옷을 입는 것은 아니다.)

5. われわれは、そう簡単に、あの人はこういう人だというレッテルを貼るものではない。人は思いがけない変身をするものであるからだ。

   (우리는 너무 쉽게 그 사람은 이런 사람이라는 딱지를 붙여서는 안 된다. 사람은 근사하게 변신을 하는 것이기 때문이다.)

6. 健康に良いものですが、だからと言ってたくさん飲めばいいというものではありません。

(건강에 좋은 것이지만, 그렇다고 많이 마시면 좋다는 것은 아닙니다.)

7. 彼の女関係が心配とおっしゃいますが、別に浮気してるわけではないでしょう。

(그의 여자관계가 걱정이라고 말씀하셨지만, 별로 외도하고 있는 것은 아닐 겁니다.)

8. 世界の超一流プレーヤーでも、一試合の中で一度はミスをするものです。

(세계 초일류 선수라도, 한 경기에서 한 번은 실수를 하는 법입니다.

---

1. あなたが激しい運動をしないとしても、散歩、つまりウォーキングの習慣は体力を向上させるのにもっともいいものだ。

(당신이 격렬한 운동을 하지 않더라도, 산책, 즉 걷기 습관은 체력을 향상시키는데 가장 좋은 것이다.)

2. 小さな町では特に、誰でも親切に教えてくれるものだ。この時も予算などははっきりと伝えてからにしたい。

(작은 마을에서는 특히 누구나 친절하게 가르쳐주는 것이다. 이 때도 예산 등은 명확하게 전달한 후 하고 싶습니다.)

3. 大概の問題はコーヒー一杯飲んでいる間に心の中で解決するものだ。あとはそれを実行できるかどうかだ。

(대개의 문제는 커피 한잔 마시고 있는 동안 마음속에서 해결하는 것이다. 그리고는 그것을 실행할 수 있는지 여부이다.)

4. 複雑に絡み合った現実のできごとの中から、いくつかの特徴的な要素を取り出して、いわば"人工的"にそれを体験するものだ。

(복잡하게 얽힌 현실의 사건 중에서, 몇 가지 특징적인 요소를 추리내서, 말하자면 "인공적"으로 그것을 체험하는 것이다.)

---

1. 世界中のスポーツ選手、男女全員のために、スポーツ界の不正に対して抗

議したものです。

(전 세계 스포츠 선수, 남녀 모두를 위해 스포츠계의 부정에 항의한 것입니다.

住民が日常的にスポーツを楽しみ、そしてスポーツを通じて親睦を図り、地域社会の連帯と明るく豊かなまちづくりに資することができるよう、イメージしたものです。

(주민들이 일상적으로 스포츠를 즐기고, 그리고 스포츠를 통해 친목을 도모하고, 지역사회의 연대와 밝고 풍부한 마을 만들기에 이바지할 수 있도록 표현한 것입니다.)

2. 1959年の最高裁判決である「砂川判決」について、集団的自衛権を容認したものだと解釈する自民党の高村副総裁や安倍総理に対して、公明党は、砂川判決はあくまでも個別的自衛権について言及したものだとし、意見が分かれています。

(1959년의 대법원 판결이다. “이시카와판결'에 대해 집단적 자위권을 허용한 것이라고 해석하는 자민당의 다카무라 부총재와 아베 총리에게 공명당은 이시카와 판결은 어디까지나 개별 자위권에 대해 언급한 것이라고 하고 의견이 분분합니다.)

3. 編み物に限らず、ハンドメイドは、作る過程や達成感を楽しむものです。

(뜨개질 뿐만 아니라 핸드 메이드는 만드는 과정과 성취감을 즐기곤 했습니다.)

1. 住宅地の周りには田畑が広がっており、そこに沈む夕日は見事なものだ。

(주택지 주변에 논밭이 펼쳐져 있고, 거기에 저무는 석양은 멋진 것이다.)

2. 確かに戦争は恐ろしいものですが、戦争より恐ろしいものが確実に存在することを教えないのは、現代日本の重大な欠陥です。

(물론 전쟁은 무서운 것이지만, 전쟁보다 무서운 것이 확실히 존재하는 것을 가르치지 않는 것은 현대일본의 심각한 결함입니다.)

3. そもそも体感温度は環境や個人の感覚で大きく印象が変わるものだ。暑い日が続けば、「今年の夏は暑かったなあ」という印象が強く残るだろうし、たまたま外出した時に雨が降ってきたら「雨が多かったので、涼しかったなあ」という記憶が残る。

(원래 체감 온도는 환경이나 개인의 감각으로 크게 인상이 바뀌는 것이다. 더운 날이 계속되면 “올 여름은 더웠지”라는 인상이 강하게 남을 것이며, 때때로 외출했을 때 비가 오면” 비가 많았기 때문에, 시원했었지”라는 기억이 남는다.)

4. 宗教と聞いて、どういうイメージが湧くでしょうか。うさん臭いといった否定的なイメージのほうが肯定的なイメージよりも先にくることが多いのではないでしょうか。でも私は宗教ってありがたいものだと思います。

(종교라고 듣고 어떤 이미지가 솟는 것입니까? 어쩐지 미심쩍은 부정적인 이미지가 더 긍정적인 이미지보다 먼저 오는 것이 많은 것은 아닐까요. 하지만 나는 종교라는 고마운 것이라고 생각합니다.)

---

1. 優れた提案とは、「説得」するものではなく、相手が自然と「納得」するものです。「説得」と「納得」は何が違うのでしょうか。

(우수한 제안은 '설득'하는 것이 아니라, 상대가 자연히 '납득'하는 것입니다. '설득'과 '납득'은 어떤 차이가 있을까요?)

2. 歌舞伎とは何かを一口に言うなら、「決して一口では言えないもの」である。

(가부키란 무엇인가를 한마디로 말한다면, '결코 입으로는 말할 수 없는 것'이다.)

3. 彼の話のニュアンスの中には、どうもその仕事を嫌がっているようなものがありますね。

(그의 말의 뉘앙스에는 아무래도 그 일을 싫어하고 있는 것 같은 것이 있네요.)

4. 広告などの制作物を見るユーザー、それぞれの心を動かすものをいかに作れるかが最大のポイントであり、我々の使命だと思う。

(광고 등의 제작물을 보는 사용자, 각각의 마음을 움직이는 것을 어떻게 만들 수 있는지가 최대의 포인트이며, 우리의 사명이라고 생각한다.)

5. 安倍政権の打ち出した「成長戦略」には見るべきものがほとんどない。

(아베 정권이 내놓은 '성장 전략'은 봐야 할 것이 거의 없다.)

---

1. 人間っていうのは生まれた時点で、ある程度の運命は決められています。俗に言う、先天運というものです。

(인간이라는 것은 태어난 시점에서 어느 정도의 운명은 정해져 있습니다. 흔히 말하는 선천운이라고 하는 것입니다.)

2. 話し合うというプロセスから見せることによって、栃木の良さに気づき、地域に対する意識を高めるというものだ。

(논의하는 과정에서 보여줌으로써, 토치기의 장점을 깨닫고 지역에 대한 의식을 높인다는 것이다.)

3. 相互に治外法権を認めるという、欧米によって押し付けられた不平等条約の事項を、相互に認め合うというものであった。

(상호 치외법권을 인정하는, 유럽에 의해 강요당한 불평등조약의 사항을 상호 인정한다고 하는 것이었다.)

4. 自業自得とはいえ、こうした市で誰かの手に渡っているのなら、廃棄されるよりは慰めになるというものだ。

(자업자득이라고 해도, 이런 도시에서 누군가의 손으로 넘어간다면, 폐기되기보다는 위안이 된다는 것이다.)

1. 男性ホルモンは少なければいいというものではない。テストステロンには「生きる活力」「張り合い」などの作用もあるため、急激な減少は心理・精神にも悪影響を及ぼす。

(남성 호르몬은 적으면 좋다는 것은 아니다. 테스토스테론은 "살아있는 활력" "의욕" 등의 작용도 있기 때문에 급격한 감소는 심리·정신에도 악영향을 미친다.)

2. 酷い話ではありますが、やっぱりこういうことは書くべきではありませんよね。何でも書けばいいというものではないのです。

(심한 이야기가 있습니다만, 역시 이런 것은 써야 하지 않나요. 아무거나 쓰면 좋다고 하는 것은 아닙니다.)

3. 女性閣僚が5人。「女性が輝く社会の実現」ですって。私は思います。「女だったらいい」というものではないよ。

(여성 각료가 5명. "여성이 빛나는 사회의 실현"이라고. 나는 생각합니다. "여자라면 좋다'는 것은 아니요.)

4. 医者の話によると、この病気はすぐによくなるというものではないらしい。

(의사의 말에 따르면, 이 질병은 곧 좋아진다는 것은 아닌 것 같다.)

1. 時間というもの。「一個所5分」のところにも書きましたが、私たちの時間に対する価値観というのは、なかり特異というか、歪められているというか、そういうふうに感じる時が多くあります。
(시간이라는 것. 「一個所5分」라는 곳에도 썼습니다만, 우리의 시간에 대한 가치관이라는 것은 꽤 특이하다고 할까, 왜곡되어진 것이라고 할까, 그렇게 느낄 때가 많습니다.)

2. 大事な試験に失敗してこの2ヶ月ぐらいというもの、いらいらして全然落ち着かない毎日を送っていた。
(중요한 시험에 실패하고, 이 2개월 정도라는 것, 초조해서 전혀 안정되지 않는 나날을 보내고 있었다.)

~하고 난 후에는 계속하다.

1. 将棋のおもしろさを知ってからというもの、彼は暇さえあれば将棋の本ばかり読んでいる。
(장기의 재미를 알고 나서부터는, 그는 틈만 나면 장기의 책만 읽고 있다.)

2. コンビナートセットがある事を知ってしまってからというもの、これが私の心を掴んで放さなくなったわけですね。
(콤비나트 세트가 있는 것을 알고 나서부터는, 이것이 내 마음을 잡고 놓아두지 않았던 것이군요.)

3. 私がこのような仕事(生活)をしているので、妻には結婚を機に家庭に入ってもらい私のサポートをしてもらっていました。しかし妻は妊娠してからというもの、まともに家事が出来ず、夕食もほぼ作りません。
(내가 이런 일(생활)을 하고 있기 때문에, 아내는 결혼을 계기로 가정에 들어와 내 지원을 해달라고 했습니다. 그러나 아내는 임신하고 나서부터는 제대로 가사를 못하고, 저녁 식사도 거의 만들지 않습니다.)

4. 妊娠してからというもの、主人は一切私に手を出さなくなりました。それに主人が特別なわけでもなく、世の中の妊婦の奥さんをお持ちの旦那様方、皆さん当たり前にしていることです。

(임신한 후부터는, 남편은 일체 나에게 손을 대지 않습니다. 게다가 주인이 특별한 것도 없이 세상의 임산부 아내를 가진 남편님들, 여러분 당연하게 하고 있는 것입니다.)

5. 子供が産まれてからというもの、子供中心の生活、それはある程度は仕方がないとしても、まるで妻から見れば夫は奴隷以下のような扱い。

(아이가 태어나서부터는, 아이 중심의 삶, 그것은 어느 정도는 어쩔 수 없다 해도, 마치 아내가 보면 남편은 노예 이하와 같이 취급.)

6. 「死」がどういったものであるかは、実際に自分が死んでみないことにはわかりません。人間にとって死というものは、必ず訪れるものであり、避けて通れないものです。

('죽음'이 어떤 것인지 실제로 자신이 죽어 보지 않고는 알 수 없습니다. 인간에게 죽음이라는 것은 반드시 찾아오는 것이며, 피할 수 없는 것입니다.)

1. 可能性がゼロになったわけじゃないんだ。一生懸命やればできないものでもない。

(가능성이 제로가 된 것이 아니야. 열심히 하면 할 수 없는 것도 아니다.)

2. ここ10年ちょっとの間に、宇宙の殆どの物質であるダークマターが、普通の原子ではないという事、そしてまた、天体のような大きさをもったものでもないという事がはっきりしてきました。

(지난 10년 잠시 동안, 우주의 대부분의 물질인 암흑 물질이 일반 원자 아니라는 것, 그리고 또한 천체와 같은 크기를 가진 것도 아니라는 것이 분명했습니다.)

(3)「ところ」

1. 장소.
2. 사람. 사물.
3. 「一の一」곧. 주소. 집.
4. 「一の一」부분. 점. 대목.
5. 「一の」그 고장의. 지방의.

6. 어떤 동작. 변화가 행해지는 장면. 상황을 나타냄.
7. 현재를 중심으로 한 비교적 짧은 시간을 가리킴.
8. 정도. 범위. 쯤.
9. 바에 따르면.

1. その言語を使って作りたいものが決まっているなら, それに必要なところから学ぶと効率が良いです。
(그 언어를 사용하여 만들고 싶은 것이 정해져 있다면 그에 필요한 곳에서 배우면 효율이 좋습니다.)

2. 金沢の中心部で夜景が綺麗なところは限られますがその中でもゆっくり静かにお酒を飲めるところの一つです。
(가나자와의 중심부에서 야경이 아름다운 곳은 한정되어 있지만 그 중에서도 여유있게 조용히 술을 마실 곳 중 하나입니다.)

3. 人の良い所だけを見て、悪い所は注意もしないほうがいい？友人になった始めのころはその人の良い部分をたくさん見つけることができますが、私は親しくなるにつれて、友人の裏側の嫌な部分を垣間みて失望してしまうことが多いです。
(사람이 좋은 곳만을 보고, 나쁜 곳은 신경도 안쓰는 편이 좋다. 친구가 된 처음에는 그 사람의 좋은 부분을 많이 찾을 수 있습니다. 하지만 친해질수록 친구의 뒷면의 싫은 부분을 엿보게 되어 실망하는 경우가 많습니다.)

4. ラグビーというスポーツのおもしろいところ。よくわからないスポーツを見ていて点数も入らなかったらつまらないですね。
(럭비라는 스포츠의 재미있는 곳. 잘 모르는 스포츠를 보고 있어 점수도 나지 않으니까 재미없네요.)

5. 2人目育児、1人目と違うところありますか？
(두 번째 육아, 첫번째와 다른 점 있나요?)

6. 女性が初デートであなたのどんなところを見るかわかりますか？女性のチェックは人柄や性格にもよりますが、結構厳しいです。顔では笑っていても心の中で採点しています。

(여성이 첫 데이트에서 당신의 어떤 곳을 보는지 알 수 있습니까? 여성의 판단은 인품이나 성격에 따라 다르지만, 상당히 엄격합니다. 얼굴은 웃고 있어도 마음속으로 평가하고 있습니다.)

1. 北朝鮮が特別委員会の調査を開始したところであり、調査の進ちょくを慎重に見極める立場に変わりはない。

   (북한이 특별위원회의 조사를 시작했던 바이고, 조사 진행상황을 신중하게 파악하는 입장에 변함이 없다.)

2. 私が聞くところによりますと、窓口販売は損害保険が1%、それから生命保険が6%ぐらいの数字ということをたしか報告いただいております。

   (내가 들은 바에 의하면, 창구 판매는 손해 보험이 1%, 그리고 생명 보험이 6% 정도의 숫자라는 것을 분명히 보고 받았습니다.)

3. 自分が使う単語でなければ頭に入ってきませんし、覚えたところで使う場面がないとすぐに忘れてしまうからです。

   (자신이 사용하는 단어가 아니면 머리에 들어오지 않고, 기억한 바대로 사용하는 장면이 없으면 금방 잊어버리기 때문입니다.)

4. 息子と同じクラスのお子さんのママからさりげなく聞いてみたところ先生は僕の事嫌いだからお話しないよ、と言われました。

   (아들과 같은 반 아이 엄마로부터 자연스럽게 들어 보니 선생님은 내 것이 싫기 때문에 이야기하지 않는 거라고 말씀하셨습니다.)

1. オリックスの球団社長は29日、米大リーグのヤンキースからフリーエージェント(FA)となったイチロー外野手について「帰ってこいと言いたいところだが、今のところはない。メジャー志向が強いと聞いている」と言及した。

   (오릭스의 구단사장은 29일 메이저 리그의 양키스에서 프리 에이전트 (FA)가 된 이치로 외야수 대해 "돌아오라고 말하고 싶지만, 지금은 아니다. 메이저 지향이 강하다고 듣고 있다"고 언급했다.)

2. 雨の日、一人で出かけるところ明後日友人と出かける予定だったのですが、急遽中止になってしまいました。

(비오는 날, 혼자 나가려는 참에 모레 친구와 외출할 예정이었는데, 급작스럽게 중지가 되어 버렸습니다.)

3. 笑ったのは、泉ピン子さんが「スペイン語の吹き替えは元気が良過ぎて悲壮感がなかった(笑)ラテン系はちょっと違うかも。」と話していたところです。

(웃었던 것은 이즈미핀코 씨가 "스페인어 더빙은 힘이 너무 들어가서 비장감이 없었다(웃음), 라틴어는 조금 다를지도"라고 말하던 참이었다.)

4. わたしはもうすこしで車にはねられるところだった。

(나는 하마터면 차에 치일 뻔 했다.)

---

1. あなたの電話が鳴ったときまさに出かけようとするところだった。

(당신으로부터 전화가 왔을 때 바로 가려고 했던 참이었다.)

2. 美しい身体の、その奥にある仕組みを、成り立ち方を、自分の目で見ていこうとしているところにあるのだ。

(아름다운 신체, 그 안쪽에 있는 구조와 성립방법을 자신의 눈으로 보고 가려고 하는 참이었다.)

3. 説明が終わり早速お風呂に入ろうとしたところ内風呂の温度が高すぎて風呂に入れません。

(설명이 끝나고 빨리 목욕하려고 했는데 옥내 욕실의 온도가 너무 높아서 목욕을 할 수 없습니다.)

4. 彼女に電話をかけようとしているところに／ところへ、「またトイレか」という課長の声がした。

(그녀에게 전화를 걸려고 하는데, "또 화장실?"이라는 과장의 목소리가 들렸다.)

(A)

1. 足が滑って派手に転んだ。その時、周りにたくさんの人がいた。まずいところを見られて恥をかいたわ。

(발이 미끄러져 야단스럽게 넘어졌다. 그때 주위에 많은 사람들이 있었다. 난처한 장면을 보여 망신을 당한거야.)

2. 授業の最中に、私は居眠りしているところを先生に注意された。

(나는 수업중, 내가 졸고 있는 것을 선생님에게 주의받았다.

3. 町をぶらぶら歩いていたところ韓国人3人ととヤクザが喧嘩をしているのを見た。ヤクザ「とりあえず、事務所に連れて行け。

(마을을 어슬렁어슬렁 걷고 있었는데 한국인 3명과 야쿠자가 싸움을 하고 있는 것을 보았다. 야쿠자 "일단 사무실로 데려가.)

4. 犯人は、被害者が昼寝をしているところを襲ったと警察が言った。

(범인은 피해자가 낮잠을 자고 있는 사이에 덮쳤다고 경찰이 밝혔다.)

(B)

1. 担任の先生にも相談しましたが、先生もいじめられるところを見ていないから、あまり気にしてくれませんでした。

(담임선생님과도 상담했는데 선생님도 괴롭힘을 당하는 모습을 안 봤기 때문에, 별로 신경 써주지 않았습니다.)

2. 藤本君は校内のトイレでタバコを吸っているところを教員に見つかった。

(후지모토군이 학교 화장실에서 담배를 피우고 있는 것을 교사가 발견했다.)

3. 学費に困っているところを先生が貸してくださいました。

(학비에 어려움을 겪고 있는 처지를 알고 선생님이 돈을 빌려 주셨습니다.)

4. 嫁がうちに来た経緯を丸ごと省いてましたが、実家を追い出されて公園で途方に暮れてたところを俺が仕事帰りに見つけて、うちに連れ込んだという次第です。

(며느리가 집에 온 경위를 통째로 생략했지만 친정에서 쫓겨나 공원에서 망연자실하고 있던 것을 내가 퇴근길에 발견하여 집에 데리고 들어왔을 따름이다.)

1. 教えてもらった番号で電話をかけたところ、「この電話はただ今使用されていません」という声が流れてきた。

(가르쳐 준 번호로 전화를 했더니 "지금, 이 전화는 사용하지 않습니다"라는 목소리가

흘러왔다.)

2. 電話がありメーター確認に伺ったところ原因は漏水でした。

   (전화가 있어 미터기를 확인하러 들렀는데 원인은 누수였습니다.)

3. 若く見えるので学生だと思って話しかけてみたところ、実は先生だった。

   (젊어 보였기 때문에 학생이라고 생각하여 말을 걸어 보았는데, 실은 선생님이었다.)

(4)「わけ」

1. 도리. 이치. 사리.
2. 까닭. 사정. 이유.
3. 사연. 내막.
4. 뜻. 의미.
5. …할만도 하다.
6. 그렇게 할 수는 없다.

1. 最初の10冊は無料でやってみて、その上で続けるのかを考えればいいというわけです。

   (처음 10권은 무료로 해보고, 또한 계속할지를 생각하면 된다는 것입니다.)

2. いろいろ説明をしてくれたが、要するに、うちの生徒が容疑者なわけだね／容疑者というわけだね／容疑者ということだね。

   (여러 가지 설명을 해 주었지만, 즉, 우리 학생들이 용의자인 것이구나.)

3. つまりはその政治が靖国神社という宗教を介して私達の心の中へ直接介入してくるということになる訳ですね。

   (즉 정치가 야스쿠니 신사라고 하는 종교를 통해 우리의 마음에 직접 개입해 온다고 하는 것이 되는 셈이군요.)

1. イギリスとは時差が8時間あるから、日本が11時ならイギリスは3時なわけだ。

(영국과 시차가 8시간 있으니까, 일본이 11시라면 영국은 3시인 셈이다.)

2. それで1人でいって真剣な稽古をするわけだ。稽古というのは2時間くらいが一番きついわけだ。

(그래서 혼자서 진지한 연습을 하는 셈이다. 연습이라는 것은 2시간 정도가 가장 심한 셈이다.)

3. 血液を調べてそれが見つかれば, がんにかかっていることが分かるわけです。がんの種類によってその物質は異なっており, それぞれの目安となる値が決められています。

(혈액을 조사해 그것이 발견되면 암에 걸려 있는 것을 알 수 있는 것입니다. 암의 종류에 따라 그 물질이 다르고, 각각의 기준이 되는 값이 정해져 있습니다.)

1. この他に皮を除いて食べられる魚料理、皮にもあまりクセのない魚はありますか？決して魚自体が嫌いなわけではないのです。

(이 밖에 껍질을 제외하고 먹을 수 있는 생선 요리, 껍질에도 별로 냄새가 없는 물고기가 있나요? 결코 물고기 자체가 싫은 것은 아닙니다.)

2. 就活の「全て」が気持ち悪いわけではない、でも部分的に気持ち悪いと感じても良いはずです。

(취업활동의 "모든" 것이 기분 나쁜 것은 아니지만, 그래도 부분적으로 기분이 나쁘다고 느껴도 좋은 것입니다.)

3. 飲みたくても飲めない。山田の切実な気持ち、好きで飲めないわけじゃないんですよ。

(마시고 싶어도 마실 수 없다. 야마다의 간절한 마음, 좋아서 마실 수 없는 것은 아니거든요.)

4. なんとなくわかってきたダウン症だからと言って何も感じないってわけじゃない。何も理解できないってわけじゃない。何かが違うってわけでもない。

(무심히 알게 된 다운 증후군이라고 해서 아무것도 느끼지 않는다는 것이 아니다. 아무것도 이해할 수 없다고 것이 아니다. 뭔가 다르다는 것도 아니다.)

5. 大阪の人は空気が読めないわけではないのでしょうが、大阪以外の人が聞くと勘違いされてしまうような言動をする人が多いと思います。

(오사카 사람들은 분위기를 읽을 수 없는 것은 아니지만, 오사카 이외의 사람이 들으면 착각 같은 언동을 하는 사람이 많다고 생각합니다.)

1. 教科書によると、「その日、彼女は僕と一緒だったから、犯人なわけがない」という言葉で、「犯人なわけがない」のようなことは山田の言ったことと同じ意味が持っていますか。

(교과서에 따르면, "그 날 그녀는 나와 함께 했기 때문에 범인일 리가 없다"라는 말에서 "범인일 리가 없다」 같은 것은 야마다가 말한 것과 같은 의미를 가지고 있습니까?)

2. もともとちょっとお人好しであったり，気が弱かったりするわけですから，被害回復をしようと決意した後も，適切な法律相談にまでたどり着けずに，さらなる被害に遭うケースが相当数あるものと見られています。

(원래 좀 좋은 사람이고, 마음이 약하기 때문에, 피해 회복을 하려고 결심 한 후에도, 적절한 법률 상담까지 가지 않고, 더욱 피해를 당하는 사례가 상당수 있는 것으로 볼 수 있습니다.)

3. この質問に素人が答えられる訳がありません。答えたらそれは無責任者です。国家資格の医師に聞かないとわかるわけがないですよ。

(이 질문에 아마추어가 대답할 리가 없습니다. 대답하면 그것은 무책임한 사람입니다. 국가 자격을 가진 의사에게 듣지 않으면 알 리가 없어요.)

1. 子供を怒鳴る父親は、尊敬されなくなります。子供を怒らないわけにはいかない場合もあることでしょう。

(아이에게 고함치는 아버지는 존경받을 수 없습니다. 아이를 화나지 않게 하는 경우도 있을 것입니다.)

2. 車で来たから、お酒を飲むわけにはいかない。明日がしめ切りの仕事がまだ終わっていないので、今日は家に帰れません。仕事が終わっていないから、帰るわけにはいかない。

(자동차로 와서 술을 마실 수는 없다. 내일이 마감 작업이 아직 끝나지 않았기 때문에 오늘은 집에 돌아갈 수 없습니다. 일이 끝나지 않기 때문에, 돌아갈 수는 없다.)

3. 勉強しなければならないので、毎日アルバイトするわけにはいかない。大事な試験があるので、たとえ熱があっても、今日は学校を休むわけにはいかない。

(공부하지 않으면 안 되기 때문에, 매일 아르바이트를 할 수는 없다. 중요한 시험이 있기 때문에, 비록 열이 있어도 오늘은 학교를 쉴 수는 없다.)

4. 女性読者へのアンケートをもとに女性が「この人に奢ってもらうわけにはいかない」と感じます。

(여성 독자의 설문을 바탕으로 여성이 "이 사람에게 한턱 사라고 할 수는 없다"고 느낍니다.)

5. 山田さんにはお子さんがいるのですから、吸いたくなったらお子さんの顔を見て「この子にたばこの煙を吹きかけるわけにはいかないよなあ」って感じで気楽に進めるのが良いんじゃないかと思います。

(야마다씨는 자녀가 있어 담배를 피우고 싶어지면 아이의 얼굴을 보고 "이 아이에게 담배 연기를 내뿜어서는 안 되잖아"라는 느낌으로 편하게 진행하는 것이 좋지 아닐까 생각합니다.)

6. ロシアの権益が侵害されることが明白であるので、何としても黙って見逃すわけにはいかないということなのです。

(러시아의 권익이 침해될 것이 명백하기 때문에, 무엇으로도 입 다물고 바라보고만 있을 수는 없다는 것입니다.)

7. 筆者は文系出身であるため、理科系の科目に自信がなく、科目名に「化学」とつくこの講義は不安でした。しかし、重要な分野なので勉強しないわけにはいかないと思い、履修を決めました。

(필자는 문과 출신이기 때문에 이과계 과목에 자신감이 없고, 과목명에 "화학"이라고 붙는 이 강의는 불안했습니다. 그러나 중요한 분야이므로 공부하지 않을 수 없다고 생각, 이수를 결정했습니다.)

8. 子供を殺すわけにはいかないから責任取って私が死にたい。生身の人間なんだから、いつも優しくはいられない。

(아이를 죽일 수는 없으니까 책임지고 내가 죽고 싶다. 살아 있는 인간이니까 항상 상냥 수는 없다.)

9. 国民は税金を納めないわけにはいかない。(納めなければならない)。食費が高いからといって食べないわけにはいかない。

(국민은 세금을 납부하지 않을 수 없다. (내야한다). 식비가 높다고 먹지 않을 수 없다.)

10. 入籍したら色んな手続きあるから、会社に報告しないわけにはいかないでしょう?

(입적한 후 여러 절차가 있기 때문에 회사에 보고하지 않을 수는 없을 것입니까?)

(5)「はず」

1. 당연히 그렇게 되어야 함을 나타냄. …할 터. …일 것.
2. …할 예정. …할 것.
3. …했을 터.
4. 「一はない」「一がない」의 꼴로 …리 없다.

1. マージン(余白)を考慮してネーム(キャプション)を入れたはずなのに、文字が切れたのは何故でしょうか?

(마진 (여백)을 고려하여 이름 (캡션)을 넣었을 터인데, 문자가 끊긴 것은 왜일까요?)

2. 全て欲しいものを持っているはずなのに幸せを感じる事ができません。私も海外での生活も経験していて、経歴というよりは貴重な体験ができたという点で満足しています。

(모두 원하는 것을 가지고 있을 터인데 행복을 느낄 수 없습니다. 저도 해외 생활도 경험하고, 경력이라기보다는 더 귀중한 체험을 할 수 있었다는 점에서 만족합니다.)

3. アイデアが浮かんだはずなのに、少したつと完全に忘れてしまっているとこと、覚えておこうと思ったのにすっかりと頭から抜けてしまっていたこと、ありませんか?

(아이디어가 떠오른 터인데, 조금 지나면 완전히 잊어버리고 만다는 것, 기억해 두려고 생각했는데 완전히 머리에서 빠져나가 버린 것은 아닌가요?)

4. 互いに好きだったはずなのに、いつの間にか離れてしまった二人の心。こうなった本当の原因はなに？もう一度やり直せる可能性はあるのでしょうか？

(서로 좋아했을 터인데, 어느새 떠나 버린 두 사람의 마음. 이렇게 된 진짜 원인은 무엇인가? 또 다시 할 가능성은 있는 것입니까?)

5. わたしは彼との関係をなにか確信がほしいと感じます。幸せなはずなのになぜか一人だったときより不安定になっています。

(나는 그와의 관계에서 뭔가 확신이 필요하다고 느낍니다. 행복할 터인데 왜 혼자였을 때보다 불안정해 집니다.)

(6)「つもり」

1. 생각. 작정. 의도.
2. …한 셈.
3. 속셈. 예상.

1. 近道のつもりが、遠回りだったような気分になります。お弁当作りを、サボルつもりだったのに。

(지름길일 거라고 생각했는데, 우회했던 것 같은 기분입니다. 도시락 만들기를 빼먹을 생각이었는데.)

2. 古典と英語は終わったけど、数学はこれからやろうと思った。本田の質問に答えたつもりだったけど、本田はそんなわたしの答えなど全く聞いていなかった。

(고전과 영어는 끝났지만, 수학은 이제부터 하려고 생각했다. 혼다의 질문에 대답하려고 생각했지만, 혼다는 나의 응답 같은 것을 전혀 듣고 있지 않았다.)

3. 自分なりに頑張ったつもりですが、結果としては失敗してしまいました。

(나름대로 열심히 했다고 생각했습니다만, 결과적으로는 실패하고 말았습니다.)

4. コースを変えたり、力いっぱい打ったりしているつもりなのだが、やっぱり決まらない。

(코스를 바꿔서 힘껏 치고 있다고 생각했지만, 역시 잘 되지 않는다.)

1. 早稲田は引き分けなのに、勝ったつもりになって喜んだ。明治は負けたように悔しがった。その差が(約1カ月後の)大学選手権で出ましたね。

   (와세다는 무승부인데, 이긴 셈이 되어 기뻤다. 메이지는 진 것처럼 안타까워했다. 그 차이가 (약 1개월 후) 대학 선수권 대회에서 나왔어요.)

2. 自分がスーパースターになったつもりで実況なんか入れながらやるとさらにグッドですね。

   (자신이 슈퍼스타가 된 것 같은 생각으로 실황 등을 넣으면서 하면 더 좋네요.)

3. 今から死んだつもりになって、世のため、人のために働いてみる気はないか。

   (지금부터 죽을 셈치고, 세상을 위해, 사람을 위해 일해 보고 싶은 생각은 없는가.)

(7)「うえ」

1. …에 관계 있는 일.
2. 「…(に)」의 꼴로 …에 더하여. 게다가.
3. 「…(で)」의 꼴로 …하고 나서. …한 후.
4. 「…(は)」의 꼴로 …한 이상. …한 바에는.

1. 村でこんな美しい女の人を見かけたことがありませんでしたので最初びくっとしましたが、きれいなうえに優しく話しかけてくれたので、落ち着きを取り戻しました。

   (마을에서 이런 아름다운 여자를 본 적이 없었으므로 처음 움찔했지만 예쁜데다 상냥하게 말을 건네주었으므로, 안정을 회복했습니다.)

2. この手続きは、面倒なうえ、非常に日数がかかります。

(이 절차는 귀찮은데다, 매우 기간이 소요됩니다.

3. 牛丼は日本を代表する国民食である。おいしいうえに手軽に食べられることから、時間のない昼時に、チェーン店を訪ねる人も多いのではないだろうか。

(규동은 일본을 대표하는 국민 음식이다. 맛있는데다 간편하게 먹을 수 있는 것이어서, 시간의 여유가 없는 정오에 체인점을 찾는 사람도 많은 것은 아닐까.)

4. この文章は漢字の間違いが多いうえに、文法の間違いも多いので、何が言いたいのかよくわからない。

(이 문장은 한자의 실수가 많은데다가 문법 오류도 많기 때문에, 무엇을 말하고 싶은 것인지 잘 모른다.)

1. ある料理は見かけのうえではおいしそうだが、実際はおいしくない。

(어떤 요리는 겉보기에는 맛있어 보이지만, 실제로는 맛있지 않다.)

2. 悪口と文句は、法律の上で違いはありますか？どんな場面を想定されているのか分かりませんが、どちらも法律上定義された言葉ではありませんので、「法律上の違い」というのはないと思います。

(욕설과 불평은 법률상에 차이가 있습니까? 어떤 장면을 상정하고 있는지 모르겠지만 모두 법률상 정의 된 단어가 없기 때문에 "법률상의 차이"라는 것은 없다고 생각합니다.)

3. アメリカの地形は大まかに東、中西部などの内陸エリアで留学生活を送る上で魅力的なこととしては、"生活費の安さ"が挙げられる。

(미국의 지형은 대충 동, 중서부 등 내륙 지역에서 유학생활에서 보낸 바 매력적인 것으로서는 "생활비가 저렴하다"는 것을 들 수 있다.)

1. 応募資格、普通自動車運転免許、PC操作(必須)。給与、当社規定によります。面談の上、決定します。就業時間/日数、実働8時間·途中休憩あり·シフト制。ご相談に応じます。

(응모 자격, 보통 자동차 운전면허, PC 조작 (필수), 급여, 당사규정에 의합니다. 면담 후, 결정합니다. 근무시간/기간, 실제노동시간 8시간 · 도중 휴식 있음, 교대 · 상담에 응합니다.)

2. ただし、メールでの対応には限界がありますので、以下の事項をよくご理解した上でお願いします。

(그러나 메일로의 대응에는 한계가 있으므로 다음 사항을 잘 이해한 후 부탁드립니다.)

3. 一般的には事情を知っていれば行わないであろう行動を、事情を知った上で敢えて行う、と言う場合などに用いられる。

(일반적으로 사정을 알고 있다면 행하지 않을 행동을, 사정을 알고 있는 상황에서 감히 행한다라고 하는 경우 등에 사용된다.)

4. 配信条件、ご利用上の注意をご確認のうえでご利用ください。お荷物の配達に伺った際に荷受人さまがご不在だった場合、メールでお知らせします。

(배달조건, 이용상의 주의사항을 확인하신 후 이용하십시오. 물품 배달하러 들렀을 때 수취인이 부재일 경우, 이메일로 알려드립니다.)

5. アパートは部屋の中を見たうえで借りるかどうか決めたい。それぞれの説明をよく聞いたうえで、旅行のコースを決めたい。

(아파트는 방 안을 본 후에 임대 여부를 결정하고 싶다. 각각의 설명을 잘 듣고 난 후에, 여행 코스를 결정하고 싶다.)

1. 免責事項を十分理解した上で、また、現実的な利用においては、しかるべき資格を有する医師や薬剤師等に個別に相談する。

(면책 사항을 충분히 이해 한 후, 또한 현실적인 이용에 대한 적절한 자격을 갖춘 의사와 약사 등과 개별적으로 상담한다.)

2. 「君の微笑みを夢に見る」と言ってしまったら僕たちの関係はどう変わってしまうのか、僕なりに何日か考えた上でのやや気恥ずかしい結論。

("너의 미소를 꿈꾼다"고 말했다면 우리들의 관계는 어떻게 바뀌어 버리는 지, 나 나름 며칠 생각한 끝에서의 다소 마음 부끄러운 결론.)

3. 会社人になった上は、自分のやったことに対して責任を負うべきである。

(회사인이 된 이상은 자신이 한 일에 대해 책임져야 한다.)

(8)「うち」

1. 어떤 시간의 범위안. 동안.
2. 어떤 상황이 진행하는 동안.

1. 初めのうちはそういうこともあるかもしれませんが、昼間点灯する車両が多くなるにしたがい、無用のパッシングは少なくなってくると思われます。
(처음 동안에는 그런 것도 있을지도 모릅니다만, 낮 점등하는 차량이 많아짐에 따라 무용의 비난은 적게 된다고 생각됩니다.)

2. 髪は伸びている間はそのままで修復する機能がないため、一度傷めると自然には元に戻りません。また、痛みなどの感覚もないので、気づかないうちに負担をかけてしまいがちです。
(머리카락이 자라는 동안 그대로 복구하는 기능이 없기 때문에, 한 번 손상되면 자연스럽게 복원되지 않습니다. 또한 통증 등의 감각도 없기 때문에 모르는 사이에 부담을 주기 십상입니다.)

3. 若さの特権としてまず挙げられることは「失敗」です。若いうちは、失敗を何度やっても許されます。失敗の度合いにもよりますが、どんな失敗でも周りの大人たちは「まだ若いからね」と言って許してくれます。
(젊음의 특권으로 먼저 꼽히는 것은 '실패'입니다. 젊었을 때는 실패를 몇 번해도 허용됩니다. 실패의 정도에 따라 다르지만 어떤 실패도 주위의 어른들은 "아직 젊으니까"라고 말하고 용서해 줍니다.)

4. 末っ子が寝ているうちにこの黄色い汁を周りの布に染み込ませて来なさい。
(막내가 자고 있는 동안에 이 노란 즙을 주위의 천에 묻혀 오십시오.)

1. 本日朝のうちに転入届を出す予定です。転出届の引越日を間違えて記入した事に気付きました。記憶違いで実際の引越し日と2日ズレた日にちを書いてしまいましたが、このまま転入届を出して良いものですか?

(오늘 아침 사이에 전입신고를 할 예정입니다. 전출신고에 이사 날짜를 잘못 기입한 것을 알았습니다. 기억차이로 실제 이삿날 2일로 잘못 날짜를 써버렸습니다만, 이대로 전입신고를 해서 좋은 것입니까?)

2. 片付けは最後にやるからいい、熱いうちに食べてもらいたい。

(정리는 마지막으로 하니까 좋고, 뜨거울 때 먹어 주었으면 한다.)

3. 明るいうちに帰らないと、この辺りの夜道は迷いやすいですよ。

(어둡기 전에 돌아가지 않으면, 이 근처의 밤길은 헤매기 쉬워요.)

4. 「習慣」の意味を辞書で調べると「長い間繰り返し行ううちに、そうするのが決まりのようになったこと」とあります。

("습관"의 의미를 사전에서 살펴보면 "오랫동안 반복하는 사이에 그렇게 하는 것이 규정처럼 된 것"이라고 합니다.)

5. 留学を通して学んだこと、印象的だったことは？韓国の学生は積極的な人が多いように感じました。そんな彼らを見ているうちに「何でもチャレンジしてみる」ということを学びました。

(유학을 통해 배운 것, 인상적이었던 것은? 한국의 학생들은 적극적인 사람이 많다고 느꼈습니다. 그런 그들을 보고 있는 사이에 "무엇이든 도전 해본다."라는 것을 배웠습니다.)

6. 認知症の体験談、「自分が旅行に出かけているうちに、母が弟に電話をして、自分が家のお金を全部持って逃げたと言ったことが、決定的な大事件だった」

(치매의 체험담 "자신이 여행으로 나가있는 사이에, 어머니가 동생에게 전화를 하여, 자신이 집의 돈을 모두 가지고 도망갔다고 말한 것이 결정적인 대사건이었다.")

7. お父さんの気が変わらないうちに、はやく電気屋さんへ行ってクーラーを買ってこよう。

(아버지의 마음이 변하지 않는 사이에, 빨리 전기가게에 가서 쿨러를 사 오자.)

8. これらは言い換えればドライバーが知らず知らずのうちに自分に都合の良い予想をし、それに基づいて行動したことによる結果、事故が起こったことを意味する。

(이들은 즉 드라이버가 모르는 사이에 자신에게 편리한 예상을 하고, 그에 따라 행동한 데 따른 결과, 사고가 일어났다는 것을 의미한다.)

1. ペダルがなく、足で地面を蹴って進む、まったく新しいコンセプトのランニングバイクで、乗っているうちに自然とバランス感覚が向上し、補助輪なしでも自転車に乗れるようになる、と大注目の乗り物です。

(페달이 없이 발로 지면을 박차고 앞으로 나아가, 완전히 새로운 컨셉의 달리기자전거로, 타고 있는 동안 자연히 균형 감각을 향상시키고, 보조 바퀴 없어도 자전거를 탈 수 있게 된다, 라는 큰 인기 차량입니다 .)

2. 最初はなんで食品サンプルが手芸なんだよと思ったのだが、見ているうちにだんだんと、食品サンプル手芸というジャンルが存在してもいいじゃないかと、応援したい気持ちになってきた。

(처음에는 왜 식품 샘플 수예야 하고 생각했지만, 보고 있는 사이에 점점 식품 샘플 수예라는 장르가 존재해도 좋지 않은가 라고, 응원하고 싶은 마음이 되었다.)

3. 酔いつぶれて横になった場合には、寝ているうちに、嘔吐物がのどに詰まって窒息する危険があります。

(만취상태로 누운 경우는 자고 있는 사이에, 구토물이 목에 걸려 질식할 위험이 있습니다.)

4. ホームページを見ているうちにリンクをクリックしたら、料金を請求する画面になって、消すことができません。

(홈페이지를 보고 있는 사이에 링크를 클릭하면 요금을 청구하는 화면이 떠서 지울 수 없습니다.)

5. 在日外国人は、日本で教育を受けたり、日本で暮らしていくうちに、メディアやネットの情報などを通して日本のことがよく分かります。

(재일외국인은 일본에서 교육을 받거나 일본에서 생활하다 보면, 미디어와 인터넷의 정보 등을 통해 일본을 잘 압니다.)

6. あまりにも長いメールを読んでいるうちにウンザリしてくるときもありますが、手紙だとそう思わないのですから不思議ですね。

(너무 긴 메일을 읽고 있는 중에 피곤해 질 때도 있지만, 편지라면 그렇지 않다고 생각하니까 신기하네요.)

7. 気付かないうちに自分のボディランゲージで評判を落としていないか、チェックしましょう。

(모르는 사이에 자신의 신체 언어에서 평판을 떨어뜨리지는 않은지 확인합시다.)

(9)「もと」

1. 처음. 시작. 기원.
2. 원인.
3. 근본. 근원. 기초.
4. 원금. 자본. 밑천.
5. 원료. 재료.
6. 원가.

1. 一部の学校では、教育の名のもとに体罰が行われているそうだ。

   (일부 학교에서는 교육의 이름으로 체벌이 이루어지고 있다고 한다.)

   開発の名のもとに自然破壊が進み、さまざまな問題が生じている。

   (개발의 이름으로 자연 파괴가 진행되어, 다양한 문제가 발생되고 있다.)

2. ダム、港湾、道路、工業団地などの公共施設建設のみならず、民間企業による工場建設、住宅建設、さらにゴルフ場やリゾ~ート。施設建設に際しても、「開発」の名のもとに国家権力が動員され、住民に対する脅迫がしばしば起きている。

   (댐, 항만, 도로, 공단 등의 공공시설 건설 뿐만 아니라, 민간 기업에 의한 공장건설, 주택건설, 심지어 골프장 리조트. 시설 건설해서도 "개발"의 이름으로 국가권력이 동원되고, 주민들에 대한 협박이 종종 일어나고 있다.)

3. 向井先生のご指導のもとお稽古に励んでいます。

   (무가이 선생님의 지도 아래 연습에 힘쓰고 있습니다.)

4. わが大学では、すべての学生及び教職員の基本的人権が尊重され、相互の信頼のもとに、研究·教育、学業や課外活動が行われる環境を作ることを何より重要と考えている。

   (우리 대학은 모든 학생 및 교직원의 기본적 인권이 존중되고, 상호 신뢰의 바탕으로 연구 교육, 학업과 과외 활동이 이루어지는 환경을 만드는 것을 무엇보다 중요하다고 생각하고 있다.)

5. 地域社会との相互信頼のもとに地球環境保全と経済活動が両立する持続可能な社会の実現のため、建設事業活動において環境負荷低減と汚染の予防を図り、地域社会へ貢献します。

(지역사회와의 상호신뢰를 바탕으로 지구환경 보전과 경제활동이 양립하는 지속 가능한 사회의 실현을 위해, 건설사업 활동에 있어서 환경부하 저감과 오염의 예방을 도모하고, 지역 사회에 공헌합니다.)

6. 佐藤コーチのもとでダイエットに取り組まれた方の変化と感想をご紹介いたします。

(사토 코치 밑에서 다이어트에 종사하는 사람의 변화와 감상을 소개합니다.)

(10)「かぎり」

1. 한. 한계. 끝.
2. 최후. 마지막.
3. 한도껏. 한껏. 최고.
4.「かぎりで(は)ない」의 꼴로 그 범위에 들지 않다.
5. …는 동안에는. …는 이상. …한.

1. 前回解説したように、標的型攻撃で使われるウイルスは実行形式が主流になっている。このため攻撃者は、実行形式ウイルスの偽装にあらん限りの力を注いでいる。

(이전 설명했듯이, 표적형 공격에 사용되는 바이러스는 실행형식이 주류를 이루고 있다. 따라서 공격자는 실행형식 바이러스의 위장으로 있는 한의 힘을 쏟고 있다.)

2. とうとう負けてしまったが、命の限りを尽くして戦った僕には心残はなかった。

(드디어 져버렸지만, 생명의 한계를 다해 싸운 내게는 미련은 없었다.)

3. 最初から最後までバカバカしい映像ですが、持てる力の限りを尽くして街中を疾走するバットマンをとらえた映像です。周囲の人々もバットマンの力走に思わず笑ってしまっています。

(처음부터 끝까지 바보 같은 영상이지만, 있는 힘의 한계를 다하고 거리를 질주하는 배트맨을 담은 영상입니다. 주위 사람들도 배트맨의 역주에 나도 모르게 웃어 버렸습니다.)

4. できるかぎりの努力をしているのに、痩せない。どうしたら痩せるでしょうか？

(최대한의 노력을 하고 있는데, 마르지 않는다. 어떻게 하면 살을 뺄 수가 있는 것입니까?

5. 思いつく限りのアイデアはすべて出したが、社長は認めてくれなかった。

(생각할 수 있는 아이디어는 모두 냈지만 사장은 인정해 주지 않았다.)

6. 思いつく限りの最悪のアイデアを何とか打ち破ろうとするかのように、みんなの熱い議論が始まり、人間は突如としてクリエイティブになるのです。

(생각할 수 있는 최악의 아이디어를 어떻게든 깨뜨리려고 하는 것처럼, 모두 뜨거운 논의가 시작되고, 인간은 갑자기 창조적으로 되는 것입니다.)

7. その辺りは見渡す限りの野の花で、実は見事だった。

(그 근처는 끝없는 야생화로, 열매는 대단했다.)

8. 持てる限りの荷物を抱え、家財道具を大八車に載せ、逃げ惑う人々は広大な空き地を避難所として集まっていった。

(가질 만큼의 짐을 안고 가재도구를 수레에 실어, 도망치려는 사람들은 거대한 공터를 피난처로 몰렸다.)

1. 2年連続銅賞受賞という栄誉をいただき、うれしい限りです。この賞をいただけたのも私と「つながって」くれた皆様のおかげです。

(2년 연속 동상 수상이라는 영예를 주셔서 기쁠 뿐입니다. 이 상을 받을 수 있었던 것도 저와 "연결해" 준 여러분의 덕분입니다.)

2. 美味しい本物のドイツビール屋として誇りを持って造らせて頂いておりますが、ドイツの国の方々からも多くのエールをいただけて本当に嬉しく幸せな限りです。

(맛있는 정통 독일 맥주 집으로 자부심을 가지고 만들었습니다만, 독일의 국가들로부터도 많은 성원을 받을 수 있어 정말 기쁘고 행복할 뿐입니다.)

3. たったひとりの肉親だった姉を亡くして、さびしい限りです。言葉がわからない外国で暮らすのだと思うと、心細い限りでした。

(단 한 사람의 직계 가족이었던 누나를 잃고, 외로울 따름입니다. 말이 통하지 않는 외국에서 산다고 생각하면 불안할 뿐입니다.)

4. 私自身、一定の期間や準備を経て社長に就任したわけではなく、急な事情によるものでしたので、信頼できるコンサルタントがあることは心強い限りです。

(나 자신, 일정 기간 및 준비를 거쳐 사장에 취임한 것은 아니고 급한 사정에 의한 것으로, 신뢰할 수 있는 컨설턴트가 있는 것은 든든할 따름입니다.)

1. 会社という"人の集まり"の一員である限り、いつかは必ずリーダー的な役割を会社から求められます。

(회사는 "사람의 모임"의 일원으로 있는 한, 언젠가는 반드시 리더적인 역할을 회사로부터 요구받습니다.)

2. 食事は自分で作った野菜を中心に、量は控えめにしています。これからも身体が丈夫な限り畑に出て、野菜づくりを続けたいと思います。

(식사는 직접 만든 야채를 중심으로 양은 조금 적은 듯합니다. 앞으로도 몸이 건강한 한 밭에 나가서 야채 가꾸기를 계속하고 싶습니다.)

3. 財政に対する信認が維持されている限り、長期金利上昇は物価上昇見通しに沿った自然な上昇とみられる。

(재정에 대한 신임이 유지되는 한, 장기금리 상승은 물가 상승 전망에 따른 자연스러운 상승으로 보인다.)

4. 100年はちょっと無理かもしれないけど(笑)、命が続く限り、待ってくれている人がいる限り歌い続けていきたいと思います」と語り、客席から大きな拍手を浴びた。

(100년은 좀 무리일지도 모르지만 (웃음), 생명이 계속되는 한, 기다려주는 사람이 있는 한 계속 노래하고 싶다고 생각합니다 라고 말해, 객석으로부터 큰 박수를 받았다.)]

1. 治安面では、よほど真夜中に人気のないところを歩かない限りは、必要以上にびくびくすることはないと思います。

(치안 면에서는 꽤 한밤중에 인적이 없는 곳을 걷지 않는 한, 필요 이상으로 불안해하는 것은 없을 것이라고 생각합니다.)

2. 50代後半ですとタイムアップはハードに練習しない限り難しいのでしょうか？私としてはハーフで1時間40分、10キロは44~45分くらいまで伸ばしたいのですが。記録アップのいい練習方法があればご教示ください。

(50대 후반이라면 타임업은 열심히 연습하지 않으면 어려울까요? 나로서는 반에서 1시간 40분, 10킬로미터 44~45분 정도까지 늘리고 싶습니다만. 기록향상에 좋은 연습 방법이 있으시면 가르쳐 주세요.)

3. 海賊に拉致された場合、抵抗しないかぎり、殺される恐れはないかもしれない。

(해적에 납치된 경우 저항하지 않으면 살해 될 두려움은 없을지도 모른다.)

プレイヤーが抵抗しない限り、1匹か2匹の蜂が巣箱を守っているだけでしょう。これは防具があれば容易に無視できる程度のダメージです。

(플레이어가 저항하지 않는 한 한 마리 두 마리의 꿀벌이 벌통을 지키고 있을 뿐이죠. 이것은 방어구가 있으면 쉽게 무시할 수 있는 정도의 데미지입니다.)

4. たとえ肉食動物であっても、よほど腹が減らない限り全く食べたことのない動物を食べることは躊躇するでしょう。

(비록 육식 동물도 상당히 배가 고프지 않는 한 전혀 먹어 본 적이 없는 동물을 먹는 것은 주저할 것입니다.)

1. このケースには、場合によっては訴訟になる事もある。この対象者の場合、聞き込み調査の限りでは特に金銭面で切羽詰っている様子はなかった。

(이 경우에는 경우에 따라서는 소송이 될 수도 있다. 이 대상자의 경우, 탐문 조사하면 특히 금전적으로 절박한 모습은 없었다.)

2. 私の知る限りでは、子ども向けの本でこうした環境意識のあるものは多くない。

(내가 알기로는 어린이용 책에서 이러한 환경의식이 있는 것은 많지 않다.)

3. 私も実を言うと、ユーチューブで聞いた限りでは、正しい演奏だとは思えませんでした。

(나도 사실대로 말하자면 유튜브에서 들은 바로는, 올바른 연주라고는 생각되지 않았습니다.)

4. 私の覚えてる限りでは、幼稚園ぐらいから友達の家に遊びに行くとその家のお母さんの事を「おばちゃん」と呼ぶのは当たり前でした。

(내 기억으로는, 유치원 정도에서 친구 집에 놀러 가면 그 집 엄마를 '아줌마'라고 부르는 것은 당연했습니다.)

5. あくまでも私見ですが、スイングの動画を見た限りにおいて、特に凄く悪いとは言えないと思います。

(어디까지나 사견이지만, 스윙 동영상을 본 바로는, 특히 매우 나쁘다고는 말할 수 없다고 생각합니다.)

6. 政府の調査した限りでは、台風による農産物の被害は数億円に上るという。

(정부가 조사한 바로는 태풍으로 인한 농산물 피해는 수억 원을 넘는다고 한다.)

(11)「かわり」

1. 대리. 대신.
2. 대체. 교체. 대용.
3.「お」의 꼴로 한 그릇을 다 먹고 더 먹다.

1. 先生はおなかに赤ちゃんがおり産休となります。その代わりに来た横山先生は一度退職したようなおばあちゃん先生です。

(선생님은 임신하여 출산 휴가입니다. 대신 온 요코야마 선생님은 일단 퇴직한 할머니 선생님입니다.)

2. 腕が上がらないお婆さんの代わりに降車ボタンを押したら、見知らぬ子連れ母に怒られた。

(팔이 올라가지 않는 할머니 대신 하차 버튼을 눌렀더니, 낯선 어린이를 동반한 어머니에게 혼났다.)

3. これ以上にない優しさとセクシーさの代わりに、恐ろしさと冷徹さが漂う北朝鮮の特殊要員へと変身した。

(이 이상 없는 부드러움과 섹시함 대신, 두려움과 냉철함이 감도는 북한의 특수요원으로 변신했다.)

4. この村は赤字のJRが廃止されて、そのかわりにバスが通うことになった。

(이 마을은 적자 JR이 폐지되고, 그 대신에 버스가 다니게 되었다.)

5. 山田先生の授業は、試験を受けるかわりにレポートを出してもよいことになっている。

(야마다 선생님의 수업은 시험을 보는 대신에 보고서를 내도된다고 한다.)

1. 代休日は休日労働の代わりに休みが発生するのが代休であり、休暇の取得権に基づいて休みが発生するのが有給休暇です。

(대체휴일은 휴일 노동 대신 휴가가 발생하는 것이 대휴이며, 휴가의 취득권에 근거로 휴일이 발생하는 것이 유급 휴가입니다.)

2. 日本語を教えてあげるかわりに英語を教えてもらうSNS。最近読んだ本、読みやすくて誤解のない日本語を書くにはどうすればいい?

(일본어를 가르쳐 드리는 대신에 영어를 가르쳐준 SNS. 최근 읽은 책, 읽기 쉽고 오해가 없는 일본어를 쓰려면 어떻게 해야 하나요?)

3. そんなに難しく考えず、一番高い夕食などはご馳走してその代りにカフェやランチをご馳走してもらえば良いのです。

(너무 어렵게 생각하지 말고, 가장 비싼 저녁 식사 등 대접하고, 그 대신에 카페와 점심을 대접 받으면 좋습니다.)

1. 基本料金が少し高いかわりに、古い端末などは0円だったり一括で買うとキャッシュバックが貰えたりします。

(기본요금이 조금 비싼 대신에, 기존 단말기 등은 0원이거나 대량으로 구입하면 캐시백을 받을 수도 있습니다.)

(12)「しだい」

1. 순서.
2. 사정. 유래. 경과.
3. 「-に」의 꼴로 점차. 차츰.
4. …따라 결정됨. …나름임.
5. 하는 대로. 되는 대로.
6. …하는 즉시. …하자 마자.

1. 誰でも他の人に助けを求めることはあるが、その頼み方次第で要求が受け入れられることもあれば、受け入れられないこともある。
   (누구나 다른 사람에게 도움을 요청할 수는 있지만, 그 요구방법에 따라서 요구가 받아들여질 수도 있고, 받아들여지지 않을 수도 있다.)
2. お客様のご都合次第で営業時間外でも予約のご相談が可能です。
   (고객의 형편에 따라 영업 시간외에서도 예약 상담이 가능합니다.)
3. 運動会の種目は天候次第で／によって多少変更になることもある。
   (운동회의 종목은 날씨에 따라 다소 변경될 수도 있다.)
4. 梅干しは保存食なので保存状態次第ではいつまでも食べられます。スーパーに売ってる梅干しは本当の梅干しと作り方が違って保存食にならないものが多いので賞味期限は書いてある通りです。
   (우메보시는 저장 음식이기 때문에 보존 상태에 따라서는 오래도록 먹을 수 있습니다. 슈퍼에 파는 우메보시는 진짜 우메보시와 만드는 방법이 달라 보존식품이 되지 않는 것이 많기 때문에 유통기한이 쓰여 있는 대로입니다.)
5. 余ったボーナス、使い方次第で運命が変わる。余ったボーナス、使い切るのはダメですよ。
   (남은 보너스, 사용 여하에 따라 운명이 바뀐다. 남은 보너스, 고갈은 안돼요.)
6. 京大はスタートが遅れているが、いずれ京大の学部生も予備試験に大量に進出するようになるだろう。予備試験で500名の合格。それは君の努力次第だ。

(교토대학은 시작이 늦었지만 머지않아 교토대학 학부생도 예비시험에 많이 진출하게 될 것이다. 예비 시험에서 500명 합격. 그것은 너의 노력 여하이다.)

참고

① 店ではりんごの大きさ次第で，値段をつける．(×)

② 店ではりんごの大きさ次第で，値段が変わってくる．(○)

③ 店ではりんごの大きさによって，値段をつける．(○)

1. 現在留学中で6月に帰国次第就活開始なのですが、自分にあった職種や業界がわからず困っています」という悩みに向き合いました。

   (현재 유학 중으로 6월에 귀국함에 따라 취업활동 시작인데, "자신에게 맞는 직종이나 업계를 몰라서 곤란해 하고 있습니다."라는 고민에 마주했습니다.)

2. お客様のシートが当社に到着次第、確認の電話をさせていただきます。

   (고객의 시트가 당사에 도착하는 대로, 확인전화를 드리겠습니다.)

3. 子供が帰り次第連絡致します。

   (아이가 귀가하는 대로 연락드립니다.)

4. 試験の結果が分かり次第連絡致します。

   (시험 결과를 알 수 있는 대로 연락드립니다.)

5. 手紙を受け取り次第連絡致します。

   (편지를 받는 즉시 연락드립니다.)

6. 請求人は1．1に定める微生物の利用が終り次第、当該微生物を廃棄しなければならない。

   (청구인은 1.1에 규정된 미생물의 이용이 끝나는 대로 해당 미생물을 폐기해야 한다.)

7. 何度も言わないでよ。この韓国のテレビドラマが終り次第、すぐお酒を買いに行ってあげるから。

(몇 번이나 말하지 마. 이 한국 드라마가 끝나는 대로 곧 술을 사다 줄께.)

8. 戻る予定ですが、戻り次第こちらからご連絡いたしましょうか？「お急ぎでしたら、こちらで本人に連絡をとり、本人からそちらさまにお電話いたしましょうか？」

(돌아올 예정이지만, 돌아오는 대로 이쪽에서 연락드릴까요? “급하다면 이쪽에서 본인에게 연락하여, 본인이 그쪽 분께 전화드릴까요?”)

9. 天気予報は雨ですが、雨が上がり次第コース設営、走行開始の予定です。雨が上がらなかった場合は残念ながら開催不可となります。

(날씨는 비지만, 비가 그치는 대로 코스 설명, 주행개시 예정입니다. 비가 그치지 않을 경우는 불행히도 개최 불가입니다.)

10. お送りいただいたお品が届き次第査定を開始し、24時間以内に査定結果を連絡いたします。

(보내 주신 물건이 도착하는 대로 평가를 시작하여, 24시간 이내에 평가결과를 알려드립니다.

11. 詳細が分かり次第またお知らせいたします！お近くの方、ぜひいらしてくださいませ。

(자세한 내용을 알 수 있는 대로 또한 알려드리겠습니다! 가까운 분들, 꼭 와주십시오.)

12. 大変ご迷惑をおかけしております。訪問中は留守番電話になっていますので、お名前と電話番号をお知らせ下さい。こちらから、帰り次第ご連絡いたします。

(큰 불편을 끼쳐 드려 죄송합니다. 방문 중에는 자동 응답기가 되어 있기 때문에, 이름과 전화번호를 알려주세요. 이쪽에서, 귀가 즉시 연락드리겠습니다.)

참고

① 帰国次第、君に電話をした。(×)

② 荷物が到着次第、お金を払った。(×)

③ 試験の結果が分かり次第、私は親に知らせた。(○)

1. 突然起きた事故なので、報告もできず、自分でこう決めた次第です。

(갑자기 일어난 사고이기 때문에, 보고도 못하고 스스로 이렇게 결정했을 따름입니다.)

2. 弊社出版部としても、この事件の真相を伝えることは社会的に大きな意義があると判断して、本書を刊行した次第です。

(당사 출판부라 하더라도, 이 사건의 진상을 알리는 것이 사회적으로 큰 의미가 있다고 판단되어 책을 출간하는 바입니다.)

3. 場所は以上のとうりです。詳しいことは後でご連絡しますので、とりあえずお知らせした次第です。

(장소는 이상과 같습니다. 자세한 것은 나중에 연락드리겠습니다. 우선 공지하는 바입니다.)

4. 自宅での学習、保護者の皆様には、お手紙でお知らせしましたが、ここでもあらためてお伝えする次第です。

(가정에서의 학습, 보호자의 여러분에게는, 편지로 알렸지만 여기에서도 다시 전하는 바입니다.)

5. 今後はある程度調査がまとまった時点でまた新しく判明した点があればお知らせする所存ですが、今回は1949年につき確定できた部分の情報をお知らせした次第です。

(향후 어느 정도 조사가 결정된 시점에서 다시 새롭게 발견된 점이 있으면 알려드리려고 합니다만, 이번에는 1949년에 확정된 부분의 정보를 알려드리는 바입니다.)

6. 最初は彼が私にプロポーズしました。それで二人は付き合いを始めました。三年前間の付き合いを通して互いがより深く理解し合いました。こうして今日結婚するに至った次第でございます。

(처음에는 그가 나에게 청혼했습니다. 그래서 두 사람은 교제를 시작했다. 삼년간의 교제를 통해 서로가 보다 깊게 이해하게 되었습니다. 이렇게 오늘 결혼하기에 이르렀던 바입니다.)

7. 調査しましたところ、商品の誤送は、点検ミスによるものと判明しました。やむなく～に至った次第でございます。

(조사해 봤더니, 상품의 오송는 검사 오류로 인한 것으로 판명되었습니다. 부득이 ～에 이르렀던 바입니다.)

8. 個人的には結構いい線に仕上がったと思ったので、皆さんのご判断を仰ぎたいと、に至った次第です。

(개인적으로는 상당히 좋은 선으로 완성되었다는 생각 때문에, 여러분의 판단을 듣고 싶은 바입니다.)

9. 昨年いろいろお世話になりました。まことにありがとうございました。今後ともご指導くださいますようお願い申し上げる次第でございます。

지난해 여러 가지 신세를 졌습니다. 정말로 감사했습니다. 앞으로도 지도해 주시길 부탁 말씀드리는 바입니다.)

10. 何卒よろしくご検討くださいますよう、衷心よりお願い申し上げる次第です。

(아무쪼록 잘 검토해 주시도록, 충심으로 부탁드리는 바입니다.)

(13)「わけ」

1. 도리. 이치. 사리.
2. 까닭. 사정. 이유.
3. 사연. 속사정.
4. 뜻. 의미.
5. …할만도 하다.

1. 最初の10冊は無料でやってみて、その上で続けるのかを考えればいいというわけです。

(처음 10권은 무료로 해보고, 더욱 계속할는지를 생각하면 된다는 것입니다.)

2. つまりはその政治が靖国神社という宗教を介して私達の心の中へ直接介入してくるということになる訳ですね。

(결국은 정치가 야스쿠니 신사는 종교를 통해 우리의 마음에 직접 개입해 온다고 하는 것이 되는 셈이군요.)

1. イギリスとは時差が8時間あるから、日本が11時ならイギリスは3時なわけだ。

(영국과 시차가 8시간 있으니까, 일본이 11시인 경우에 영국은 3시인 셈이다.)

2. どうやったら、そんなに絵が上手とか、「一日どれくらい、どういう練習をしたら、絵が上手になりますか？」という質問を、プロになるような人の「絵」についての感覚はそういう感じなわけです。

(어떻게 하면 그렇게 그림을 잘 그린다든지, "하루 얼마나, 어떤 연습을 하면 그림이 잘 그릴 수 있습니까?"라는 질문을, 전문가가 되는 사람의 '그림'에 대한 감각은 그러한 느낌 같은 것입니다.)

3. それで1人でいって真剣な稽古をするわけだ。で、稽古というのは2時間くらいが一番きついわけだ。

(그래서 혼자서 진지한 연습을 하는 셈이다. 그리고 연습이라는 것은 2시간 정도가 가장 심한 셈이다.)

4. 血液を調べてそれが見つかれば，がんにかかっていることが分かるわけです。がんの種類によってその物質は異なっており，それぞれの目安となる値が決められています。

(혈액을 조사해 그것이 발견되면 암에 걸려 있는 것을 알 수 있는 것입니다. 암의 종류에 따라 그 물질이 다르기 때문에 각각의 기준이 되는 수치가 정해져 있습니다.)

1. この他に皮を除いて食べられる魚料理、皮にもあまりクセのない魚はありますか？決して魚自体が嫌いなわけではないのです。

(이 밖에 껍질을 제외하고 먹을 수 있는 생선 요리, 껍질도 아주 냄새 없는 물고기는 있나요? 결코 물고기 자체가 싫은 것은 아닙니다.)

2. 就活の「全て」が気持ち悪いわけではない、でも部分的に気持ち悪いと感じても良いはずです。

(취업활동의 "모든"이 기분 나쁜 것은 아니지만, 그래도 부분적으로 기분 나쁜 느낌도 좋은 것입니다.)

3. のみたくても飲めない。山田の切実な気持ち、好きで飲めないわけじゃないんですよ。

(마시고 싶어도 마실 수 없다. 야마다의 간절한 마음, 좋아해서 마실 수 없는 것이 아니거든요.)

4. なんとなくわかってきたダウン症だからと言って何も感じないってわけじゃない。何も理解できないってわけじゃない。何かが違うってわけでもない。

(왠지 알게 된 다운 증후군이라고 해서 아무것도 느끼지 않는다는 것이 아니다. 아무것도 이해할 수 없다는 것이 아니다. 뭔가 다르다는 것도 아니다.)

5. 大阪の人は空気が読めないわけではないのでしょうが、大阪以外の人が聞くと勘違いされてしまうような言動をする人が多いと思います。

(오사카 사람들은 분위기를 읽을 수 없는 것은 아니지만, 오사카 이외의 사람이 들으면 오해받을 만한 언동을 하는 사람이 많다고 생각합니다.)

1. 教科書によると、「その日、彼女は僕と一緒だったから、犯人なわけがない」という言葉で、「犯人なわけがない」のようなことは山田の言ったことと同じ意味が持っていますか。

(교과서에 따르면, "그 날 그녀는 나와 함께 했기 때문에 범인일 리가 없다"라는 말에서 "범인일 리가 없다" 같은 것은 야마다 말한 것과 같은 의미를 가지고 있습니까?)

2. もともとちょっとお人好しであったり，気が弱かったりするわけですから，被害回復をしようと決意した後も，適切な法律相談にまでたどり着けずに，さらなる被害に遭うケースが相当数あるものと見られています。

(원래 좀 호인이거나 마음이 약하거나 하기 때문에, 피해회복을 하려고 결심한 후에도, 적절한 법률 상담까지 가지 않고, 더욱 피해를 당하는 사례가 상당수 있는 것으로 볼 수 있습니다.)

3. この質問に素人が答えられる訳がありません。答えたらそれは無責任者です。国家資格の医師に聞かないとわかるわけがないですよ。

(이 질문에 아마추어가 대답할 리가 없습니다. 대답하면 그것은 무책임한 사람입니다. 국가 자격을 가진 의사에게 듣지 않으면 알 리가 없어요.)

1. 子供をすぐ怒鳴る父親は、尊敬されなくなります。子供を怒らないわけにはいかない場合もあることでしょう。

(아이를 바로 호통을 치는 아버지는 존경받지 못합니다. 아이를 화나게 하지 않을 수 없는 경우도 있을 것입니다.)

2. 車で来たから、お酒を飲むわけにはいかない。明日がしめ切りの仕事がまだ終わっていないので、今日は家に帰れません。仕事が終わっていないから、帰るわけにはいかない。

(자동차로 왔으니 술을 마실 수는 없다. 내일 마감 작업이 아직 끝나지 않았기 때문에 오늘은 집에 돌아갈 수 없습니다. 일이 끝나지 않기 때문에, 돌아갈 수는 없다.)

3. 勉強しなければならないので、毎日アルバイトするわけにはいかない。大事な試験があるので、たとえ熱があっても、今日は学校を休むわけにはいかない。

(공부하지 않으면 안 되기 때문에, 매일 아르바이트 할 수는 없다. 중요한 시험이 있기 때문에, 비록 열이 있어도 오늘은 학교를 쉴 수는 없다.)

4. 女性読者へのアンケートをもとに女性が「この人に奢ってもらうわけにはいかない」と感じます。

(여성독자에게 설문을 바탕으로 여성이 "이 사람에게 한턱내라고 할 수는 없다"고 느낍니다.)

5. お子さんがいるのですから、吸いたくなったらお子さんの顔を見て「この子にたばこの煙を吹きかけるわけにはいかないよなあ」って感じで気楽に進めるのが良いんじゃないかと思います。

(자녀가 있기 때문에 피우고 싶더라도 아이의 얼굴을 보고 "이 아이에게 담배 연기를 내뿜을 수는 없지요"라는 느낌으로 편하게 추진하는 것이 좋지 않을까 생각합니다.)

6. ロシアの権益が侵害されることが明白であるので、ここは何としても黙って見逃すわけにはいかないということなのです。

(러시아의 권익이 침해될 것이 명백하기 때문에, 여기서는 무엇으로도 입 다물고 간과할 수는 없는 것입니다.)

7. 筆者は文系出身であるため、理科系の科目に自信がなく、科目名に「化学」とつくこの講義は不安でした。しかし、重要な分野なので勉強しないわけにはいかないと思い、履修を決めました。

(필자는 문과 출신이기 때문에 이과계 과목에 자신감이 없고, 과목명에 "화학"이라고 붙는 이 강의는 불안했습니다. 그러나 중요한 분야이므로 공부하지 않을 수 없다고 생각해 이수를 결정했습니다.)

8. 子供を殺すわけにはいかないから責任取って私が死にたい。生身の人間なんだから、いつも優しくはいられない。

(아이를 죽일 수는 없으니까 책임지고 내가 죽고 싶다. 살아 있는 인간이니까 항상 상냥할 수는 없다.)

9. 国民は税金を納めないわけにはいかない。(納めなければならない)。食費が高いからといって食べないわけにはいかない。

(국민은 세금을 납부하지 않을 수 없다. (내야한다). 식비가 높다고 먹지 않을 수 없다.)

10. 入籍したら色んな手続きあるから、会社に報告しないわけにはいかないでしょう?

(입적한 후 여러 절차 있기 때문에 회사에 보고하지 않을 수는 없을 것입니다?)

(14)「つもり」

1. 생각. 작정. 의도.
2. …한 셈.
3. 속셈. 예상.

1. お弁当作りを、サボルつもりだったのに、通常通りの時間を費やし、近道のつもりが、遠回りだったような気分になります。

(도시락 만들기를 게을리 할 생각이었는데, 평소대로 시간을 할애해, 지름길일 거라는 생각이 우회했던 것 같은 기분입니다.)

2. わたしは古典と英語は終わったけど、数学はこれからやろうと思った。乱馬の質問に答えたつもりだったけど、乱馬はそんなわたしの答えなど全く聞いていなかった。

(나는 고전과 영어는 끝났지만, 수학은 이제부터 하려고 생각했다. 란마의 질문에 대답할 생각이었지만, 란마는 그런 나의 응답 등을 전혀 듣고 있지 않았다.)

3. 自分なりに頑張ったつもりですが、結果としては失敗してしまいました。

(나름대로 열심히 분발할 생각이었지만, 결과적으로는 실패하고 말았습니다.)

4. コースを変えたり、力いっぱい打ったりしているつもりなのだが、やっぱり決まらない。

(코스를 바꾸거나 힘껏 치려고 했지만, 역시 뜻대로 되지 않는다.)

---

1. 早稲田は引き分けなのに、勝ったつもりになって喜んだ。明治は負けたように悔しがった。その差が(約1カ月後の)大学選手権で出ましたね

(와세다는 무승부인데, 이긴 셈이 되어 기뻤다. 메이지는 진 것처럼 안타까워 했다. 그 차이가 (약 1개월 후) 대학 선수권 대회에서 나왔어요.)

2. 服を買ったつもりで貯金、旅行へ行ったつもりで貯金など金額が大きくなってくると、それをしないことでストレスが溜まってしまい、後々の衝動買いに繋がってしまう可能性があります。

(옷을 산 셈으로 저축, 여행에 간 셈으로 저축 등 금액이 커지면, 그것을 하지 않음으로써 스트레스가 쌓여 버려, 후일 충동구매로 연결될 가능성이 있습니다.)

3. 自分がスーパースターになったつもりで実況なんか入れながらやるとさらにグッドですね。

(자신이 슈퍼스타가 된 셈으로 실황 등을 생각하면서 하니까 더 좋습니다.)

4. 今から死んだつもりになって、世のため、人のために働いてみる気はないか。

(지금부터 죽은 셈치고 세상을 위해, 사람을 위해 일해 볼 생각은 없는가.)

(15)「うえ」

1. …에 관계 있는 일.
2. …에 더하여, 게다가.
3. …하고 나서, …한 후.
4. …한 이상, …한 바에는.

1. この学校では、日本で実習の上に海外での実地見学というコースを設けております。

   (이 학교에서는 일본에서 실습한데다가 해외에서 실지견학이라는 코스를 마련하고 있습니다.)

2. この川は水がきれいなうえに、両側に木も多く植わっている。

   (이 강은 물이 깨끗한데다가, 양쪽에 나무도 많이 심어져 있다.)

   村でこんな美しい女の人を見かけたことがありませんでしたので最初びくっとしましたが、きれいなうえに優しく話しかけてくれたので、落ち着きを取り戻しました。

   (마을에서 이런 아름다운 여자를 본 적이 없었으므로 처음 움찔했지만 예쁜데다가 상냥하게 말을 건네주어, 안정을 회복했습니다.)

3. 手続きは、面倒な上に非常に日数がかかります。

   (절차는 귀찮은데다가 매우 기간이 소요됩니다.)

4. 牛丼は日本を代表する国民食である。おいしいうえに手軽に食べられることから、時間のない昼時に、チェーン店を訪ねる人も多いのではないだろうか。

   (규동은 일본을 대표하는 국민 음식이다. 맛있는데다가 간편하게 먹을 수 있어서, 시간이 없는 정오에 체인점을 찾는 사람도 많은 것은 아닐까.)

5. この文章は感じの間違いが多いうえに、文法の間違いも多いので、何が言いたいのかよくわからない。

   (이 글은 느낌의 실수가 많은데다가 문법 오류도 많기 때문에, 무엇을 말하고 싶은 것인지 잘 모른다.)

1. 事業主の社会保険料負担が上がれば、雇用者報酬が見かけのうえで引き上げられることになる。

(사업주의 사회 보험료 부담이 오르면 고용주 보상이 겉보기로는 상승하게 된다.)

2. 仕事の上で出てくる悩み。経理や財務に籍を置いている方は別として、働いている立場からすれば、会社の経営状況の実態はなかなか見えてこないのは事実。

(일에서 나오는 고민 회계 및 재무에 적을 두고 있는 사람을 제외하고, 일하고 있는 입장에서 보면 회사의 경영 상황의 실태는 좀처럼 보이지 않는 것은 사실.)

3. 悪口と文句の法律の上での違い。悪口と文句は、法律の上で違いはありますか？どんな場面を想定されているのか分かりませんが、どちらも法律上定義された言葉ではありませんので、「法律上の違い」というのはないと思います。

(욕설과 불평의 법률상의 차이. 욕설과 불평은 법률상으로는 차이가 있습니까? 어떤 장면을 상정되고 있는지 모르겠지만 모두 법률상 정의 된 단어가 없기 때문에 "법률상의 차이 '라는 것은 없다고 생각합니다.)

4. 本を読むことは知識や見聞を広げるうえで必要なことです。

(책을 읽는 것은 지식과 견문을 넓히는 데 필요한 것입니다.)

5. このエリアで学ぶ留学生はある意味で本当のアメリカンライフを身をもって体験することができる。アメリカの地形は大まかに東、中西部などの内陸エリアで留学生活を送る上で魅力的なこととしては、"生活費の安さ"が挙げられる。

(이 지역에서 공부하는 유학생은 어떤 의미에서 진정한 아메리칸 라이프를 몸소 체험할 수 있다. 미국의 지형은 대충 동쪽 중서부 등 내륙 지역에서 유학 생활에서 매력적인 것으로서는 "생활비가 저렴함"을 들 수 있다.)

1. 応募資格、普通自動車運転免許、PC操作(必須)。給与、当社規定によります。面談の上、決定します。

(응모 자격, 보통 자동차 운전면허, PC 조작 (필수) 급여 당사 규정에 의합니다. 면담 후, 결정합니다.)

2. ただし、メールでの対応には限界がありますので、以下の事項をよくご理解した上でお願いします。

(그러나 메일로의 대응에는 한계가 있으므로 다음 사항을 잘 이해 한 후 부탁드립니다.)

3. 一般的には事情を知っていれば行わないであろう行動を、事情を知った上でそれでも敢えて行う、と言う場合などに用いられる。

(일반적으로 사정을 알고 있다면 행하지 않을 행동을, 사정을 안후에도 그래도 감히 행한다고 할 경우 등에 사용된다.)

4. 配信条件、ご利用上の注意をご確認のうえでご利用ください。お荷物の配達に伺った際に荷受人さまがご不在だった場合、メールでお知らせします。

(배달 조건, 이용 상의 주의 사항을 확인하신 후 이용하십시오. 물품 납품에 들었다 때 수취인이 부재 일 경우 이메일로 알려드립니다.)

5. アパートは部屋の中を見たうえで借りるかどうか決めたい。それぞれの説明をよく聞いたうえで、旅行のコースを遊びたいと思います。

(아파트는 방 안을 본 후에 임대 여부를 결정하고 싶다. 각각의 설명을 잘 들은 후에 여행 코스를 즐기고 싶습니다.)

1. 免責事項を十分理解した上で、また、現実的な利用においては、しかるべき資格を有する医師や薬剤師等に個別に相談する。

(면책 사항을 충분히 이해한 후, 또한 현실적인 이용에 대한 적절한 자격을 갖춘 의사와 약사 등에게 개별적으로 상담한다.)

2. 「君の微笑みを夢に見る」と言ってしまったら僕たちの関係はどう変わってしまうのか、僕なりに何日か考えた上でのやや気恥ずかしい結論。

("너의 미소를 꿈꾼다."고 말해 버렸다면 우리들의 관계는 어떻게 바뀌어버리는지, 나 나름대로 며칠간 생각한 끝에 다소 마음은 부끄러운 결론.)

3. すでに言葉ができて、それが通用するようになった上は、この言葉を保続しても少しもさしつかえない。

(이미 말이 생겨, 그것이 통용된 후에는 이 말을 유지해도 조금도 지장이 없다.)

(16)「うち」

1. 안. 속. 가운데.
2. 물건의내부. 안.
3. 마음속. 심중.
4. 자기가 속해 있는 곳.
5. 집. 가옥. 자기집. 자기 가정.
6. 시간의 범위. 동안.

1. 初めのうちはそういうこともあるかもしれませんが、昼間点灯する車両が多くなるにしたがい

   (처음에는 그런 것도 있을지도 모릅니다만, 주간 점등하는 차량이 많아짐에 따라 어쩔 수 없다.)

2. 髪は伸びている間はそのままで修復する機能がないため、一度傷めると自然には元に戻りません。また、痛みなどの感覚もないので、気づかないうちに負担をかけてしまいがちです。では、どうしたら美しく健康な髪を保つことができるのでしょうか。

   (머리카락이 길고 있는 동안 그대로 복구하는 기능이 없기 때문에, 한 번 손상되면 자연스럽게 원래대로 복원되지 않습니다. 또한 통증 등의 감각도 없기 때문에 모르는 사이에 부담을 주기 십상입니다. 그럼, 어떻게 하면 아름답고 건강한 머리카락을 유지할 수 있을까요.)

3. 若さの特権としてまず挙げられることは「失敗」です。若いうちは、失敗を何度やっても許されます。失敗の度合いにもよりますが、どんな失敗でも周りの大人たちは「まだ若いからね」と言って許してくれます。

   (젊음의 특권으로 먼저 꼽히는 것은 '실패'입니다. 젊을 때는 실패를 몇 번 해도 허락됩니다. 실패의 정도에 따라 다르지만 어떤 실패도 주위의 어른들은 "아직 젊으니까」라고

말하고 용서해 줍니다.)

4. 父が出かけているうちは、うちはにぎやかになるが、父が帰ったら、急に静かになる。

(아버지가 외출해 있는 동안은, 집은 분주하지만, 아버지가 돌아오면 갑자기 조용해진다.)

1. 本日朝のうちに転入届を出す予定です。転出届の引越日を間違えて記入した事に気付きました。記憶違いで実際の引越し日と2日ズレた日にちを書いてしまいましたが、このまま転入届を出して良いものですか?

(오늘 아침 중에 전입신고를 할 예정입니다. 전출계의 이사 날짜를 잘못 기입 한 것을 깨달았다. 기억차이로 실제 이삿날 2일 어긋난 날짜를 써버렸습니다만, 이대로 전입신고를 해도 좋은 걸 까요?)

2. 両親が元気なうちに、確認しておかないと後々困ったり、トラブルを招いたりすることもあるだろう。

(부모가 건강할 때에 확인해 두지 않으면 나중 곤란하거나 문제를 초래 할 수도 있을 것이다.)

3. 片付けは最後にやるからいい、熱いうちに食べてもらいたい、と言うと「お前はいちいち端から片付けて熱いものをわざわざ美味しくなくするのか。

(정리는 마지막으로 하니까 좋다, 뜨거울 때 먹어 주었으면, 하고 말하면 "넌 일일이 나중에 정리해 뜨거운 것을 일부러 맛없게 하는가.)

4. 「習慣」の意味を辞書で調べると「長い間繰り返し行ううちに、そうするのが決まりのようになったこと」とあります。

("습관"의 의미를 사전에서 살펴보면 "오랫동안 반복하는 사이에 그렇게 하는 것이 규정처럼 된 것 "이라고 합니다.)

5. 留学を通して学んだこと、印象的だったことは？韓国の学生は積極的な人が多いように感じました。そんな彼らを見ているうちに「何でもチャレンジしてみる」ということを学びました。

(유학을 통해 배운 것이 인상적이었던 것은? 한국의 학생들은 적극적인 사람이 많은 듯하게 느꼈습니다. 그런 그들을 보고 있는 사이에 "무엇이든 도전해 본다."라는 것을 배웠습니다.)

6. 認知症の体験談、「自分が旅行に出かけているうちに、母が弟に電話をして、自分が家のお金を全部持って逃げたと言ったことが、決定的な大事件だった」

(치매의 체험담 "자신이 여행하고 있는 사이에, 어머니가 동생에게 전화를 하여 자신이 집의 돈을 모두 가지고 도망쳤다고 말한 적이 결정적인 대 사건이었다")

7. 「1本しか出ません」と言って辞めていったのにまさかの復帰。帰ってきた川瀬ともかの気が変わらないうちに再デビューさせる。

("1개 밖에 나오지 않습니다."라고 말하고 그만두고 갔는데 설마 복귀. 돌아온 카와유카의 마음이 변하지 않는 사이에 다시 데뷔한다.)

8. これらは言い換えればドライバーが知らず知らずのうちに自分に都合の良い予想をし、それに基づいて行動したことによる結果、事故が起こったことを意味する。

(이들은 즉 드라이버가 어느새 자신에게 편리한 예상을 하고, 그에 따라 행동한 데에 따른 결과, 사고가 일어났다는 것을 의미한다.)

1. ペダルがなく、足で地面を蹴って進む、まったく新しいコンセプトのランニングバイクで、乗っているうちに自然とバランス感覚が向上し、補助輪なしでも自転車に乗れるようになる、と大注目の乗り物です。

(페달 없이 발로 지면을 박차고 앞으로 나아간다. 완전히 새로운 컨셉의 런닝 자전거를 타고 있는 동안 자연과 균형감각을 향상시키고 보조바퀴 없어도 자전거를 탈 수 있게 될 것이라고 하는 큰 인기 차량입니다 .)

2. 最初はなんで食品サンプルが手芸なんだよと思ったのだが、見ているうちにだんだんと、食品サンプル手芸というジャンルが存在してもいいじゃないかと、応援したい気持ちになってきた。

(처음에는 왜 식품 샘플이 수예야 하고 생각했지만, 보고 있는 사이에 점점 식품 샘플수예라는 장르가 존재해도 좋지 않은가라고 응원하고 싶은 기분이 되었다.)

3. 酔いつぶれて横になった場合には、寝ているうちに舌がのどに落ち込んだり、嘔吐物がのどに詰まって窒息する危険があります。

(만취상태로 누울 경우는, 자고 있는 사이에 혀가 목에 빠져, 구토물이 목에 걸려 질식할 위험이 있습니다.)

4. ホームページを見ているうちにリンクをクリックしたら、料金を請求する画面になって、消すことができません。

(홈페이지를 보고 있는 사이에 링크를 클릭하면 요금을 청구하는 화면이 되어, 지울 수 없습니다.)

5. 在日外国人は、日本で教育を受けたり、日本で暮らしていくうちに、メディアやネットの情報などで日韓併合が韓国側の要望であったことや慰安婦が強制連行ではなかったこと、竹島も日本古来の漁場だったこと、その漁民を虐殺して竹島を不法占拠したことなど、なぜ慰安婦問題や靖国参拝で安倍総理や日本を悪く言うのでしょうか？

(재일 외국인은 일본에서 교육을 받거나 일본에서 생활하다 보면 미디어와 인터넷의 정보 등으로 한일 합방이 한국 측의 요망이었다는 것과 위안부가 강제 연행은 없었다는 것, 독도도 일본 고유의 어장이었다는 것, 그 어민을 학살하고 독도(다케시마)를 불법 점거하는 등, 왜 위안부 문제 나 야스쿠니 참배로 아베 총리와 일본을 나쁘게 말하는 것일까요?)

6. あまりにも長いメールだと、読んでいるうちにウンザリしてくるときもありますが、手紙だとそう思わないのですから不思議ですね。また、手紙を出すときに、相手のことを思い、押し花などを入れるのもいいですね。

(너무 긴 메일이라고, 읽고 있는 중 피곤해 올 때도 있지만, 편지라면 그렇지 않다니까 신기하네요. 또한 편지를 보낼 때 상대방을 생각하고, 압화(눌러 말린 꽃) 등을 넣는 것도 좋네요.

7. 気付かないうちに自分のボディランゲージで評判を落としていないか、チェックしましょう。

모르는 사이에 자신의 신체 언어로 명성을 떨어뜨리지 않는지 확인합시다.)

1. 彼は本当にプロ並みのDJのように、一曲が終わったか終わらないかのうちに、次の一曲を整えてくる。

(그는 정말 전문적인 DJ처럼 한 곡이 끝났는지 끝나지 않았는지 모르는 사이에 다음 곡을 준비한다.)

2. 本を読むか読まないかのうちに私はフードを注文していました。

(책을 읽었는지 읽지 않았는지 모르는 사이에 나는 음식을 주문하고 있었습니다.)

3. レベル五に移行して一分経つか経たないかのうちに、ジークはそのまま気絶してしまった。

레벨 다섯 번째로 이행하고 일분 경과하거나 지나지 않은 사이에, 지크는 그대로 기절해 버렸다.)

4. 公園に来て、遊んだか遊ばないかのうちに「かして」と言われたら「いいよ」

(공원에 와서 놀았는지 놀지 않았는지 모르는 사이에 "빌려줘"라고하면 "괜찮아")

5. その男が舞台に登場するかしないかのうちに拍手がわき起こりました。

(그 남자가 무대에 등장했는지 안했는지 모르는 사이에 박수가 터져 나왔습니다.)

6. 一口飲むか飲まないかのうちに、顔が真っ赤になってしまった。

(한 모금 마셨는지 안 마셨는지 모르는 사이에 얼굴이 새빨갛게 되어버렸다.)

(17)「もと」

1. 근본. 토대. 기초.
2. 바탕. 기초.
3. 시작. 기원.
4. …의 이름으로.

1. 一部の学校では、教育の名のもとに体罰が行われているそうだ。

(일부 학교에서는 교육의 이름으로 체벌이 이루어지고 있다고 한다.)

開発の名のもとに自然破壊が進み、さまざまな問題が生じている。

(개발의 이름으로 자연 파괴가 진행되어, 다양한 문제가 발생되고 있다.)

2. ダム、港湾、道路、工業団地などの公共施設建設のみならず、民間企業による工場建設、住宅建設、さらにゴルフ場やリゾート施設建設に際しても、「開発」の名のもとに国家権力が動員され、住民に対する脅迫、土地取上げ、追出しがしばしば起きている。

(댐, 항만, 도로, 공단 등의 공공시설 건설뿐만 아니라 민간 기업에 의한 공장 건설, 주택

건설, 심지어 골프장 리조트 시설 건설에서도 "개발"의 이름으로 국가 권력이 동원 된 주민들에 대한 협박, 토지갈취, 쫓아냄이 종종 일어나고 있다.)

3. 玉村の先生のご指導のもとお稽古に励んでいます。お稽古では、お手前だけでなく茶道を通して「もてなす心を大切に」をモットーに頑張っています。

(다마무라 선생님의지도 아래 연습에 힘쓰고 있습니다. 연습은 저희 앞뿐만 아니라 다도를 통 해 "대접하는 마음을 소중히 '를 모토로 노력하고 있습니다.)

4. 佐藤コーチのもとでダイエットに取り組まれた方の変化と感想をご紹介いたします。

(사토코치 밑에서 다이어트에 돌입한 사람의 변화와 감상을 소개합니다.)

(18)「かぎり」

1. 한. 끝. 한계.
2. 한도. 범위.
3. 마지막. 최후.
4. 끝이 없다.

1. 前回解説したように、標的型攻撃で使われるウイルスは実行形式が主流になっている。このため攻撃者は、実行形式ウイルスの偽装にあらん限りの力を注いでいる。)

(이전 설명했듯이, 표적형 공격에 사용되는 바이러스는 실행 파일이 주류를 이루고 있다. 따라서 공격자는 실행 파일 바이러스의 위장에 있는 힘을 쏟고 있다.

2. とうとう負けてしまったが、命の限りを尽くして戦った僕には心残はなかった。

(드디어 져 버렸지만, 생명의 한계를 다해 싸운 내게는 미련은 없었다.)

3. 最初から最後までバカバカしい映像ですが、持てる力の限りを尽くして街中を疾走するバットマンをとらえた映像です。周囲の人々もバットマンの力走に思わず笑ってしまっています。

(처음부터 끝까지 바보 같은 영상이지만, 있는 힘의 한계를 다하고 거리를 질주하는 배트맨을 담은 영상입니다. 주위 사람들도 배트맨의 역주에 나도 모르게 웃어 버렸습니다.)

4. エールは優秀な頭脳で授業をすくすくと吸収し、戦闘者としても超一流の技術者になった。また、美しい少年少女の愛人をはべらせ、贅沢の限りを尽くした。

(에루는 우수한 두뇌로 수업을 쑥쑥 흡수하고, 전투자로서도 초일류의 기술자가 되었다. 또한 아름다운 소년 소녀의 애인을 시중들게 하고 한없는 사치를 다했다.)

5. できるかぎりの努力をしているのに、痩せない。どうしたら痩せるでしょうか？

최대한의 노력을 하고 있는데, 마르지 않는다. 어떻게 하면 살을 빼는 것입니까?)

6. 思いつく限りの最悪のアイデアを何とか打ち破ろうとするかのように、みんなの熱い議論が始まり、人間は突如としてクリエイティブになるのです。

(생각할 수 있는 최악의 아이디어를 어떻게든 깨뜨리려고 하는 것처럼, 모두의 뜨거운 논의가 시작되고, 인간은 갑자기 독창적이 되는 것입니다.)

7. 見渡す限りの田んぼの中に、変わった建物が現れます。鯨をイメージした外観、整備された工場見学コース、人が集うおしゃれなカフェスペース。

(끝없는 논 속에, 바뀐 건물이 나타납니다. 고래를 이미지 한 외관, 정비 된 공장 견학 코스, 사람이 모이는 세련된 카페 공간.)

8. 持てる限りの荷物を抱え、家財道具を大八車に載せ、逃げ惑う人々は広大な空き地であった避難所として集まっていった。

(가질 만큼의 짐을 안고 가재도구를 수레에 실어 도망치려 사람들은 거대한 공터였던 피난처로 몰려갔다.)

1. 2年連続銅賞受賞という栄誉をいただき、うれしい限りです。この賞をいただけたのも私と「つながって」くれた皆様のおかげです。

(2년 연속동상 수상하는 영예를 주셔서 기쁠 뿐입니다. 이 상을 받을 수 있었던 것도 저와 "연결"해준 여러분 덕분입니다.)

2. 美味しい本物のドイツビール屋として誇りを持って造らせて頂いておりますが、ドイツの国の方々からも多くのエールをいただけて本当に嬉しく幸せな限りです。

(맛있는 정통 독일 맥주 집으로 자부심을 가지고 만들고 있습니다만, 독일의 국가들로부터도 많은 성원을 받을 수 있어 정말 기쁘고 행복할 뿐입니다.)

3. たったひとりの肉親だった姉を亡くして、さびしい限りです。言葉がわからない外国で暮らすのだと思うと、心細い限りでした。

(단 한 사람의 직계 가족이었던 누나를 잃고 외로울 따름입니다. 말이 통하지 않는 외국에서 산다고 생각하면 불안할 뿐입니다.)

4. 私自身、一定の期間や準備を経て社長に就任したわけではなく、急な事情によるものでしたので、信頼できるコンサルタントがいることは心強い限りです。

(나 자신, 일정 기간 및 준비를 거쳐 사장에 취임 한 것은 아니고, 급한 사정에 의한 것이기 때문에 신뢰할 수 있는 컨설턴트가 있는 것은 든든할 따름입니다.)

1. 会社という"人の集まり"の一員である限り、いつかは必ずリーダー的な役割を会社から求められます。

(회사는 "사람의 모임"의 일원으로 있는 한, 언젠가는 반드시 리더적인 역할을 회사에서 요구됩니다.)

2. 毎月定期的に送ってもらっているから、忘れることもありません。食事は自分で作った野菜を中心に、量は控えめにしています。これからも身体が丈夫な限り畑に出て、野菜づくりを続けたいと思います。

(매월 정기적으로 보내 받고 있기 때문에, 잊을 수 없습니다. 식사는 직접 만든 야채를 중심으로 양은 약간 적은듯하게 먹습니다. 앞으로도 몸이 건강한 한 밭에 나가서 야채 만들기를 계속하고 싶습니다.

3. 財政に対する信認が維持されている限り、長期金利上昇は物価上昇見通しに沿った自然な上昇とみられる。

(재정에 대한 신임이 유지되고 있는 한, 장기금리 상승은 물가상승 전망에 따른 자연스러운 상승으로 보인다.)

4. 100年はちょっと無理かもしれないけど(笑)、命が続く限り、待ってくれている人がいる限り歌い続けていきたいと思います」と語り、客席から大きな拍手を浴びた。

(100년은 좀 무리일지도 모르지만 (웃음), 생명이 계속되는 한, 기다려 주고 있는 사람이 있는 한 계속 노래하고 싶다고 생각합니다 "라고 말해 객석으로부터 큰 박수를 받았다.

1. 治安面では、よほど真夜中に人気のないところを歩かない限りは、必要以上にびくびくすることはないと思います。

(치안 면에서는 상당히 한밤중에 인적이 없는 곳을 걷지 않는 한, 필요 이상으로 불안해 하는 일은 없다고 생각합니다.)

2. 在庫過剰や欠品にたいし、在庫管理と発注の手順において原因対策を立てないかぎり、問題は起こり続けます。

(재고과잉이나 결품 대해 재고 관리 및 주문 단계에서 원인 대책을 세우지 않는 한, 문제는 계속 발생합니다.)

3. 50代後半ですとタイムアップはハードに練習しない限り難しいのでしょうか？私としてはハーフで1時間40分、10キロは44~45分くらいまで伸ばしたいのですが。記録アップのいい練習方法があればご教示ください。

(50대 후반이라면 타임업은 열심히 연습하지 않는 한 어려운 것일까요? 나로서는 반에서 1 시간 40분 10 킬로미터 44~45분 정도까지 늘리고 싶습니다. 기록 업이 좋은 연습 방법이 있으시면 가르쳐 주세요.)

4. プレイヤーが抵抗しない限り、1匹か2匹の蜂が巣箱を守っているだけでしょう。これは防具があれば容易に無視できる程度のダメージです。

(플레이어가 저항하지 않는 한 1마리 2마리의 꿀벌이 벌통을 지키고 있을 뿐이죠. 이것은 방어구가 있으면 쉽게 무시할 수 있는 정도의 데미지입니다.)

5. たとえ肉食動物であっても、よほど腹が減らない限り全く食べたことのない動物を食べることは躊躇するでしょう。

(비록 육식동물이더라도 상당히 배가 고프지 않는 한 전혀 먹어 본 적이 없는 동물을 먹는 것은 주저되는 것입니다.)

1. このケースには、場合によっては訴訟になる事もある。この対象者の場合、聞き込み調査の限りでは特に金銭面で切羽詰っている様子はなかった。

(이 경우에는 경우에 따라서는 소송이 될 수도 있다. 이 대상자의 경우 탐문 조사로는 특히 금전적으로 절박한 모습은 없었다.)

2. 私の知る限りでは、子ども向けの本でこうした環境意識のあるものは多くない。

(내가 알기로는 어린이용 책에서 이렇다한 환경 의식이 있는 것은 많지 않다.)

3. 私も実を言うと、ユーチューブで聞いた限りでは、お世辞にも正しい演奏だとは思えませんでした。

(나도 사실대로 말하자면 유튜브에서 들은 바로는, 겉치렛말이라도 올바른 연주라고는 생각되지 않았습니다.)

4. 私の覚えてる限りでは、幼稚園ぐらいから友達の家に遊びに行くとその家のお母さんの事を「おばちゃん」と呼ぶのは当たり前でした。

(내 기억으로는, 유치원 정도에서 친구의 집에 놀러 가면 그 집 엄마 일을 '아줌마'라고 부르는 것은 당연했다.)

5. あくまでも私見ですが、スイングの動画を見た限りにおいて、そこまで大きく右脇が空いてもいないし、ダウンでは元の位置に戻っているように見られるので、特に凄く悪いとは言えないと思います。

(어디까지나 사견이지만, 스윙 동영상을 본 바로는, 거기까지 크게 오른쪽 겨드랑이가 열려 있지 않고, 아래에서 원래 위치로 돌아오는 것처럼 보이기 때문에 특히 굉장히 나쁘다고는 말할 수 없다고 생각합니다.)

(19)「はず」

1. 당연히 그렇게 되어야 함을 나타냄. …할 터. …일 것.
2. 그럴 예정임을 나타냄. …할 예정. …할 것.
3. …했을 터.
4. …리 없다.

1. 明日は祝日なので、普通銀行は休みのはずだ。

(내일 휴일이므로, 보통 은행은 쉬는 것이다.)

1. マージン(余白)を考慮してネーム(キャプション)を入れたはずなのに、文字が切れたのは何故でしょうか?(마진(여백)을고려하여이름을넣은것인데, 문자가끊긴것은왜그럴까요?)
2. どうしてだかわからないのですが、全て欲しいものを持っているはずなのに幸せを感じる事ができません。夫も私も海外での生活も経験していて、経歴というよりは貴重な体験ができたという点で満足しています。

   (왜 그렇게 되는지는 모르겠다만, 모든 원하는 것을 가지고 있을 것인데 행복을 느낄 수 없습니다. 남편도 저도 해외에서의 생활도 경험하고, 경력이라기보다는 귀중한 체험을 할 수 있었다는 점에서 만족합니다.)
3. アイデアが浮かんだはずなのに、少したつと完全に忘れてしまっていること、覚えておこうと思ったのにすっかりと頭から抜けてしまったことはありませんか?

   (아이디어가 떠오른 것인데, 조금 지나면 완전히 잊어버리고 있는 것, 기억해두려고 생각했는데 완전히 머리에서 빠져 버린 적은 없습니까?)
4. 互いに好きだったはずなのに、いつの間にか離れてしまった二人の心。こうなった本当の原因はなに?もう一度やり直せる可能性はあるのでしょうか?

   (서로 좋아했을 터인데, 어느새 떠나버린 두 사람의 마음. 이렇게 된 진짜 원인은 무엇인가? 다시 한 번 새로이 할 수 있는 가능성은 있는 것입니까?)
5. あゆかさん、形在るものは全て壊れますし、何もかもうつろいゆくものなのに、わたしは彼との関係をなにか確信がほしいと感じます。幸せなはずなのになぜか一人だったときより不安定になっています。

   (아유카씨, 모양 있는 것은 모두 파손되고, 모두 변해가는 것인데, 그와의 관계를 뭔가 확신이 필요하다고 느낍니다. 행복할 터인데 왜 혼자였던 때보다 불안정합니다.)

4
조사의 문형

4.1. 각종 조사(助詞)의 문형(文型)

조사란 용언이나 체언 또는 다른 말에 붙어서 말과 말의 관계를 나타내기도 하고, 여러 가지 뜻을 첨가해 주는 역할을 하는 품사이다.

조사는 그 기능에 따라 다음과 같이 4종류로 분류할 수 있다.

① 격조사(格助詞)
② 접속부사(接続助詞) ─ 자립어와 다른 말과의 관계를 나타낸다.

③ 부조사(副助詞)
④ 종조사(終助詞) ─ 자립어에 어떤 일정한 의미를 첨가한다.

참고

학자에 따라서는 6가지로 분류하는 경우도 있으나 본서에서는 4종류의 분류법을 택하기로 한다. 참고로 6분류법에는 위의 4종류의 분류법에다 계조사(係助詞), 간투조사(間投助詞)를 첨가시킨 분류법을 말한다.

4.1.1 격조사

주로 체언에 붙어 접속한 단어의 자격을 나타낸다.

1. が, 2. の, 3. を, 4. に, 5. へ, 6. と, 7. って, 8. より, 9. から, 10. で, 11. や

4.1.2 접속조사

주로 활용어에 붙어 전후의 단어나 문장을 이어주는 역할을 한다.

12. て[で], 13. ても[でも], 14. ては[では], 15. ながら, 16. つつ, 17. たり[だり], 18. と, 19. が, 20. けれども, 21. し, 22. から, 23. ので, 24. のに, 25. ば

4.1.3 부조사

26. は, 27. も, 28. こそ, 29. さえ, 30. でも, 31. だって, 32. だけ, 33. ほど, 34. しか, 35. まで, 36. ばかり, 37. くらい[ぐらい], 38. きり, 39. など[なんか], 40. なり, 41. やら, 42. か

4.1.4 종조사

문과 문절 끝에 붙어서 감정과 판단을 나타낸다.

43. ね, 44. さ, 45. か[かい], 46. な[なあ], 47. や, 48. よ, 49. ぞ[ぜ], 50. とも, 51. の, 52. わ, 53. こと, 54. もの, 55. ものか, 56. て[で], 57. って, 58. けれど, 59. が, 60. のに, 61. から, 62. かしら, 63. やら

(1)「~から」

1. 동작 · 작용의 기점을 나타냄. …부터. …에서.
2. …경우. …으로부터.
3. 원인 · 이유 · 근거를 나타냄.
4. 재료 · 구성요소를 나타냄. …으로.

(A)

1. 電気工学科を卒業してるはずの嫁「最近テレビの調子が悪いから、みに来て欲しい」
   (전기 공학과를 졸업할 며느리 "최근 텔레비전의 상태가 안 좋으니까, 봐주면 좋겠어.")
2. 高校生が電車に財布忘れてたから教えてあげたについてのまとめです。俺は女の子が座席に置いて電車降りていったから追いかけて渡したら韓国人だった。
   (고등학생이 전차에서 지갑을 잃어버렸기 때문에 가르쳐준 내용 요약입니다. 나는 여자가 좌석에 놓고 전차를 내렸기 때문 쫓아가 건넜는데 한국인이었다.)

(B)

1. 最近では「自然派」の風潮が高まっているためか、「体に悪いから、使いたくない」と思う人も多いようです。
   (최근에는 '자연파'의 풍조가 높아져 있기 때문인지 "몸에 나쁘기 때문에, 사용하고 싶지 않다"고 생각하는 사람도 많습니다.)

2. 中央快速線の西八王子駅です「危ないですから、黄色い線の内側まで、お下がり下さい。」

(중앙 쾌속선의 니시하치오지 역입니다. "위험하기 때문에, 노란선 안쪽까지, 물러나 주십시오.")

3. 太郎、ちょっと待って。その新聞、まだ読んでないから、捨てないでくれ。

(다로, 잠깐만. 그 신문, 아직 읽지 않았으니까, 버리지 말아 줘.)

(C)

1. 最近の話題が好きなクラスメイトたちは古いからという理由で笑われました。

(최근 화제를 좋아하는 반 친구들은 오래되었다는 이유로 웃게 되었습니다.)

2. あれほど夢か現実かわからんほどの夢を見たのはこれ以来ない。心霊体験などしたことがないから今でもすごく印象に残っている。

(그만큼 꿈인지 현실인지 모를 정도로 꿈을 꾼 것은 이 이래 없다. 심령체험한 적이 없기 때문에 지금도 몹시 인상에 남아 있다.)

3. 「自信がないからこの人を逃してしまうともう一生恋愛はできない」と無意識に自分の中で判断して手をかえ品をかえ必死で尽くしてしまう。

("자신이 없기 때문에 이 사람을 놓치면 이제 평생 연애는 할 수 없다"고 무의식적으로 스스로 마음속으로 온갖 방법을 써 필사적으로 다해 버린다.)

(D)

1. そのあとふとんをかぶって寝たのだが、あれほど夢か現実かわからんほどの夢を見たのはこれ以来ない。心霊体験などしたことがないから今でもすごく印象に残っている。

(그 후 이불을 덮고 잤다지만, 그 정도 꿈 또는 현실인지 모를 정도의 꿈을 꾼 것은 이것 이래 없다. 심령 체험 한 적이 없기 때문에 지금도 몹시 인상에 남아있다.)

2. 「自信がないからこの人を逃してしまうともう一生恋愛はできない」と無意識に判断してしまう。

("자신이 없기 때문에 이 사람을 놓치면 이제 평생 연애는 할 수 없다"고 무의식적으로 판단해 버린다.)

(E)

1. 体調管理も自己管理。体調が悪いから、は言い訳にすぎない。

(컨디션 관리도 자기 관리. 컨디션이 나쁘기 때문에, 변명에 불과하다.)

2. 明日は試験がありますから、今日はどこへも行かないでうちで勉強するつもりです。

受験資格があれば受験することができます。ただし、第1次試験が同一日に行われる試験がありますから注意してください。

(수험 자격이 있으면 응시할 수 있습니다. 다만, 제 1차 시험이 같은 날에 행해지는 시험이 있기 때문에 주의하십시오.)

3. 新しい家の子供たちは私のことを信じてくれないから、これから必ずいいお母さんになってみせます。

(새로운 가정의 아이들은 나를 믿어주지 않으니까, 앞으로 반드시 좋은 엄마가 되어 보이겠습니다.)

(F)

1. 今思えば、授業時間はほとんど座って教師の話を聞いてるだけだし体育すらほとんど自分の順番がくるまでの待ち時間だから仕事と同列に語るのはばかです。

(지금 생각하면 수업 시간은 거의 앉아 교사의 이야기를 듣고 있을 뿐이고 체육조차도 거의자신의 차례가 올 때까지 대기 시간이니까 일과 동렬로 말하는 것은 바보입니다.)

2. 戦争中のことだから、何が起こるかわからない。

(전쟁 중인 것이기 때문에 무엇이 일어날지 모르겠어요.)

3. 毎日の食事のことだから、色や風味を楽しんでもらいたい。そんな思いをかたちにしました。

(매일 식사하는 것이니 색상과 맛을 즐겨 주었으면 한다. 그런 생각을 현실로 했습니다.)

4. 空が暗くなってきたから、雨が降るかもしれません。

(하늘이 어두워지고 있었기 때문에, 비가 올지도 모릅니다.)

病気で帰って来てしまったから少しゆっくりしてから仕事をするようになったら、ありもしないことを噂されたり嫉妬されたりします。

(질병으로 돌아왔기 때문에 조금 천천히 한 후 일을 하게 되면, 있지도 않은 것이 소문나거나 질투를 받거나 합니다.)

(G)

1. 他の会社でもこういった、休日の自由参加はありますか？任意参加なのですから何を言われても断ればよいだけです。

(다른 회사에서도 이러한 휴일의 자유참가는 있나요? 임의참가이니까 무슨 말을 들어도 거절하기만 하면 된다.)

2. あなたの子育て応援します。子育てひろば。「赤ちゃんとママ、そしてプレママみんなで楽しもう！」を合言葉にわいわい楽しく仲間作りや子育ての情報交換をしています。自由参加ですからいつでもOKです。

(당신의 육아 응원합니다. 육아 광장 "아기와 엄마, 그리고 예비 엄마 모두 즐기자!"를 표어로 왁자지껄 즐겁게 동료 만들기나 육아 정보 교환을 하고 있습니다. 자유 참가이므로 언제든지 OK입니다.)

(H)

1. 日本では、[味の素]の事件は、日本人のイスラムに対する無理解や不注意から起こされたものだ。

(일본에서는 [아지노모토]의 사건은, 일본인의 이슬람에 대한 몰이해나 부주의에서 기인한 것이다.)

2. 火遊びから火災に消防機関では、火遊びとは「義務教育以下の児童が、これといった目的も無く火をもてあそび、誤って可燃物に着火させること」と定義しています。

(불장난에서 화재 소방 기관에서는 불장난은 "의무 교육 이하의 아동이 별다른 목적도 없이 불을 가지고 놀고, 잘못해서 가연물에 착화시키는 것"이라고 정의하고 있습니다.)

3. 輸血の基本から治療の実際まで、医療者として備えておくべき必須の知識を、全9章·約100項目に集約。

(수혈의 기본부터 치료의 실제까지 의료자로서 구비해야 할 필수 지식을 총 9장 약 100항목에 집약.)

4. 自然災害から身を守る。自然災害から身を守るために、どのようなことに気をつけたらよいでしょうか。いっしょに考えてみましょう。自然災害とは？自然災害とは、地震·洪水·火山爆発·台風などの自然現象が直接原因となって起こる災害のことをいいます。

(자연재해로부터 자신을 보호. 자연재해로부터 자신을 지키기 위해, 어떤 일을 조심하면 좋습니까? 함께 생각해 봅시다. 자연재해란? 자연재해는 지진·홍수·화산·폭발·태풍 등의 자연 현상이 직접 원인이 되어 일어나는 재해를 의미합니다.)

5. ぼくは一月ほど前に親友とつまらない事からけんかをし、今も相変わらず絶交が続いている。

(저는 한 달 정도 전에 친구와 하찮은 일로 싸움을 하고, 지금도 변함없이 절교가 계속

되고 있다.)

「のだから」

1. 3週間も水をやらなかったのだから、花が枯れてしまうのも当然だ。

(3주 동안 물을 주지 않았으니, 꽃이 시들어 버리는 것도 당연하다.)

2. 借金をしていました。業者からは「あなたの名前で借りているのだからあなたが支払わなければならない」と言われて困っています。

(빚을 지고 있었습니다. 업체에서 "당신의 이름으로 빌렸으니까 당신이 지불해야 한다" 라고 듣고 어려움을 겪고 있습니다.)

3. 勝つためにやるべきことはすべてやったのだから、この方向にさらに進んでいけばいいとはっきり言う。道は間違ってはいないのだから。勝利にばかりこだわって、それを自分の手柄のようにいうべきではない。

(승리할 일은 다 했으니까, 이 방향으로 더 진행하면 좋다고 분명히 말한다. 길은 틀린 것은 아니니까. 승리만 고집하고, 그것을 자신의 공훈과 같이 말해서는 안 된다.)

4. 話題性がすごくて歌番組出るだけで、普段より5%以上視聴率高かったんだから、ネットが普及した今は900万もの売上を出した。

(화제성이 대단해 가요 프로그램에 나온 것만으로, 평소보다 5% 이상 시청률이 높아졌다니까, 인터넷이 보급 된 지금은 900만개의 매출을 올렸다.)

5. 「もう子供じゃないんだから」そんな言葉でお子様を叱ったり、注意をしたりすることはありませんか。それを聞いたお子様は、内心「まだ子供なのに。。。」と思っているかもしれません。

("이제 아이가 아니니까" 그런 말로 자녀를 꾸짖거나 주의를 한 적은 없습니까. 그것을 들은 자녀들은 내심 "아직 아이인데 …"라고 생각하고 있을지도 모릅니다.)

6. 白井さんからはまだまだ教わりたい事がたくさんあるんですから、そういえば白井さんがこの仕事についたきっかけってなんですか？

(시라이씨는 아직도 배우고 싶은 일이 많이 있습니까. 그러고 보니 시라이씨가 이 일을 하게 된 계기는 무엇인가요?)

7. チャンスはまだあるんだから、元気を出してくださいよ。

(기회는 아직 있으니까, 힘내 보자.)

8. 静かに、少し前に赤ちゃんがやっと寝たところなんだから。

(조용히, 조금 전에 아기가 겨우 잤던 참이니까.)

「せっかく~のだから」

1. せっかくお休み取れたんだから気持ちを切り替えて旅行を楽しみましょう。
(모처럼 휴가를 얻었으니까 기분을 전환하고 여행을 즐깁시다.)

2. せっかく日本に来たんだから誰か一緒に飯にいけそうな人はいないか？
(모처럼 일본에 온 거니까 누군가 함께 밥 먹으러 갈 만한 사람은 없을까?)

3. せっかく日本に来たんだから和食食わせろと言ったのは有名な話だけど。
(모처럼 일본에 온 거니까 일식으로 먹게 해라고 말한 것은 유명한 이야기이지만.)

4. 私はせっかくの休みだから、ゆっくりしたいと思っていました。
(나는 모처럼의 휴일 이니까 천천히 하고 싶다고 생각했습니다.)

5. せっかくお母さんが料理を作ってくれたのだから、文句を言わずに食べなさい。
(모처럼 엄마가 요리를 만들어 준 것이니 불평하지 말고 먹으세요.)

「どうせ~(のだ)から」

1. 彼が「どうせ先がないんだから飲ませてくれ」と言うと、家族はもう何も言えません。酒をやめて少しでも食事を取ってくれれば、もう少し長く生きられそうですが、本人にその気がない。「酒を飲めないなら死んだほうがいい」とよく言います。
(그는 "어차피 장래가 없으니까 먹게 해줘"라고 말하자, 가족은 더 이상 아무 말도하지 않습니다. 술을 끓고 조금이라도 식사를 해 주면 좀 더 오래 살 수 있을 것입니다만, 본인에게 그 생각이 없다. "술을 마실 수 없다면 죽는 것이 좋다"고 자주 말한다.)

2. 人間、生をうけた以上どうせ死ぬのだから、やりたいことをやりなさい。諸々の欲に執着せずに枯れ、そして死んでいくべき、という考え方だ。
(인간, 태어난 이상 어차피 죽을 거니까, 하고 싶은 일을 하세요. 여러 욕심에 집착하지 않고 시들어, 그리고 죽어 가야 한다는 생각이다.)

3. どえせ返さなければならないお金だから／お金なんだから、早く返すほうがいい。

(어차피 갚아야 할 돈이니까 빨리 반환하는 것이 좋다.)

「~からこそ~のだ」

1. 健康だからこそ、新しいビジネスモデルに取り組むことができる。暑い、暑いといっている間に、もう8月も中旬になった。

(건강하기 때문에 새로운 비즈니스 모델에 종사할 수 있다. 덥다, 덥다 라고 하고 동안 또 8월도 중순이 되었다.)

2. 貧乏人の俺がいうのもなんだが、金持ちだからこそ見える景色もあるだろう?

(영세민인 내가 말하는 것도 있지만, 부자이기 때문에 보이는 경치도 있을 것이다?)

3. クレジットカードは便利だからこそ、クレジットカードが便利という理由でカードを手に入れる人はたくさんいます。でも実際に便利だからという理由だけで、どんどん使用し続けるというような事の無いようにしましょう。

(신용 카드는 편리이기 때문에, 신용 카드가 편리라는 이유로 카드를 손에 넣는 사람은 많이 있습니다. 하지만 실제로 편리하기 때문이라는 이유만으로 계속 사용하는 같은 일이 없도록 합시다.)

4. 体が弱いからこそ、嫌いなものも無理して食べているんだ。

(몸이 약하기 때문에, 싫어하는 것도 무리해서 먹고 있어요.)

5. あなたの情熱でも、病気で苦しんでおられるからこそ優しい気持ちもきっともてると思います。

(당신의 열정도, 질병으로 고통 받고 계시기 때문에 부드러운 느낌도 분명 가질 수 있다고 생각합니다.)

「~からといって／からって」

1. ふたりは歴史小説だからといって特別視せず、一般の小説と同じ扱いをするのだ。本来は編集者も豊富な知識を持たなければ、と高松さんは言うけれど、逆の見方をすれば、エンタメ力優先なのである。

(두 사람은 역사소설이라고 해서 특별시 하지 않고, 일반 소설과 같은 취급을 하는 것이다. 본래는 편집자도 풍부한 지식이 있어야 하고, 타카마츠 씨는 말하는데, 반대의 견해

로 보면 엔터테인먼트의 힘이 우선인 것이다.)

2. 好きだからといって必ずしも詳しくないといけないとは思いません。好きの度合いにもよりますし、そもそも好きの度合いで話相手と勝負する必要もないでしょう。

(좋아한다고 해서 반드시 자상하지 않으면 안 된다고는 생각하지 않습니다. 좋아하는 정도에 따라, 원래 좋아하는 정도로 이야기 상대와 승부 할 필요도 없을 것입니다.)

3. 親が頭がいいからと言って、子供も必ず頭がいいとは限らない。

(부모가 머리가 좋다고 해서 아이도 반드시 머리가 좋다고는 할 수 없다.)

4. 売上が落ちたからと言って経費削減のために販促費まで削ってはダメです。

(매출이 떨어졌다고 해서 비용 절감을 위해 판촉비용까지 깎아서는 안 됩니다.)

「~からには／からは」

1. あの国が相手であるからには「糞まみれの戦い」は避けられないが、同じゲスに墜ちてはならない。

(그 나라가 상대이니만큼 "똥 투성이의 싸움"은 피할 수 없지만, 같은 비열하게 되어서는 안 된다.)

2. すれ違い、いざこざ、喧嘩、これらの結果があるからには、必ず原因があります。原因なしにトラブルが起こるということはありません。自然とトラブルが発生するということは現実にはありえず、何かがきっかけで結果が生まれるわけです。

(엇갈림, 말다툼, 싸움, 이러한 결과가 있는 이상, 반드시 원인이 있습니다. 이유 없이 문제가 발생하는 것은 아닙니다. 자연히 문제가 발생한다는 것은 현실에서는 있을 수 없고, 뭔가 계기로 결과가 태어난 것입니다.)

3. 帰宅は10時過ぎになる日々なので、これまで積極的にやろうという気はなかったのですが、それでも、引き受けたからには、有給や代休を駆使しながら、責任を持って、できるだけ楽しくやりたいと思っています。

(귀가는 10시 이후가 되는 날이 매일이므로, 지금까지 적극적으로 하려는 생각은 없었습니다만, 그래도 맡은 이상, 유급 및 대휴를 구사하면서 책임을 가지고, 가능한 한 즐겁게 하고 싶다고 생각합니다.)

4. 消費増税を決めたからには、消費税を2014年4月に8%、15年10月に10%とする消費増税関連法案が可決、成立した。日本では、消費税導入やその税率引き上げの際に、税制論議がもっとも盛り上がる。

(소비증세를 결정한 이상, 소비세를 2014년 4월에 8%, 15년 10월에 10%로 하는 소비증세관련 법안이 가결, 성립되었다. 일본에서 소비세도입과 그 세율 인상을 할 경우에는 세제 논란이 더욱 고조된다.)

「~ことから」

1. 「温州蜜柑」の原産地は中国の温州であることから、その名がついた。

(“온주 귤”의 원산지는 중국 온주이기 때문에 그 이름이 붙었다.

2. 「倫理学原理」において述べており、彼はあることが自然的であることから、道徳的判断を導いたり(例えば「～するのがあたりまえである」から「だから～すべきだ」のように)、善を定義づけることは不可能であるとした。

(“윤리학 원리”에서 말하고 있고, 그는 있는 것이 자연적이기 때문에 도덕적 판단을 지도하고 (예를 들어 ‘~하는 것이 당연하다’에서 ‘그래서 ~해야 한다’처럼) 선을 정의 짓는 것은 불가능하다고 했다.)

3. 発症が突発的であることから、ほとんどの患者さんが発症の時期やそのときの状況を覚えていることが多く、「何時からかははっきりしないが、徐々に聞こえなくなった」ような難聴は突発性難聴ではありません。

(발병이 돌발적이기 때문에, 대부분의 환자가 발병시기와 그 때의 상황을 기억하는 것이 많아, “언제부턴가는 확실치 않지만 점차 들리지 않게 됐다”와 같이 난청은 돌발적성 난청이 아닙니다.)

4. この川の水がとてもきれいなことから、「清川」と呼ばれている。

(이 강물이 아주 깨끗해서, ‘키요가와’라고 불려진다.)

5. お客さんとの会話を楽しむのが何よりも大好きだというご主人。会話のやりとりから新メニューが出来るのも楽しみ、お座敷が多いことから、お子様連れのお客さまでも、気兼ねしなくてもお食事できるのが人気のようです。

(손님과의 대화를 즐기는 것이 무엇보다 좋아한다고 하는 남편. 대화의 상호 작용에서 새로운 메뉴가 나오는 것도 즐겁고, 다다미방이 많기 때문에 어린이를 동반한 고객도 스스럼없이 식사할 수 있는 것이 인기입니다.)

「~ことだから」

1. 時間に正確な彼のことだから、もうすぐ来ます。

   (시간에 정확한 그녀여서, 곧 옵니다.)

2. 自分がやったことは他の人が嫌がることだったり、迷惑かけることだからやってはいけないのだ。

   (자신이 한 것은 다른 사람이 싫어하는 것이기도 하고, 폐를 끼치는 것이므로 해서는 안 됩니다.)

3. 戦争中のことだから、何が起こるかわからない。

   (전쟁 중이어서 어떻게 될지 모르겠어요.)

4. 私と妹が喧嘩したら、お母さんがうるさい、何があったか説明しろと言ってきた。私と妹のことだから関係ないと言ったが説明しろと言う。

   (저와 동생이 싸웠는데 엄마가 시끄럽다. 무슨 일이 있었는지 설명하라고 말했다. 저와 동생 일이니까 상관없다고 말했지만 설명하라고 말한다.)

1. わずかな油断から大変なリスクに繋がるため、もっとも注意を払う必要のある分野のひとつです。

   (작은 방심에서 대단한 위험에 이어지기 때문에 가장 주의해야 할 분야 중 하나입니다.)

2. 報道によると、今回の火災は、アパート1階にある女性の部屋で、火の不始末から出火したのが原因だとされる。

   (보도에 따르면, 이번 화재는 아파트 1층에 있는 여자 방에서 불의 부주의에서 출화된 것이 원인이라고 한다.)

3. 「注意一秒ケガ一生」という交通標語がありましたが、わずかな不注意から事故を起こしてしまっては悔やんでも悔み切れません。

   ("주의 1초 부상 평생 '라는 교통표어가 있었습니다만, 조그마한 부주의로 사고를 일으켜서 후회해도 소용없습니다.)

4. 鈴木医師によると、多くの腰痛は、ストレスや過労から生じる血行不良が原因で発生する。過労のまま同じ姿勢や同じ動作を長時間くり返すと、いつも同じ筋肉や筋しか動かさない状態が続く。

(스즈키 의사에 따르면, 많은 요통은 스트레스와 과로에서 발생하는 혈행 불량이 원인으로 발생한다. 과로한 상태로 같은 자세와 같은 동작을 장시간 반복하면, 항상 같은 근육과 근육 외에는 움직이지 않는 상태가 계속된다.)

1. お酒は米からビールは麦から作られます。

   (술은 쌀로 맥주는 보리로 만들어집니다.)

2. 林業活動促進地区内から生産される木材を取り扱い、他の地区から生産される木材と分別管理する体制があること。

   (임업활동촉진지구 내에서 생산되는 목재를 취급, 다른 지역에서 생산되는 목재와 분별관리하는 체제가 있음.)

3. 石は溶岩からできたものであることから空気で冷やされることで水蒸気が外に逃げる際に穴が空くのですが、それは砂になったとしても変わりがないのです。

   (바위는 용암에서 생긴 것이어서 공기로 식혀지는 것으로 수증기가 밖으로 빠져나갈 때 구멍이 생기는 것이지만, 그것은 모래로 되었다고 해도 변함이 없는 것입니다.)

1. 複数の原材料からなる混合物の取扱いに係るこれまでの検討の経緯。

   (여러 원자재로 구성된 혼합물의 취급에 관한 지금까지의 검토 경위.)

2. 音声·言語医学研究施設は言語神経科学部門、音声·言語科学部門、音声·言語生理部門の3部門からなっている。

   (음성·언어의학 연구시설은 언어 신경과학 부문, 음성 언어과학 부문, 음성 언어생리 부문의 3개 부문으로 이루어져있다.)

3. 時間的, 空間的に広がりをもつ特色ある複数の主題からなる基本展示と基本展示に関連する事象に焦点を当てた関連展示で構成する。

   (시간적, 공간적으로 확산을 가진 특색 있는 여러 주제로 구성된 기본 전시 및 기본 전시 에 관련 사항에 초점을 맞춘 관련 전시로 구성한다.)

4. 人の「五感」は、視覚、聴覚、臭覚、触覚からなるものである。

(사람의 '오감'은 시각, 청각, 후각, 촉각으로 이루어진 것이다.)

注釈者は、これを「実体は、多くの実体からなるものである」と解釈する。

(주석자는 이것을 "실체는, 많은 실체로 이루어진 것이다"라고 해석한다.)

1. 学校の先生は給料はそんなに高いわけではないけれど社会的地位が高く、生徒から尊敬されています。

(학교 선생님은 월급은 그리 높은 것은 아니지만 사회적 지위가 높고, 학생으로부터 존경을 받고 있습니다.)

2. あなたがみんなからとても愛されていることを私はしっかりと覚えていますよ。「あなたはあなたのままでいい」。それを思い出すだけでいい。

(당신이 모두로부터 많은 사랑을 받고 있다는 것을 나는 확고하게 기억해요. "당신은 당신 그대로 좋다" 그것을 기억하는 것만으로도 좋다.)

3. いつもバッハばかりを演奏している団体ですから、スペイン・イスラエル・ドイツ・オーストラリアの音楽祭から招待されました。

(항상 바흐만을 연주하고 있는 단체이기 때문에, 스페인・이스라엘・독일・호주의 음악 축제에서 초대되었습니다.)

4. 若者の中には、成長の過程で親から褒められた経験が無いという方も存在します。

(청소년 중 일부는 성장의 과정에서 부모로부터 칭찬 받았던 경험이 없는 분들도 존재합니다.)

5. 私は、親・友達、みんなから反対された人と結婚しました。結婚した時は、好きより情や執着が大きかったのかもしれません。

(나는 부모 친구, 모두가 반대하는 사람과 결혼했습니다. 결혼했을 때는 좋아하는 것보다 정이나 집착이 컸던 지도 모릅니다.)

1. ようやく僕は、楽しいだけでは駄目で、研究には努力が必要だということを彼から教えられました。

(마침내 나는, 재미있는 것만은 쓸모없고, 연구는 노력이 필요하다는 것을 그에게서 배웠습니다.)

2. 今月22日に誕生日を迎え、60歳になりました。子供たちや夫からプレゼントを贈られました。

   (오는 22일 생일을 맞아, 60살이 되었습니다. 아이들과 남편으로부터 선물을 받게 되었습니다.)

(2)「より」

1. 시간적 · 공간적인 기점. …에서. …부터.
2. 경유지를 나타냄. …으로 부터. …으로.
3. …로. …로써.
4. …보다는.

1. 現実には、配偶者控除や生命保険料控除等による控除額がもう少しあるので、税額はこれより下がる可能性が高いです。

   (현실에서는, 배우자 공제나 생명보험료 공제 등에 의한 공제액이 좀 있기 때문에, 세금은 지금부터 떨어질 가능성이 높습니다.)

2. 本日3日より営業いたしておりますのでよろしくお願い致します。

   (오늘 3일부터 영업하기 때문에 잘 부탁드립니다.)

3. 私が営むケイテックでは、数年前よりアメリカへの輸出を始めています。

   (내가 운영하는 케이텍쿠에서는 수년 전부터 미국에 수출을 시작하고 있습니다.)

4. どの川も同じく、水が上流より下流へ流れる。

   (어떤 강도 역시 물이 상류에서 하류로 흐른다.)

5. 別紙の予算計画書にお示しします通り、健全な会の運営のためには貴社よりのご支援がぜひとも必要な状況となっております。

(별지의 예산계획서에 나타낸바 대로, 건전한 회의 운영을 위해서는 귀사부터의 지원이 꼭 필요한 상황이 되었습니다.)

1. 単純に考えると、焼酎よりビールのほうが「太らない」と思ってしまいますが、そうではないのです。

   (단순하게 생각하면, 소주보다 맥주 쪽이 "살찌지 않는다"고 생각하게 됩니다만, 그렇지는 않습니다.)

2. そのような説明会に出るよりも、もっと投資家の生の声を聞くチャンスはあります。

   (그런 설명회에 나오는 것보다, 더 투자자의 직접 목소리를 들을 기회는 있습니다.)

1. 話し合いができない相手であるのなら、脅かしてかかるよりしかたがないではないか」と考えるらしい。

   (대화할 수 없는 상대라면, 위협 소요보다 어쩔 수 없는 일이 아닌가라고 생각하는 것 같다.

2. 平和と幸福をもたらすためには、軍部とたたかい、一日もはやく戦争をやめるよりほかはない。

   (평화와 행복을 가져오기 위해서는 군부와 투쟁하며 하루라도 빨리 전쟁을 종료하는 것 외에는 없다.)

3. バスもタクシーもないところだから、歩いていくより仕方がない。

   (버스도 택시도 없는 곳이니 걸어가는 수밖에 없다.)

4. あなたよりほかにはこの仕事ができる人はいません/この仕事ができる人はあなたよりほかにはいません。

   (당신 외에 이 일을 할 수 있는 사람은 없습니다.)

(3)「しか」

1. 오직 그것 뿐임을 나타냄.
2. 한정을 나타냄.

1. 私は、パソコンを持っていなくて、携帯しか持っていません。
   (나는 컴퓨터를 가지고 있지 않고, 휴대전화 밖에 가지고 있지 않습니다.)
2. 今1日2食でブロッコリーとサシミしか食べてませんが栄養は充分ですか？
   (지금 1일 2식에 브로콜리와 생선회밖에 먹지 않았는데 영양은 충분합니까?)
3. あなたとだけしか付き合わない人を選べば、つまらない問題は起きないのです。
   (당신 밖에 사귀지 않은 사람을 선택하면, 쓸데없는 문제는 일어나지 않습니다.)
4. ロシア語では、文字通り単数形だけしか使われない名詞、複数形だけしか存在しない名詞というものはごくわずかである。
   (러시아어에서는 말 그대로 단수형 밖에 사용되지 않는 명사, 복수형 밖에 없는 명사라는 것은 극히 적습니다.)
5. お勉強だけしか出来ない連中が、庶民の感覚がわかる訳ないでしょう。
   (공부 밖에 할 수 없는 일당이 서민의 감각을 알 수가 없겠죠.)

1. 母国語しか話せなければ、新しい言葉を勉強することはより難しい挑戦になるでしょう。
   (모국어 밖에 할 수 없는 경우에, 새로운 단어를 공부하는 것은 더 어려운 도전이 되겠지요.)
2. 基礎代謝分のカロリー以下しか食べなければ何をしたって太ることは無いのです。

(기초대사분의 칼로리 이하 만으로 먹지 않으면 무엇을 해도 살이 찌는 것은 없는 것입니다.)

3. たまにしか来ない東京で、こんなに人がたくさんいる東京で、あんなに複雑に路線を引いてある東京で、1時間ほどの見学のみだったこれにはホントにビックリすることがあった。

(가끔 밖에 오지 않는 도쿄에서, 이렇게 사람이 많은 도쿄에서, 그렇게 복잡하게 노선을 깔아놓은 도쿄에서, 1시간 정도의 견학뿐이었던 여기에는 정말로 깜짝 놀랄 일이 있었다.)

4. うちでは夫しか働かないと、生計を保つことができないんだから、しかたなく私もパートに出ました。

(집에서는 남편 밖에 일하지 않으면, 생계를 유지할 수 없기 때문에, 어쩔 수 없이 저도 파트로 일했습니다.)

1. 日本代表選出に「Jで結果を出すしかなかった。点を取り続けて、ここまで来ることができた。」

(일본 대표 선출에 "J리그에서 결과를 낼 수밖에 없었다. 점수를 계속 내어 여기까지 올 수 있었다.")

2. 電力会社がいよいよやばいと判断して安全に止めてくれるのを祈るしかない。

(전력 회사가 드디어 위험하다고 판단하고 안전하게 멈춰주기를 빌 수밖에 없다.)

3. ブッダの言葉「苦しみを消すには、自分自身を変えるしかない」。

(부처님의 말씀 "고통을 없애려면 자신을 바꿀 수밖에 없다.")

4. 前を向いて生きるために、母と縁切りするしかない娘もいる。

(앞을 향해 살기 위해, 어머니와 인연을 끊을 수밖에 없는 딸도 있다.)

5. 辛いこと、悲しいこと、悔しいこと、腹の立つことがあっても、とにかく立ち上がるしかない。それらを背負いながらも、諦めないでやるしかない。

(힘든 일, 슬픈 일, 억울하고, 화나는 일이 있어도, 어쨌든 일어설 수밖에 없다. 그들을 짊어지면서도, 포기하지 않고 할 수 밖에 없다.)

1. 忙しいから出会いがないは言い訳でしかなく、本当に忙しい人ほどしっかり恋ができる。

(바쁘기 때문에 만남이 없다 것은 변명에 지나지 않고, 정말 바쁜 사람일수록 제대로 사랑이 가능하다.)

2. 民間の劇場ホールはそういう発表施設としての役割しか持たないことが通常であり、それが一般的には日本のスタンダードであるのだが、公立劇場ホールにあっては、上演施設は全体機能の一部でしかない。

(민간 극장 홀은 그런 발표 시설로서의 역할 밖에 못하는 것이 보통이며, 그것이 일반적으로는 일본의 표준인 것이지만, 공립 극장 홀에 있어서는, 공연시설은 전체기능의 일부에 지나지 않는다.)

3. 千円は大きい。死なない程度、バッシングを受けない程度に生きるしかなく、夢も何もない。

(천엔은 크다. 죽지 않는 정도, 비난을 받지 않는 정도로 살 밖에 없고, 꿈도 아무것도 없다.)

1. とにかくもうめでたいとしか言いようがない。

(어쨌든 더 이상 경사라고 밖에 말할 수 없다.)

2. 入学式の件は、申し訳なかったとしか言えない。時間を戻すことは出来ないし、もう一度入学式をやることは出来ないからです。

(입학식 건은 미안했다고 밖에 말할 수 없다. 시간을 되돌릴 수 없고, 다시 입학식을 할 수는 없기 때문입니다.)

3. 私は彼に言いたいことの10分の1ぐらいしか言えていません。彼は私に言いたいことをたぶん全部言っています。

(나는 그에게 하고 싶은 말의 10분의 1정도 밖에 말할 수 없습니다. 그는 나에게 하고 싶은 말을 아마 전부 말하고 있습니다.)

1. 本当のプラス思考は、思い込むことではなく、そうとしか思えない現実に気づくことです。

(진짜 긍정적인 사고는 굳게 믿는 것이 아니고, 그렇게 밖에 생각할 수 없는 현실을 아는 것입니다.)

2. 風邪で行けないというのは口実としか思えない。

(감기로 갈 수 없다는 것은 구실로 밖에 생각되지 않는다.)

(4)「だけ」

1. 한정, 한도를 나타냄. …만. …뿐.
2. 정도를 나타냄. …만. …. 뿐.
3. 한정된 분량을 나타냄. …만큼만. …씩. …만큼.
4. …답게. …한만큼.
5. …할수록. …함에 따라.

戦う者だけに、「奇跡」は訪れる。

(싸우는 자에게만 "기적"은 찾아온다.)

(A)

1. 日本語文法についての本を買うなら、「外国語書店」という店だけで全部そろうよ。その店にはあなたのほしい文法の本を買えないものはないというほど多いんだから。

(일본어 문법에 대한 책을 사려면 "외국어 서점"이라는 가게에서만 모두 갖추어져 있어요. 그 가게는 당신의 원하는 문법책을 살 수 없는 것은 없다고 할 정도 많다니까요.)

2. 状況からするとレストランだけで対応が難しいので、他の誰かのサポートが必要そうに思えるのだが。

(상황에서 보면 레스토랑만으로 대응이 어렵기 때문에 다른 사람의 도움이 필요한 듯이 생각되지만.)

(B)

1. この市には大学がありますが、三つしかありません。あなたは外国語学科がある大学を志望しているんですね、それじゃ、A外国語大学でだけ習えます。

   (이 도시에는 대학이 있지만, 3개 밖에 없습니다. 당신은 외국어학과가 있는 대학을 지망하고 있군요. 그럼 A 외국어 대학에서만 배울 수 있습니다.)

2. クラブメッドの場合、朝から晩までレストランでごはんを好きなだけ食べられます。またアルコール代も含まれているので飲み放題。

   (클럽메드의 경우 아침부터 저녁까지 레스토랑에서 식사를 원하는 만큼 먹을 수 있습니다. 또한 알코올 요금도 포함되어 있기 때문에 맘껏 마심.)

(C)

1. 日本を旅行するなら、JRだけであなたの行きたい所へ行くことができます。

   (일본을 여행한다면, JR만으로 당신의 가고 싶은 곳으로 갈 수 있습니다.)

2. JRだけで行きたいんなら東京→日暮里→北千住→亀有で行くのがいいと思います。

   (JR로만 가고 싶다면 도쿄 → 닛포리 → 기타센주 → 카메아리로 가는 것이 좋다고 생각합니다.)

3. このクラスは留学生クラスです。専門は日本語です。ですから、このクラスでは、日本語だけで十分に通じます。もちろん、英語や中国語や韓国語で話しかけても返事をしてくれる人がいます。

   (이 클래스는 유학생 클래스입니다. 전문은 일본어입니다. 그래서 이 클래스에서는 일본어만으로 충분히 통합니다. 물론 영어 나 중국어 나 한국어로 말을 걸어도 대답을 해주는 사람이 있습니다.)

4. ソウルは日本語で充分楽しめます。でも、せっかく海外に行くのに日本語だけでは物足りない。

   (서울은 일본어로 충분히 즐길 수 있습니다. 그렇지만, 애써 해외에 가는데 일본어만으로는 부족 듯합니다.)

5. これはドイツだけでなく、日本以外の国で、特に欧米社会では顕著のように感じます。

(이것은 독일뿐만 아니라 일본 이외의 국가에서 특히 구미 사회에서는 현저하게 느낍니다.)

6. この町は漁業が盛んです。町の人は魚だけでいろいろな料理が作れます。もちろん、ほかの材料でも作れますけど。

(이 마을은 어업이 활발합니다. 마을 사람들은 물고기만으로 다양한 요리를 만들 수 있습니다. 물론 다른 재료로도 만들 수 있습니다만.)

(D)

1. この町を走るのが「バス・サイクル」というバスしかありません。だから、市役所へ行くなら、それでだけ行けます/でしか行けません。まあ、歩いていってもいいですけど、1時間もかかりますよ。

(이 마을을 달리는 것이 "버스 사이클"라는 버스 밖에 없습니다. 그래서 시청에 간다면, 그것만으로 갈 수 있습니다./ 밖에는 안 됩니다. 글쎄, 걸어가도 좋지만 1시간이나 걸립니다.)

2. 海外旅行に行く際、日本語でも通じる場所に行く人もいますがcどれくらいあるのでしょうか？実際に行かれた人の話では、日本語だけで会話ができたと言ってました。

(해외여행을 갈 때 일본어로도 통하는 장소에 가는 사람도 있지만, 얼마나 있는 것일까요? 실제로 방문하시는 사람의 이야기는 일본어만으로 대화할 수 있었다고 말했습니다.)

(E)

1. 実際に「ふたりだけの結婚式を挙げられた方の声」。最初は挙式をしないつもりだったけれど。

(실제로 "둘만의 결혼식을 올리신 사람의 목소리" 처음에는 결혼식을 하지 않을 생각이었다 하지만.)

2. そんな「みんな」で使うLINEですが、実は自分一人だけのグループを作っておくととっても便利なのをご存知でしょうか！いろいろな使い方ができて良いですよ！

(그런 "모두" 사용하는 LINE입니다만, 실은 자신 혼자만의 그룹을 만들어두면 매우 편리한 것을 아십니까! 다양한 활용이 가능해서 좋아요!)

3. これは解体業の許可だけで運ぶことができる場合と解体業（または建設業許可の許可だけでは運搬することができない場合があります。

(이것은 해체업의 허가만으로 운반할 수 있는 경우와 해체업 (또는 건설업 허가) 허가만으로는 운반할 수 없는 경우가 있습니다.)

(F)

1. この機械を修理する方法は田中さんしか勉強したことがないから、彼一人でだけできます。でも、彼は今どこにもいなくて、本当に困りますね。

   (이 기계를 고치는 방법은 다나카씨 밖에 공부 한 적이 없기 때문에, 그가 혼자만으로 할 수 있습니다. 하지만 그는 지금 어디에도 없고, 정말 곤란하네요.)

1. 生活保護を受けれる條件についてなんですが、ただ給料だけでは生活保護は受けれないんですよ。

   (생활 보호를 받을 수 있는 조건입니다만, 단지 월급만으로는 생활 보호를 받을 수 없어요.)

2. しかも契約していたWiFiよりも繋がるスピードが速いんだけど、本当にWiFiは使えない子だった。

   (게다가 계약했던 WiFi보다 연결되는 속도가 빠르다지만, 정말 WiFi 사용할 수 없는 아이였다.)

3. 大阪に特別な思い入れのある世代の人には喜ばれるかもしれませんが、そうでもないとただ高いだけ、と感じます。

   (오사카에 특별한 애착이 있는 세대에게는 기뻐하실 지도모르지만 그렇지도 않으면 단지 비 쌀뿐입니다.)

4. 私のアルバイトはただ受け付けに座って電話に出るだけで、実につまらないものです。

   (내 아르바이트는 단지 접수처에 앉아 전화를 받을 뿐만으로, 실로 재미없습니다.)

1. 不眠症という方もいらっしゃるかもしれませんが、眠れなくても体を横にするだけで十分です。

   (불면증을 가지고 있는 분도 계실지도 모릅니다만, 잠을 자지 않고 몸을 옆으로 누워있는 것만으로도 충분합니다.)

2. 母親は、「会えると話が決まっただけで、もう満足だ」と言いました。

(어머니는 "만날 수 있다는 얘기가 정해진 것만으로 이미 만족이다."고 말했다.)

3. 高麗人参というと、韓国の漢方薬というイメージしかなかったのですが、健康だけでなく美容にも良いそうで、韓国では高麗人参サプリだけでなく、化粧水やクリーム、パックもあるそうです。

(인삼이라고 하면, 한국의 한방약이라고 하는 이미지 밖에 없었습니다만, 건강뿐만 아니라 미용에도 좋다고 해서 한국에서는 인삼 보조 식품뿐만 아니라 화장품이나 크림, 팩도 있다고 합니다.)

4. 考えただけで、心臓はドキドキしてます。

(생각 만해도 심장이 두근두근 거립니다.)

5. 一目惚れ(ひとめぼれ)とは、その名の通り、一目見ただけでほれる、つまり恋してしまうことを指し、一般的には一目見た瞬間に特定の相手に対して、夢中になる体験、もしくはその心的な機能のことを指す。

(첫눈에 반하다는 것은, 그 이름 그대로 첫눈에 반한다, 즉 사랑하고 말았다는 것을 의미하며, 일반적으로 한눈에 보는 순간에 특정 상대에 대해 미치는 체험 또는 그 심적 기능을 가리킨다.)

6. イブの夜はごちそうだけでは終わりません。夜中の12時、まさにクリスマスに日が変わる時間にポーランド中の教会でクリスマスのミサが始まるのです。

(이브의 밤은 잔치만으로는 끝나지 않습니다. 밤중12시, 바로 크리스마스에 해가 바뀌는 시간에 폴란드 교회에서 크리스마스 미사가 시작됩니다.)

7. 私はご本人に始めてお会いした時、いかに保有感覚を使うかというお話をします。でもただ話しただけではどなたも納得しません。

(나는 본인을 처음 만났을 때, 어떻게 보유 감각을 사용하는가 하는 이야기를 합니다. 하지만 단지 이야기하는 것만으로는 누구도 납득하지 않습니다.)

1. 木は毎年4月ごろから実をつけます。1本の木に500個ぐらい実ります。どうぞ好きなだけ食べてください。

(나무는 매년 4월경부터 열매를 맺습니다. 1그루의 나무에 500개 정도 열매를 맺습니다. 부디 원하는 만큼 먹어주세요.)

2. 食べるのを我慢するのはストレスでかえって太ると信じているので、食べたいだけ食べて運動でダイエットするようにしています。

(먹는 걸 참는 것은 스트레스로 오히려 살찐다고 믿고 있기 때문에, 먹고 싶은 만큼 먹고 운동으로 다이어트 하도록 하고 있습니다.)

3. 最初は遊びまわっていましたが、遊びたいだけ遊ぶと少しは向上心というものが出てくる、なぜか勉強をしたくなりました。

(처음에는 놀러 다녔지만, 놀고 싶은 것만으로 논다고 조금은 포부라는 것이 나온다. 왠지 공부를 하고 싶어졌습니다.)

---

1. 介護職の男性は家族を養うだけの収入がないので育っていかないのです。

(간호직의 남성은 가족을 부양만큼의 수입이 없기 때문에 성장해 가지 않는 것입니다.)

2. 一軒あたりの利益は少なかったとしても、それを何件か持つ事によって、リスクも減りますし、海外で暮していけるだけの不労所得を毎月得られるようになります。

(한 채 당 이익은 적었다고 하더라도, 그것을 몇 건을 가짐에 따라, 리스크도 감소하고 해외에서 살아갈 만의 불로 소득을 매달 얻을 수 있습니다.)

3. もっと早くみんなに教えたかったけど、パッとプロポーズするだけの勇気が出るまで待たなきゃいけなかった。

(더 빨리 모두에게 가르치고 싶었지만, 확 프러포즈할만한 용기가 나올 때까지 기다리지 않으면 안 되었다.)

4. 忙しい毎日、満足できるだけの睡眠時間を取ることはなかなか難しいですね。

(바쁜 매일 만족할만한 수면 시간을 가지는 것은 꽤 어렵네요.)

---

1. 優秀なビジネスマンなら、優秀なビジネスマンだけ、客の声に耳を傾けるべきだ。

(우수한 비즈니스맨이라면 우수한 비즈니스맨에만 고객의 소리에 귀를 기울여야 한다.)

2. そんなに金持ちの支持が欲しいなら、金持ちだけで国作って暮らせよ。金持ってるだけでどうせすぐに破綻するんだから。政治は金持ちのゲームじゃないんだよ。

(그렇게 부자의 지지를 원한다면 부자만으로 국가 만들어 살아라. 돈을 가지고 있는 것만으로 어차피 곧 파탄날테니까. 정치는 부자의 게임이 아니야.)

3. 長持ちする家でいいのなら、丈夫なだけでいいのかもしれません。しかし、それだけでは住み継いでいくことは難しいと思います。

(오래 쓸 집이 좋다면 튼튼한 것만으로 좋을지 모릅니다. 그러나 그것만으로는 살아가는 것은 어렵다고 생각합니다.)

4. 米国の心理学者によると、新しい環境に慣れるのに20歳で平均6ヶ月、30歳で1年、40歳では3年かかるが、19歳以下だと3ヶ月しかかからないそうです。つまり、若ければ若いだけはやいと言えそうです。

(미국의 심리학자에 따르면, 새로운 환경에 익숙해지는데 20세에 평균 6개월, 30세에서 1년, 40세에서 3년 걸리지만, 19세 이하라면 3개월 밖에 걸리지 않는다고 합니다. 즉, 젊으면 젊은 만큼 빠르다고 말할 수 있을 것입니다.)

5. 相手は支払う意志はなく、考えれば考えるだけで頭に血が上ってます。

(상대는 지불 의지가 없고, 생각하면 생각할 만큼 머리에 피가 올라옵니다.)

(5)「のみ」

1. 한정함을 나타냄. …분. …만.
2. 할 뿐만 아니라.
3. 오직 …할 따름이다.

1. 餃子の皮に包まれて焼くことで、ただの納豆の味でした。

(만두피에 싸서 굽는 것이어서, 단순한 낫토의 맛이었습니다.)

2. 優秀なレポートのみを公開したい場合は、レポート提出期間終了後に個別にレポートを選択し、個別公開を実行することにより履修者全員が参照可能となります。

(우수한 보고서만 공개하려면, 보고서제출 기간 종료 후에 개별적으로 보고서를 선택하고, 개별 공개를 실행함으로써 이수자 전원이 참조할 수 있습니다.)

3. ふつう血糖値がただ高いのみで、すぐに重い症状や合併症が出る訳ではありません。

(보통 혈당치가 단지 높은 것만으로, 즉시 무거운 증상이나 합병증이 나오는 것은 아닙니다.)

4. 日本語の勉強も「ただひたすら教科書の例文を覚えるのみ」では飽きるし、話題が限られてくるので時にはアニメやドラマなどを見るのも必要なこと。

(일본어 공부도 "오로지 교과서의 예문을 외우는 것만 '으로는 질리기도 하고 화제가 한정되어있기 때문에 애니메이션이나 드라마 등을 보는 것도 필요한 것.)

5. 残された望みは抗がん剤による延命治療のみとの主治医の言葉にただ呆然とするのみであった。

(남겨진 희망은 항암제에 의한 연명 치료뿐이라는 주치의의 말에 그저 멍할 뿐이었다.)

1. 構造は簡単だ。スピーカーから出る二本の線の片側の線に図のようにスイッチを入れるのみだ。

(구조는 간단하다. 스피커에서 나오는 두 개의 선 한쪽 라인을 그림과 같이 스위치를 켜면 될 뿐이다.)

2. 当初は最終投票率のみ発表するとされていた中での突然の発表に、会見に出席していた約50人の外国人記者たちの間にはあぜんとした空気が漂った。

(처음에는 최종 투표율만 발표한다고 되어 있던 중 갑작스러운 발표에, 회견에 참석 한 50여 명의 외신 기자들 사이에는 아연한 공기가 감돌았다.)

3. 9月はこれのためにジュンくんの全てをガマンして参加する覚悟だから神様に祈るのみだわ。

(9월은 이것을 위해 준군의 모든 것을 자제하고 참여하는 각오이기 때문에 하나님께 기도 할 뿐 이예요.)

1. チェルノブイリ原発事故の被災国となったベラルーシの事例でも明らかなように、放射能問題は、セシウムのみでなく、ストロンチウムやセシウム対策で多用された同位体のカリウム対策が存在するということである。

(체르노빌 원전 사고의 피해 국가가 되었던 벨로루시의 사례에서도 알 수 있듯이 방사능 문제는 세슘뿐 아니라 스트론튬과 세슘대책으로 많이 사용된 동위원소 칼륨 대책이 존재한다는 것이다.)

2. 私たちは端折らず丁寧に、結果のみではなく、そのプロセスから生み出される新たな価値や人々からにじみ出る思いにもっともっと心を砕いていきたいものです。

(우리는 생략하지 않고 정중하게 결과뿐 아니라 그 과정에서 만들어지는 새로운 가치와 사람들로부터 묻어나는 생각에 더욱 더 마음을 깨뜨려가고 싶은 것입니다.)

3. 少女時代、韓国のみならずアジア各国のチャートを席巻した。

(소녀 시대, 한국뿐만 아니라 아시아 각국의 차트를 석권했다.)

4. 彼の鮮やかなプレーには、だれもが目を奪われた。そして、味方の応援団からのみならず、相手チームの人々からも拍手が沸いた。

(그의 화려한 플레이는 누구나가 눈을 빼었다. 그리고 아군의 응원단뿐만 아니라 상대팀의 사람들로부터도 박수가 들끓었다.)

(6)「きり」

1. …뿐. …만.
2. …밖에. …외에.
3. 부정이동반 …뿐.
4. …한 채. …한 그대로. …한 이후에.

1. 年頭にあたり「靖国問題」はこれきりにしよう。

(연초에는 '야스쿠니 문제'는 이것만으로 하자.)

2. 彼が職場の異性と二人きりで飲みに行く事にヤキモチを焼いてしまいます。

(그가 직장 이성과 단 둘이 마시러 가기로 한 것에 질투를 해 버립니다.)

3. その男性を恋愛対象に入れるかどうかです。実は、女性にとって、初めて異性と二人きりで食事をする行為は「この男性と付き合ってもいいのか」と、その男性を恋愛対象に入れるかどうかの「試験」のようなもの。

(그 남자를 연애 대상에 넣는 여부입니다. 사실 여성에게 처음으로 이성과 단둘이 식사를 하는 행위는 "이 남성과 교제해도 좋다?"라고 그 남자를 연애 대상에 넣을 것인지 "시험"과 같은 것.)

4. こんどの男は違うはずだからもう一度信じてこれきりよ。

(이번 남자는 다른 것이니 다시 한 번 믿고 이번만이요.)

---

1. バイトに行ったきり彼氏が帰ってこない昨日も同じ事を書きました。彼氏が23日の夕方5時にバイト行ってから帰ってきません。

(아르바이트에 간 채로 남자 친구가 돌아오지 않은 어제도 같은 것을 썼습니다. 남자 친구가 23일 저녁 5시 아르바이트 갔다가 돌아오지 않았습니다.)

2. 一年前に合コンで一度会ったきりの女性から誘われたらびっくりしますよね。

(일 년 전에 미팅에서 한 번 만났을 뿐인 여성으로부터 프러포즈를 받는다면 놀라겠죠.)

3. 昔はパソコンを買っても使わないきり/まま放置する人が少なくなかったが、今はウェッブを見て回るだけでもキリがない。

(옛날은 PC를 구입하고도 사용하지 않은 채 방치하는 사람이 적지 않았지만, 지금은 웹을 돌아보는 것만으로도 끝이 없다.)

4. 9年前に別れた夫の姉、義姉から久し振りに電話がありました。別れたきり養育費も貰わずに居たため頻繁なやり取りはありませんでした。

(9년 전에 헤어진 남편의 누나, 형수로부터 오랜만에 전화가 왔습니다. 헤어진 채 양육비도 받지 않고 있었기 때문에 빈번한 교제는 없었습니다.)

5. 長期にわたる寝たきり状態は体力を著しく低下させ、健康に大きな弊害をもたらし、時にはその弊害が生命をも脅かします。

(장기간 와병상태는 체력을 크게 저하시키고, 건강에 큰 폐해를 가져오고, 때로는 그 폐해가 생명도 위협합니다.)

1. どんなものでも「良いもの」を追求し続ければキリがない。最高のコーヒーを求めれば一杯5000円はくだらないだろうし、良いヘッドホンを極めれば数十万円はするだろう。

(어떤 것이라도 "좋은 것"을 계속추구하면 끝이 없다. 최고의 커피를 원하면 잔 5000엔은 시시할 것이고, 좋은 헤드폰을 추구하면 수십만 엔은 할 것이다.)

2. 人の欲ってどうしてきりがないんでしょうか。

(사람의 욕심 어째서 끝이 없는 것입니까.)

3. 欲を言えばキリがないので望みは言わないけれどきっと今のわたしにはあなた以上はいないでしょう。

(욕심을 낸다면 끝이 없기 때문에 희망은 말하지 않지만 분명 지금의 나에게 당신 이상은 없을 것입니다.)

4. 老後の心配をすれば、色々蓄えは必要ですが、ネガティブに考えてしまえばきりがないでしょうし、老後の生活も大切ですが、普段の生活も、贅沢をしない範囲で楽しみたい。

(노후걱정을 하면, 다양한 저축은 필요하지만 부정적으로 생각해 버리면 한이 없기도 하고, 생활도 중요하지만 일상생활도 사치를 하지 않는 범위에서 즐기고 싶다.)

5. 住むことに関しては、とりあえず問題ないですが、細かな事を言い出したらきりがなく、家族全員で諦めムード。

(사는 것에 관해서는 우선 문제가 없습니다만, 섬세한 일을 말하기 시작하면 끝이 없고, 온 가족이 포기 분위기.)

(7)「ばかり」

1. 가량. 정도. 쯤.
2. …할 듯한. …할 것만 같은.
3. 그런 생각으로. 그런 기세로.
4. 오직 그 원인. 이유만으로.

1. 円高海外投資熱は、ここ数年、高まるばかりですが、他方では、ハードルも、高くなっていくような気がしますね。

   (엔고 해외투자 열은 지난 몇 년 높아만 가지만, 한편으로는 장애물도 높아지는 것 같은 생각이 드네요.

2. つまり無駄が多いんですよね。あと言葉に一貫性もない。9割方がこんな人ばかりです。

   (즉 낭비가 많다 네요. 그리고 말에 일관성도 없다. 9할이 이런 사람뿐입니다.)

3. 人々は皆、浜辺に打ち上げられたトドのごとく横たわり無言で汗を流し続けるばかりだ。

   (사람들은 모두 해변에 밀려 온 바다사자처럼 누워 말없이 땀을 계속 흘릴 뿐이다.)

4. 国の財政は悪化するばかりだと考えられるので、もはや減らすしかないためです。

   (국가의 재정은 악화 될 것만 같아서, 더 이상 줄일 수밖에 없기 때문입니다.)

1. 竹本先輩はきれいなばかりでやさしくない女性だと思っていたが、そうでもなさそうだ。

   (다케모토 선배는 예쁠 뿐 상냥하지 않은 여성이라고 생각했지만 그렇지도 않은 것 같다.)

2. そんなことはありません。忙しいばかりで、ちょっとも儲かりません。

(그런 것은 없습니다. 바쁠 뿐, 조금도 돈 벌 수 없습니다.)

今のあなたの状態では、ただ淋しさばかりで、私は辛いです。

(지금 당신의 상태는 단지 외로움 뿐, 나는 괴롭습니다.)

3. 子どものころから座ってばかりいるとダメだと言われてきました。

(어릴 때부터 앉아만 있으면 안 된다고 들어 왔습니다.)

1. 普段は6時頃まで寝ているが、最近は4時くらいに目が覚めて、それからはいっこうに眠れず、悲観的ないやなことばかり考えて、朝を迎える。寝てばかりいては、仕事に行けなくなるのではないかと心配する家族もありますが、そんなことはありません。

(평소에는 6시경까지 자는데, 최근에는 4시 정도에 일어나, 그리고는 조금도 자지 못하고, 비관적인 싫은 생각만 생각하고, 아침을 맞이한다. 자버리면, 직장에 갈 수 없게 되는 것은 아닐까 걱정하는 가족도 있지만, 그런 일은 없습니다.)

2. 彼女が友達とばかり遊んでいてなかなか私との時間を作ってくれません。

(그녀가 친구들과만 놀고 좀처럼 나와의 시간을 만들어주지 않습니다.)

3. アルバイトばかりに追われていては、勉強が疎かになり、学生生活の本質を見失ってしまうなんてこともあります。

(아르바이트에만 쫓겨서는 공부가 소홀히 되고, 학생생활의 본질을 잃어버리는 일도 있습니다.)

4. 甘いものばかり食べていると、老けやすくなるのは本当です。一度に大量の糖分を摂取すると、体の中で「特殊な反応」を引き起こすようになるからです。

(단 것만 먹고 있으면 쉽게 늙어가는 것은 사실입니다. 한 번에 많은 양의 당분을 섭취하면 몸속에서 "특별한 반응"을 일으킬 수 있기 때문입니다.)

1. 留学生活はどうなるかは、まだわからないから、ビザが下りたからといって、喜んでばかりはいられない。

(유학 생활은 어떻게 될지 아직 모르기 때문에, 비자가 나왔다고 기꺼이 기쁘게 있을 수만은 없다.)

2. この近代科学全盛の時代、笑ってばかりはいられないようです。

(이 현대 과학 전성시대, 아무래도 웃고 만 있을 수는 없는 것 같습니다.)

3. 一昨日はヴェンくんのお葬式をして泣いて泣いてだったけれど泣いてばかりもいられず、昨日は大阪へ戻ってきました。

(그저께는 벤 군의 장례식을 하고 울고 또 울었지만 울고 만도 있어는 안 되어, 어제는 오사카에 돌아왔습니다.)

4. 薄着しても風邪ひかない人体はどのように形成されるのか、自分の身体で実験する日々ですが、サラリーマンとしては、風邪で休んでばかりもいられないので、辛いところです。

(얇게 입어도 감기를 들지 않는 인체는 어떻게 형성되는지, 스스로의 몸으로 실험하는 날들이지만, 샐러리맨으로는 감기로 쉬고 만 있어서는 안 되기 때문에, 괴로운 것입니다.)

5. 民間企業の冬のボーナスが5年ぶりに増加」との予測を伝えるニュースが流れた。サラリーマンにとっては朗報といえそうだが、安心してばかりもいられないようだ。

("민간 기업의 겨울 보너스가 5년 만에 증가"라는 예측을 전하는 뉴스가 흘러 나왔다. 직장인들을 위한 희소식이라고 보이지만 안심하고만 있을 수 없는 것 같다.)

1. 食費などの出費が増えるばかりでなく、公立の学校に通っていても、目先に迫る高校受験に備えて、教育費がかさみやすくなる時期。

(식비 등의 지출이 늘어날 뿐 아니라, 공립학교에 다니고 있어도, 눈앞에 바싹 다가온 고교 수험에 대비하여 교육비가 늘어나기 쉬워지는 시기.)

2. 借金まみれの韓国、家計債務ばかりか公的債務も1000兆ウォン越えている。

(빚 투성이인 한국, 가계부채뿐 아니라 공공 부채도 1000조원 넘는다.)

3. この言葉をあまり連発すると、自信がなそささそうで弱々しく感じるばかりか、かえって無責任さや慇懃無礼さも浮き出てきます。

(이 말을 너무 연발하면, 자신이 없어 보일 것 같고 약하게 느낄 고뿐더러, 오히려 무책임과 무례함도 떠올라옵니다.)

4. 野菜ばかりでなく(ばかりか(×))、肉料理も食べなさい。料理に偏るようでは体によくないよ。

(야채뿐만 아니라 고기 요리도 먹으세요. 한 요리에 편식하는 것은 몸에 좋지 않아요.)

5. 人生は短いですが、走るばかりでなく立ち止まって考えることも大事です。

(인생은 짧지만, 달릴 뿐 아니라 멈춰 서서 생각하는 것도 중요합니다.)

1. 敗残兵の妄想戦記の餌は高級な方が良いとばかりは言えない話に関する詳細記事。

(패잔병의 망상 전기 미끼는 고급스러운 것이 좋다고 만은 할 수 없는 이야기에 관한 자세한 기사.)

2. 美しいとばかりは言えない場面が多々見られ、奈良絵本製作の目的のひとつであった貴族や大名の姫君たちの嫁入り調度品としては、あまり似つかわしくない部分も多く含んでいる。

(아름답다고 만은 말할 수 없는 장면이 많이 보이고, 나라 그림책 제작의 목적 중 하나였던 귀족이나 영주인 공주들의 시집비품으로는 별로 적합하지 않는 부분도 많이 포함되어 있다.)

3. 観光客の増加は、土地の活気につながる面もあり、一概には良いとも悪いとも言い切れないのが難しいところです。

(관광객의 증가는, 토지의 활기로 이어지는 면도 있어, 통틀어 좋다고도 나쁘다고도 단언할 수 없는 어려운 것입니다.)

1. 子さんは独身だとばかり思っていたが、なんと三人のお子さんを持つママさんだった。

(료코 씨는 독신이라고만 생각했는데, 무려 세 명의 자녀를 가진 어머니였다.)

2. 景を見ているとばかり思っていた妻は、泣いていた。

(야경을 보고 있다고 만 생각했던 아내는 울고 있었다.)

3. メリカに行く女子は、せっかく渡米して、日本の正確な情報を提供してくるかと思いきや、白人男と付き合うことばかり考えている。

(미국에 가는 여자는 애써 도미해서, 일본의 정확한 정보를 제공하고 올까 생각했는데, 백인 남자와 교제하는 것만 생각하고 있다.)

4. ロコミサイトでは、予約を取るのが難しいかと思いきや、前日になんなく予約ができた。

(소문 사이트에서는, 예약을 취하는 것이 어려울까 생각했는데, 전날 손쉽게 예약 할 수 있었다.)

5. 目で見て書いているものとばかり思っていましたが、頭もちゃんと使えているんだなって気づきました。

(눈으로 보고 쓰는 것만 생각했지만, 머리도 제대로 사용할 수 있는구나 라고 깨달았습니다.)

1. 学歴がないばかりに、希望していた会社に入れなかったのだ。

(학력이 없는데, 희망했던 회사에 들어갈 수 없었던 것이다.)

毎週1億を手にしてる人がいるのにも関わらず、運がないばかり俺だけ抽選が漏れる。

(매주 1억을 손에 넣는 사람이 있는데도 불구하고, 운이 없는 참에 나만 추첨에서 샌다.)

2. 彼女に嫌われたくないばかりに、心にもないお世辞を行ってしまった。

(그녀에게 미움 받고 싶지 않은데, 마음에도 없는 칭찬을 하고 말았다.)

3. みんなの前でパソコンが得意だなんて話すんじゃなかった。よけいなことを言ったばかりにクラス会の案内状作りを頼まれてしまった。

(사람들 앞에서 pc가 자신 있다고 말할 게 아니었다. 쓸데없는 말을 해서 동창회 초대장 만들기를 부탁받았다.)

참고

이 문형 중「~んばかり」는 동사의「ない形」과 결합하여,「今にも~しそうだ」와 같은 의미를 나타낸다.
「今にも泣き出しそうな顔(=泣き出さんばかりの顔 : 당장 울 것 같은 얼굴)」
여기에서「~と言わんばかり」가 탄생되었기 때문에,「今にも言いそうだ(당장 말할 것 같다) 즉,「(実際にはそう言っていないが)今にも~しそうな様子・態度・表情で」라는 의미를 나타냅니다.「~とばかりに」의 약자이다.
주의 할 것은,「~とばかり思っていた(…고만 생각했다)」의 형태로 앞에 오는 단어나 어구를 강조한 문형을 만들 수 있다. 이「~とばかり」는 생략해도 의미는 바뀌지 않는다. 모양은 같아도「~と(言わん)ばかり」와는 전혀 다른 문형이다.

1. 今にも雨が降り出さんばかりの空模様(そらもよう)になってきた。
   (당장 비가 내릴 듯한 형세가 되어 왔다.)
2. 赤ん坊は、私が抱き上げたら今にも泣き出さんばかりの顔をした。
   (아기는 내가 안아주면 당장 울음이 나온듯한 얼굴을 했다.)

   泣き出さんばかりの表情で訴えたかと思えば、維新の党の松井一郎幹事長も「もし負けても、復活当選できるような比例票を掘り起こすのがわれわれの仕事」。
   (울 듯한 표정으로 호소했던가 하면, 유신당 마쓰이 이치로 간사장도 "만약 져도 부활당선할 수 있는 비례표를 발굴하는 것이 우리의 일")
3. 「不合格」という字を見た時、彼女は泣き出さんばかりの表情をした。
   ("불합격"라는 글자를 봤을 때 그녀는 곧 울 듯한 표정을 했다.)
4. せっかく遠くから来たのに、つい帰れと言わんばかりの顔をされては腹が立つのも無理がないだろう。
   (애써 멀리서 왔는데, 바로 돌아가라고 말할 것만 같은 얼굴을 해서, 화가 나는 것도 무리가 없을 것이다.)

(8)「くらい(ぐらい)」

1. 그 정도임을 나타냄.
2. 만큼. 정도. 가량. 쯤.
3. 비교의 기준을 나타냄.
4. 대강의 수량을 나타냄.

1. ラーメン以外は、餃子とライスぐらいですので、完全なるラーメン専門店と言えます。

   (라면 이외는 만두와 쌀 정도이므로, 완전한 라면 전문점이라고 말할 수 있습니다.)

   普段は遅く帰りがちな旦那様がごくまれに早く帰ってきたときくらいは我慢できませんか。

   (평소 늦게 귀가가 일쑤인 남편이 드물게 빨리 돌아 왔을 때만큼은 참을 수 없습니까?)

2. 圧倒的な透明度のメロディやボーカルが素晴らしく、1分ぐらいの長さしかないにもかかわらず一度聴いたら忘れないインパクトがあります。

   (압도적인 투명도 멜로디와 보컬이 멋지고, 1분 정도의 길이 밖에 없음에도 불구하고 한 번 들으면 잊지 못 할 효과가 있습니다.)

3. 彼が仕事を辞めないように説得できるのは、君ぐらいのものだ。

   (그가 직장을 그만두지 않도록 설득 할 수 있는 것은 너 정도입니다.)

1. もちろん我々はみんな、君が会社からの簡単なEメールの通知でクビになったことぐらい知っているよ。

   (물론 우리는 모두, 네가 회사에서 간단한 E메일 통보로 해고당한 것 정도는 알고 있어요.)

2. 来月のクレジットカードの引き落とし額は6万くらいあるぞ！

(다음 달 신용 카드 이체 금액은 6만 정도 있을 거야!)

3. 広島カープの実力は、現在、セリーグで2番目ぐらいでしょうか?

(히로시마 카프의 실력은 현재 센트럴리그에서 두 번째 정도입니까?

4. 食欲がなくても、せめて果物ぐらいは食べなければいけないよ。

(식욕이 없어도, 적어도 과일 정도는 먹어야 하지 않겠어요.)

1. 芸能人のお知り合いさんはいるんですけど、その遊ぶってことをする方は、田中さんぐらいだった。

(연예인 지인은 있지만, 그와 함께 노는 사람은 다나카씨 정도였다.)

2. 本当に彼女なのかどうかは判明していないのでなんとも言えませんが、やっぱり彼女ぐらいいても全くおかしくはないですよね。

(정말 그녀인지 여부는 알려지지 않기 때문에 정말 말할 수 없습니다만, 역시 그녀 정도 있어도 전혀 이상하지 않지요.)

3. 食後、コーヒーを飲みながら音楽を聞くぐらい楽しいことはない。

(식후 커피를 마시면서 음악을 들을 만큼 즐거운 것은 없다.)

1. 明日は、チビの七五三に行くので、せめて今日ぐらいは早く寝かせようと思います。

(내일이 꼬마의 시치고산에 가기 때문에, 적어도 오늘 정도는 빨리 재워야 할 것 같아요.)

2. 。からしもそうですが、人間でも、直接なめるのはいやなぐらいです。からいのも、決して、犬に良いとは思いません。

(겨자도 그렇지만, 인간도 직접 핥는 것은 싫은 정도입니다. 매운 것도 결코 개에 좋다고는 생각하지 않습니다.)

3. 換気扇などの汚れは、灯油をのボロ布につけて拭くと、おもしろいぐらいよく落ちます。

환풍기 등의 얼룩은 등유의 헝겊에 묻혀 닦으면 재미있을 정도로 잘 떨어집니다.)

4. さっきまでストーブがほしいくらいの寒さだったはずなのに、作業に夢中になっているうちに汗ばんでいた。

(조금 전까지 난로를 원할 정도의 추위였는데, 작업에 열중하고 있는 사이에 땀이 났다.)

5. まったく動けないくらいだと、病院も退院させませんので、そんなに心配しなくてもいいです。ただ意外と動けるので、動きすぎないように気をつけたほうがいいくらいだ。

(전혀 움직일 수 없는 정도라면, 병원도 퇴원시키지 않으므로 너무 걱정하지 않아도 됩니다. 그러나 의외로 움직일 수 있 때문에, 너무 움직이지 않도록 조심하는 편이 좋을 정도다.)

6. コーヒーを飲む時間もないぐらいだということを知りながらですから、有り難いことです。

(커피를 마시는 시간도 없을 정도라는 것을 알면서도, 고마운 일입니다.)

7. 冷たいものがかなりしみる。何もしていなくても痛むことがある。寝られないくらいの痛みが出たりする。

(차가운 것이 꽤 스민다. 아무것도 하지 않아도 아플 때가 있다. 잘 수 없을 정도의 통증이 생기기도 한다.)

8. テストでこんな点しか取れないなんて、悔しくて泣きたいぐらいだ。(＝テストでこんな点しか取れないなんて、泣きたいぐらい悔しい。)

(테스트에서 이런 점수 밖에 나오지 않다니 분해 울고 싶을 정도다.)

1. 看護学校を卒業後、看護の教科書の処分について迷われる方はすくなくありませんが、「捨てるぐらいなら売ったほうがマシ」だということです。

(간호학교를 졸업 한 후, 간호 교과서의 처분에 망설이는 사람은 적지 않지만 "버릴 정도라면 파는 편이 낫지"라는 것입니다.)

2. タバコをやめるくらいなら死んだほうがましです。先生は自分がタバコを吸わないからそんな勝手な事が言えるのです。

(담배를 그만둘 정도라면 죽은 편이 낫습니다. 선생님은 자신이 담배를 피우지 않기 때문에 그런 멋대로 말을 할 수 있는 것입니다.)

1. 仕事の内容も曖昧で月の収入も分からないぐらいならもう会話も無いでしょ?

(일의 내용도 애매하고 달 수입도 모를 정도라면 이제 대화도 없겠죠?)

2. 冬の節電には限界があり、風邪を引くぐらいなら暖房つけたほうがいいと思っています。

(겨울의 절전에는 한계가 있어, 감기가 걸릴 정도라면 난방을 하는 게 좋다고 생각합니다.)

3. アレルギーを怖がるぐらいなら、他の食品を食べない努力をした方が健康に良いのではないでしょうか。

(알레르기를 무서워 할 정도라면, 다른 음식을 먹지 않는 노력을 하는 것이 건강에 좋은 것은 아닐까요.)

4. 家の周りを少し散歩するだけで、お隣のおばあちゃんとすれ違うことはよくある訳です。大切な事はこちらから元気に挨拶をするという事。

(집 주변을 조금 산책하는 것만으로, 이웃 할머니와 지나치는 것은 자주 있는 것입니다. 중요한 것은 이쪽에서 힘차게 인사를 하는 것.)

(9)「ほど」

1. 사물 · 동작 · 상태의 정도나 한도. 또는 알맞은 정도.
2. 대체적인. 거리.
3. 대체적인. 시간. 사이. 쯤. 무렵.
4. 정도. 분수.

1. メールの着信が嫌というほどたくさんきます。通知をOFFする方法があれば教えて下さいよろしくお願いします！

(메일 수신이 싫을 만큼 많이 옵니다. 통지를 OFF하는 방법이 있으면 가르쳐주세요. 잘 부탁드립니다!)

2. タイトル通り、うつ病の仕組みがおもしろいほどよく分かりました。うつ病の原因は、扁桃体という脳の一部位の過剰な活動によるものだということ。

(제목대로, 우울증의 구조가 재미있는 만큼 잘 알았습니다. 우울증의 원인은 편도체라는 뇌의 일부위의 과도한 활동에 의한 것이라는 것.)

3. 大学入試マンガで日本史が面白いほどわかる本;わかりやすい導入マンガと、有名予備校の実力派日本史講師の解説が一冊になりました。

(대학입시 만화로 일본사가 재미있을 정도로 알 수 있는 책; 알기 쉬운 도입만화와 유명학원의 실력파 일본사 강사의 해설이 한 권에 있습니다.)

4. 涙が出るほど京都が好き！和菓子だけでなく洋菓子のレベルも相当な高さを誇る京都。わたしは京都の喫茶店をこよなく愛しています。

(눈물이 나올 정도로 교토가 좋아! 일본 과자뿐만 아니라 양과자의 수준도 상당한 수준을 자랑하는 교토. 나는 교토 찻집을 각별히 사랑합니다.)

5. 最高に幸福なことは、自然に目覚めるほど十分な睡眠をとることであり、手が疲れるほど札束を数えることだ。

(가장 행복한 것은, 자연스럽게 일어날 정도로 충분한 수면을 취하는 것이고, 손이 피곤만큼 지폐를 세는 것이다.)

6. 半年ずっと憧れてた男性がいた。それまで、挨拶できた日は興奮して寝られないほど好きだった。落ち着いた優しい声、無邪気な笑顔、知的なところ、整った顔。

(반년 계속 동경한 남성이 있었다. 그때까지 인사한 날은 흥분 되서 잘 수 없을 정도로 좋아했다. 차분한 부드러운 목소리 순진한 미소, 지적인 곳, 갖추어 진 얼굴.)

7. 22日の土曜日の夜から、3月23日の日曜日の夜にかけて泣きたいのに泣けない、そんな状態が続いた。心と身体がかみさんが亡くなって以来、そんなことが何度かあったが、こういう状態は表現しがたいほど辛いものだ。

(22일 토요일 밤부터 3월 23일 일요일 밤까지 울고 싶은데 울 수 없는, 그런 상태가 계속되었다. 몸과 마음이 마누라가 죽은 이후, 그런 일이 몇 번 있었지만, 이런 상태는 표현하기 어려운 만큼 괴로운 것이다.)

8. いま「死にたい」ほどつらいあなたへ。いま、あなたは悩みを抱え、一人で考えていても悩みの解決方法が見つからないのかもしれません。

(지금 「죽고 싶다」할 정도 힘든 당신에게. 지금은 고민을 안고 혼자 생각해도 고민의 해

결 방법을 찾을 수 없을지도 모릅니다.)

1. 私が入学した農業高校の実習では、農薬散布の際はりんご園への立ち入りが禁止されるほど厳しい管理がされていませんでした。

(내가 입학한 농업 고등학교 실습에서는, 농약 살포시는 사과 공원에 출입이 금지될 정도로 엄격한 관리가 되지 않았습니다.)

2. 女性読者へのアンケートを参考に「小さなことなのに意外なほど女友達をガッカリさせる行動」をご紹介します。

(여성 독자의 설문을 참고로 "작은 일인데 의외일정도로 여자 친구를 실망시키는 행동"을 소개합니다.)

3. 声が大きければ大きいほどいいとはいえませんが、大きな声には人を圧倒する力があるのもまた事実。

(목소리가 크면 클수록 좋다고는 할 수 없지만, 큰 소리로 사람을 압도하는 힘이 있는 것도 또한 사실.)

4. 年をとればとるほど得るものよりも失うものの方が多いですよね？

(나이를 먹으면 먹을수록 얻는 것보다 잃는 것이 더 많다지요?)

1. 新幹線なら絶対安心とまで思ってしまうほど新幹線に全信頼をおいています。旦那は飛行機ほど安全な乗り物はないといいます。

(신칸센이라면 절대 안심하다고까지 생각이들 정도 신칸센에 모두 신뢰를 두고 있습니다. 남편은 비행기 만큼 안전한 교통수단은 없다고 말합니다.)

2. 介護福祉士をとり、いよいよ目標のケアマネの試験が近づいて死ぬほど勉強しました。

(개호 복지사를 얻고, 드디어 목표인 케어 흉내 시험이 다가와서 죽도록 공부했습니다.)

3. 私が年上で40代ちょうど真ん中当たり、最近ゴールインしたところです。かおりさんのほどは年は違いませんが、やはり一桁台の年の差のご夫婦とは違うことを色々考えなければいけません。

(내가 나이가 40대 딱 중간정도, 최근 막 골인했습니다. 가오리씨 정도는 나이는 차이가 없지만, 역시 한 자릿수의 나이차의 부부와는 다른 것을 여러 가지 생각하지 않으면 안 됩니다.)

4. 佐藤さんも鈴木さんも走るのが速いです。しかし、佐藤さんは鈴木さんほど速く走れません。つまり、佐藤さんより、鈴木さんのほうが速く走れます。
(사토씨도 스즈키씨도 달리는 것이 빠릅니다. 그러나 사토씨는 스즈키씨 만큼 빨리 달릴 수 없습니다. 즉, 사토씨보다 스즈키씨가 더 빨리 달릴 수 있습니다.)

참고

1. チベットの人口はソウルの人口ほどずっと多くない。(×)
   チベットの人口はソウルの人口よりずっと少ない。(○)
   ソウルの人口はチベットの人口よりずっと多い。(○)
2. 田中の身長は2メートル以上です。わたしの身長は1.5メートルしかありません。
   私は田中ほど背が高くないです。(×)
   私は田中より背がずっと低いです。(○)
   私は中明より背がずっと高いです。(○)
3. 今現在、韓国の経済はアメリカの経済ほどずいぶん進んでいない。(×)
   今現在、韓国の経済はアメリカの経済よりずいぶん遅れている。(○)
   今現在、アメリカの経済は韓国の経済よりずいぶん進んでいない。(○)

1. 白石さんほどの美しく魅力的な女性はいません。
(시라이시씨 만큼 아름답고 매력적인 여성은 없습니다.)

2. 僕の知る中で彼女ほど人生を楽しんでいる人はそんなにいない。
(내가 아는 가운데 그녀만큼 인생을 즐기는 사람은 그렇게 없다.)

3. 千葉県に天下一品がないのは常々から憤りを感じていたが今日ほど感じる日はないですね。

(치바현에 천하일품이 없는 것은 늘 분노를 느끼고 있었지만 오늘만큼 느끼는 일은 없네요.)

4. これらはどれもいつか発表する時が来るかもしれないが、奇妙な出来事が立て続けに起きたという点では、これから記述しようとペンをとっているこの事件ほど変わった特徴を備えたものはない。

(이 모든 것은 언젠가 발표할 때가 올지도 모르지만, 이상한 사건이 연달아 일어났다는 점에서 앞으로 기술하려고 펜을 잡고 있는 이 사건만큼 달라진 특징을 갖춘 것은 없다.)

1. 悩めば悩むほど、苦しめば苦しむほど、最後笑った時に、半端ない喜びが待ってるんだろうなっていうのは感じるし、すごい素晴らしいテーマが与えられた。

(고민하면 고민할수록, 괴로우면 괴로울수록, 마지막은 웃었던 때에, 큰 기쁨이 기다리고 있는 거라는 것은 느끼고, 정말 멋진 테마가 주어졌다.)

2. 私はある1つのルールを自分に課したことで、驚くほど豊かな時間の使い方ができるようになりました。

(나는 어떤 하나의 규칙을 자신에게 부과함으로써, 놀라울 정도로 풍부한 시간의 사용이 가능하게 되었습니다.)

3. 人は怒るほど疲れ、怒るほど論理性が崩れ、怒るほど仲間が減ります。かたや人は笑顔でいるほど幸せになり、穏やかでいるほどいいアイデアが湧き、仲間が増えるほど楽しくなります。

(사람은 화를 낼수록 피곤해지고, 화를 낼수록 논리성이 무너지고, 화낼수록 동료가 줄어듭니다. 한편 사람은 웃는 얼굴로 있을수록 행복해지고, 평온해 있을수록 좋은 아이디어가 솟고, 동료가 증가할수록 즐거워집니다.)

4. キャラクターメイキングが魅力的であることは前述しましたが、課金要素を追加したとしても利便性が増すほどのものとは言えない。

(캐릭터 메이킹이 매력적이다는 것은 전술했지만, 과금 요소를 추가해도 편리성이 증가할 정도라고는 할 수 없다.)

1. 格安スマホの月額利用料金(3、000円前後と仮定)について印象を聞いたところ、全体でもっとも多かった回答は「安いとは思うが、格安というほどではない」で、50.6%と過半数だった。

(저렴한 스마트폰의 월정액 요금 (3,000엔 전후라고 가정)에 대한 인상을 물어 본 결과, 전체에서 가장 많았다 답변은 "싸다고 생각하지만 저렴하다고 할 정도 아니다"에서 50.6%로 과반수였다.)

2. 僅かなお金ですが、労働というほどではありませんが、手を動かして作ったもので寄付金を募るというボランティアが私の望みでした。

(작은 돈이지만, 노동이라고 할 정도는 아니지만, 손을 움직여 만든 것으로 기부금을 모집하는 자원 봉사자들이 내 소망이었습니다.)

3. 彼女に振られたが、それでがっくりしたというほどではない。彼女に付き合っている人がいるにを知っていたから。

=彼女に振られたが、それでがっくりしたといえば、それほどではない。彼女に付き合っている人がいるにを知っていたから。

(그녀에게 차였지만, 그래서 실망했다고 할 정도는 아니다. 그녀가 교제하고 있는 사람이 있다는 것을 알고 있었기 때문.)

4. 今、シカゴ·オヘア空港でこれを書いている。久しぶりにというほどではないが、1週間日本に滞在する。もちろん、今年最後の日本帰国である。

(지금 시카고 오헤어 공항에서 이것을 쓰고 있다. 오랜만이라고 할 정도는 아니지만, 일주일간 일본에 체재한다. 물론 올해 마지막 일본 귀국이다.)

(10)「こそ」(~이야말로, ~할 지언정, ~만은, ~때문에)

1. 앞의 말을 강조한다.
2. 원인을 제시한다.
3. 조건을 제시한다.
4. 일단 긍정을 나타낸다(「~가정형」, 「~が」, 「~けれど」의 형태).

용 례

● 접속

체언 · 용언 및 여러 가지 말에 접속한다. 용언 · 조동사에는 그 연용형에 접속한다.

1. 今度こそダイエットを成功させるには、自分自身を知ることが大切です。どんどん心理テストにチャレンジして、あなたのダイエットを成功に導いてください。
(이번이야말로 다이어트를 성공시키려면 자신을 아는 것이 중요합니다. 점점 심리 테스트에 도전하고, 당신의 다이어트를 성공으로 이끄세요.)

2. 生協運動もまた、その存続には平和こそが基盤になることがわかりました。
(생협운동 또한 그 존속에는 평화만이 기반이 되는 것을 알 수 있었습니다.)

3. ゲームこそ人生で、ゲームこそ人生だ。ぼくとしては何がいいたいのかというと、この肉体的、物理的な退歩現象だけで、人間がすべてマイナスへ移行していると考えることを止めようと、声を大にしていいたいのである。
(게임이야말로 인생이고, 게임이야말로 인생이다. 나로서는 무엇을 말하고 싶은 것인지라고 하면, 이 육체적, 물리적 퇴보 현상만으로, 인간이 모두 마이너스로 전환되고 있다는 생각을 막으려고, 목소리를 높여 말하고 싶은 것이다.)

4. 今年こそはダイエット！女性のみなさんならば、一度はこう決心したことがあるのではないでしょうか？
(올해야말로 다이어트! 여성 여러분이라면 한번 이렇게 결심한 적이 있지는 않을까요?)

5. デザインリノベーションや入居率の高さという強みもありますが、私としては社員の営業力とサービスの質こそが最大の強みだと考えています。
(디자인혁신과 입주율을 높인다는 장점도 있지만, 나로서는 사원의 영업력과 서비스의 질 이야말로 가장 큰 장점이라고 생각합니다.)

6. 色も様々ですが、テクスチャも様々あり、日本でこそ、バリエーションが豊富なすばらしい作品が作れる、というのも魅力の1つです。

(색상도 다양하지만, 질감도 여러 가지 있고, 일본에서 변화가 풍부한 훌륭한 작품을 만들 수 있다고 하는 것도 매력의 하나입니다.)

1. 実践活用してこそサイト作成としての能力を最大限に生かすツールです。
(실천 활용해야만 사이트 만들기로서의 능력을 최대한 활용하는 도구입니다.)
2. 節約して貯めたお金は、使ってこそ価値がある。
(절약하여 모은 돈은 써야 가치가 있다.)
3. スタッフ全員がお互いを尊敬しあい、助け合ってこそ患者様に心のこもった医療が提供される。
(직원 모두가 서로를 존중하고, 서로 도와야만 환자분들에게 마음이 담긴 의료가 제공된다.)
4. 今は以前よりも努力を意識してますし、努力してこそ成果が表れるのできちんと続ける事ができるようになった感じです。
(지금은 이전보다 노력을 인식하고 있으며, 노력해야만 성과를 나타낼 수 있기 때문에 제대로 계속할 수 있게 된 느낌입니다.)

1. あの先生は学生をほめこそすれ、しかるようなことはしない。
(그 선생님은 학생을 칭찬할지언정, 꾸짖으려 고는 하지 않는다.)
2. わたしは感謝しこそすれ、あなたを恨む理由はありません。
(나는 감사할지언정 당신을 원망할 이유는 없습니다.)
3. あの人はとてもずるくて人を騙しこそすれ、人にだまされるような人ではない。
(그 사람은 매우 교활하여 사람을 속일지언정 사람에게 속을 것 같은 사람이 아니다.)

1. これからのPCメーカーにとって、デザインこそが差異化と成長のカギだ。

(앞으로 PC 제조업체들이 디자인만이 차별화와 성장의 관건이다.)

2. 緊張する舞台こそ楽しむことを心掛けること。だからセンター試験こそいつも通りにそして楽しむ。

(긴장하는 무대일수록 즐기는 것을 유의할 것. 그래서 센터시험이야말로 언제나처럼 그리고 즐긴다.)

3. 自分は何のために働くのかと悩んでいる人にこそ読んで欲しい。

(자신이 무엇을 위해 일하는지 고민하고 있는 사람이야말로 읽었으면 한다.)

4. はその会社の専務でこそあるが、名ばかりで、何もしないそうだ。

(그는 회사의 전무라고 하고 있지만, 이름뿐 아무것도 아니다 한다.)

彼らは、神々の創造物でこそあるが、一度生を受けたのであれば、神々であっても抹消することはできない。

(그들은 신들의 창조물이라고 하지만, 한 번 태어난다면 신들도 말소할 수 없다.)

5. 近隣の宅配店は商売上のライバルでこそあるが、一方で仲間を思う気持ちが強く、新規事業主である自分に対し、ずいぶんといろんなことを教えられ、助けてもらった。

(인근 택배업체는 사업상의 라이벌이긴 하지만, 한편으로 동료를 생각하는 마음이 강하고, 신규 사업자인 자신에 대해 꽤 여러 가지 일을 배웠고 도움이 되었다.)

6. 良心的な社員の働きこそが会社の未来を約束してくれます。

(양심적인 직원의 노동만이 회사의 미래를 약속해 줍니다.)

1. 夏だからこそ気を付けておかないと健康のためのバイブルです。

(여름이기에 조심하지 않으면 건강을 위한 바이블입니다.)

2. お金持ちだからこそ、お金を使わない生活にあこがれる心理を利用するのはいかがでしょうか？

(부자이기 때문에 돈을 사용하지 않는 생활을 동경하는 심리를 이용하는 것은 어떻습니까?)

3. クレジットカードは便利だからこそ、クレジットカードが便利という理由でカードを手に入れる人はたくさんいます。

(신용 카드는 편리하기 때문에, 신용 카드가 편리라는 이유로 카드를 손에 넣는 사람은

많이 있습니다.)

4. 体が弱いので、入学を1年遅らせるということも考えたようですが、おじいちゃんが、「体が弱いからこそ、早いうちから学校に通わせた方が良い」。

(몸이 약하기 때문에 입학을 1년 연기시킨 것도 생각한 것 같습니다만, 할아버지가 "몸이 약하기 때문에 조만간 학교에 다니게 하는 것이 좋다".)

5. 人間が道具を上手に使いこなしたからこそ今日に生活があるのだと言える。

(인간이 도구를 능숙하게 다루기 때문에 오늘날의 생활이 있는 것이라고 할 수 있다.)

1. 今も好奇心旺盛であればこそ、毎日を楽しく過ごせていると思っています。

(지금도 호기심이 있기 때문에, 매일을 즐겁게 보낼 수 있다고 생각합니다.)

2. 悪人あればこそ善人も顕われる、日本人には馴染みの深い諺！その諺に注目してブログを悪人もいればこそその対照として善人の存在が目立つのである。

(악인 있어야만 선인도 나타난다. 일본인에게는 익숙한 속담! 그 속담에 주목해서 블로그를 악인도 있어야만 그 대조적으로 선인이 눈에 띄는 것이다.)

3. オリンピックの練習が楽しければこそ、もっと頑張ろうという気持ちにも慣れるのだ。

(올림픽 연습이 즐거우면 더욱 더 노력하려는 마음도 생길 것이다.)

참고

体が弱ければこそ、嫌いなものも無理して食べたければならないんだ。(×)
体が弱いからこそ、嫌いなものも無理して食べたければならないんだ。(○)
体が弱いからこそ、熱中症になってしまった時のダメージも大きくなります。
(몸이 약하기 때문에 열사병에 걸린 때의 피해도 커집니다.)

(11)「でも」(~라도, ~이든, ~이든지)

1. 유추를 나타낸다.
2. 개괄 예시를 나타낸다.
3. 무제한을 나타낸다.
4. 명령을 나타낸다.
5. 가정조건을 강조하여 말할 경우 쓰인다.

용 례

- **접속**
  체언·용언 및 여러 가지 말에 접속한다. 용언에는 연용형에 접속한다.

1. 私は教師でもあります。なぜかというと、教えると同時に学生からもいろいろ学んだのです。
   (나는 교사이기도 합니다. 왜냐하면, 가르치면 동시에 학생들로부터 여러 가지 배웁니다.)
2. 日新の創業者でもあり、かつ、幅広い年齢層のお客様に支持される強力な営業マンでもあります。
   (닛신의 창업자이기도 하며, 이미 폭 넓은 연령층의 고객들에게 지지를 받는 강력한 영업 사원이기도 합니다.)
3. 資料の山というのは弱者の武器でもあり、強者が責任から身を守るための盾でもある。
   (자료의 산이라는 것은 약자의 무기이며, 강자가 책임으로부터 자신을 지키기 위한 방패이기도 하다.)
4. 特別上手でもなく下手なのでどんな手を使ってでもネタプレイします。
   (특별 능숙하지도 않고 서툴지 않고 무슨 수를 써서라도 속임수를 씁니다.)
5. 教授によると、「静かでもなくまたうるさくもない、中間の音量が仕事をするには理想的」というわけです。

(교수님에 따르면, "조용하지도 않고 또한 시끄럽지도 않은 중간 음량이 일을 하기에는 이상적"이라는 것입니다.)

6. スニックは厳しくも優しくもある良い先輩が多く、色々と勉強しながら成長できる会社だと思います。

(스닉쿠는 엄격하면서 마음씨 좋은 선배가 많고, 다양하게 공부하면서 성장할 수 있는 회사라고 생각합니다.)

1. 頂上が近いことは判っているが、見落しでもしたら再びこの山を訪れなければならなくなり、ここは真剣勝負である。

(정상이 가까운 것은 알고 있지만, 간과라도 하면 다시 이 산을 방문하지 않으면 안 돼, 이곳은 진검 승부이다.)

2. ブラックリストには借金を少しでもしたら載ってしまうのか。二ヶ月前、消費者金融から借金をしました。

(블랙리스트에는 빚을 조금이라도 지면 실려 버리는 것인가. 두 달 전, 소비자금융으로부터 빚을 졌습니다.)

3. もちろんもし病気になりでもしたら、やっぱり大変なことになるでしょうね。

(물론 만약 병이라도 난다면 역시 큰일 되겠지요.)

4. 接着剤を使用することは当然できません。海水で溶け出してイカに移りでもしたら大変です。

(접착제를 사용하는 것은 당연히 할 수 없습니다. 해수로 녹아 오징어로 옮기거나 하면 큰일입니다.)

1. どんな天気でも心配なし。子供と楽しめる室内の遊び場。お出かけする時に急に雨が降ったり暑くないか天気が心配なことがあります。

(어떤 날씨에서도 걱정 없음! 아이들과 즐길 수 있는 실내 놀이터. 외출할 때 갑자기 비가 내리거나 덥지 않을까 날씨가 걱정스러운 일이 있습니다.)

2. 教室は狭いからどの席でもよく見えるよ、とは聞いていたけどまさかあんなに狭いとは思わなかった。

(교실은 좁기 때문에 어느 자리에서도 잘 보여요, 라고 듣고 있었지만 설마 저렇게 좁을 거라고는 생각하지 못했다.)

3. お母さんが負担でなければ、いつまででもいいと思います。授乳は素晴らしいスキンシップですし、子どもはやはり安心します。

(엄마가 부담되지 않으면 언제라도 좋다고 생각합니다. 수유는 좋은 스킨십이고, 아이는 역시 안심합니다.)

4. かなり専門的な内容です。全て答えられなくても部分的にでも答えてくれると嬉しいです。

(상당히 전문적인 내용입니다. 모든 응답을 하지 않아도 부분적이라도 대답해 주면 기쁩니다.)

5. いつでもどこでもだれにでもできるボランティア活動。ボランティア活動は、他から強制されたり、義務としておこなうことではなく、自分の意思でおこなう「自主性·主体性」をもった活動です。

(언제 어디서나 누구나 할 수 있는 자원 봉사 활동. 자원 봉사 활동은 다른 사람부터 강요받거나, 의무로 행하는 것이 아니라 자신의 의지로 실시하는 "자주성 · 주체성"을 가진 활동입니다.)

(12)「さえ/すら」(~조차, ~마저, ~까지, ~만, ~뿐)

1. 극단적인 사항을 예로서 제시하고, 그외의 경우는 말할 것도 없다는 뜻을 나타낸다.
2. 가정조건문에 사용되어, 그것만으로 모든 조건이 만족됨을 나타낸다.
3. 그것 뿐만 아니고 다른 사항이 추가가중됨을 나타낸다.

용 례

- **접속**

  체언 · 용언을 비롯하여 여러 가지 말에 접속한다. 용언 조동사에는 그 연용형에 접속한다.

1. 朝鮮日報、名前さえ漢字で書けない韓国人1970年に「ハングル専用政策」が始まってから44年。今や、小学校で漢字を学んでいない。

(조선일보, 이름조차 한자로 쓸 수 없는 한국인 1970년에 '한글 전용 정책'이 시작된 지 44년. 이제 초등학교에서 한자를 배우지 않는다.)

2. A社とB社は同じ時期にできた会社で、そして事業内容も同じだ。しかし、A社はどんどん発展して最近海外へさえも/へすらも進出しているのみ対して、B社は国内で生き残るのさえも/すらもできそうもない状態だそうだ。

(A사와 B사는 같은 시기에 생긴 회사이고, 그리고 사업도 마찬가지다. 그러나 A사는 점점 발전하여 최근 해외까지 진출하고 있는 것에 대해, B사는 국내에서 남아 생존하는 것 조차 희박한 상태라고 한다.)

3. 安倍は天皇さえも改憲には反対されているのにどうして言うことを聞かないんだ？

(아베는 천황조차도 개헌에 반대하는데 왜 말을 듣지 않는 거야?)

4. 裕福な実親に、私は実の両親にさえ思春期あたりには「もっと金もちの家に生まれたかった」と言ったことがあります。

(부유한 친부모, 나는 친부모조차 사춘기에는 "더 부잣집에 태어나고 싶었다."고 말한 적이 있습니다.)

5. TOEFLは「読む」「聴く」「話す」「書く」の4技能を測る。内容は学術的で大学生にさえ難易度は極めて高い。

(TOEFL은 「읽기」 「듣기」 「말하기」 「쓰기」의 4기능을 측정한다. 내용은 학술적이어서 대학생조차 난이도는 매우 높다.)

6。「問題を解くどころか、何が書いてあるかさえも理解できません。実はコレ、高校の入試問題なんですって」といったコメントもある。もちろん、これは普通の「日本語」ではない。

("문제를 해결하기는커녕 무엇이 쓰여 있는지 조차 알 수 없습니다. 사실 이거 고등학교 입시 문제라고요"라는 의견도 있다. 물론, 이것은 보통의 「일본어」가 아니다.)

1. 強い雨風の時はもちろん、それほど激しくない風の中でさえも、傘生地の部分がほころんで破れたり、骨と生地が最も厳しい天候条件の中でさえも、生地がバタバタとはためくことはなく、強風に対して傘をコントロールできる構造です。

(강한 비바람 때는 물론, 그만큼 심하지 않은 바람 속에서 조차도 우산 원단부분이 터져 찢어지고, 뼈와 천이 가장 심한 날씨 조건에서 조차도 천이 푸드득 펄럭이지 않고, 강풍에서도 우산을 컨트롤 할 수 있는 구조입니다.)

1. 一度に食べ過ぎるとお腹がゆるくなるけどこの腹痛さえも幸せな気分、いつかこの腹痛が陣痛に変わる日を夢見て今日もあなたに逢いに行く。

(한꺼번에 너무 많이 먹으면 배가 느슨해지지만 이 복통조차도 행복한 기분, 언젠가 이 복통이 진통으로 변할 날을 꿈꾸며 오늘도 당신을 만나러 간다.)

1. 韓国のネット掲示板に「お金さえあれば暮らせる日本の島々」というスレッドが立っていたのでご紹介します。

(한국의 인터넷 게시판에 "돈만 있으면 살 수 있는 일본 섬"이라는 스레드가 서 있었기 때문에 소개합니다.)

2. 自分の欠点や苦手やコンプレックスなどは、自分さえ悩み苦しまなければ、実生活では問題ない場合が多いでしょう。

(자신의 단점이나 서투름이나 콤플렉스 등은, 자신조차도 고민하고 괴로워하지 않으면, 실생활에서는 문제가 없는 경우가 많은 것입니다.)

3. 「自分は酒さえ飲まなければ、何の問題もない」という、自分の責任を酒に押し付けてしまう否認です。

("나는 술만 마시지 않으면 아무 문제도 없다"라는 자신의 책임을 술에 떠넘기는 부인이

에요.)

4. 現金があれば安心とも言えない、「貯めるだけではなく投資する財産」。バブルが崩壊した頃から、「土地は持ってさえいれば値上がりする財産」という常識が崩れたため、価値が変わらない「現金」を残すため、多くの方はこつこつと貯蓄をしています。

(현금이 있어도 안심이라고도 할 수 없다 "저축뿐만 아니라 투자하는 재산" 버블이 붕괴되었을 때부터 "토지는 가지고만 있으면 오르는 재산"이라는 상식이 무너졌기 때문에, 가치가 변하지 않는 "현금"을 남기기 위해 많은 분들이 꾸준히 저축을 하고 있습니다.)

5. きっと自分の夢を実現するためだと思います。日本語は勉強すればするほど上手になります。やる気さえあれば大丈夫です。

(반드시 자신의 꿈을 실현하기 위한 것이라고 생각합니다. 일본어는 공부하면 할수록 능숙해 집니다. 의욕만 있으면 괜찮습니다.)

6. この前、雨が止みさえすれば水が一握りでも溜まっている所がないように作るには、1年くらいは作らなくてはいけないというのが正しいでしょう。

(얼마 전, 비가 그치기만 하면 물이 소수라도 모여 있는 곳이 없도록 만들기 위해서는, 1년 정도는 만들지 않으면 안 된다는 것이 올바른 것입니다.)

7. ただ生きていてくれればいい。ただ、元気でいてさえくれればいい。

(단지 살아 있어 주면 좋다. 그냥 잘 있어 주면 좋다.)

(13)「まで」(~까지, ~뿐, ~만, ~따름)

1. 동작작용이 미치는 한계점 귀착점을 나타낸다.
2. 정도의 한정을 나타낸다.
3. 유추첨가의 의미를 나타낸다.

용 례

- **접속**

  체언·용언을 비롯하여 여러 가지 말에 접속한다. 앞의 말이 용언일 경우에는 연체형에 접속된다.

1. 大気再突入で燃え尽きてしまう運命であるにもかかわらず、どうして君は、これほどまでに指令に応えてくれるのか。

(대기 재진입에서 불타 버릴 운명임에도 불구하고, 왜 너는 이렇게까지 지령에 응해주는지.)

2. こうまでして仕事をしなければならないのか。テスト勉強で、記憶する問題とかは、夜遅くまでして、おぼえるのと、朝早くおきて、おぼえるのどっちが頭にはいりますか？

(이렇게까지 일을 해야 하는가. 시험공부에서 기억하는 문제 같은 것은 밤늦게까지 해서 외우는 것과 아침 일찍 일어나서 외우는 것은 어느 쪽이 머리에 들어갑니까?)

3. プロローグ私は自分が自殺未遂をするまで、「死ぬ覚悟があれば何でも出来る」。だから一時的な感情で自殺をするのは命の透析をしなくても1週間は生きていける。

(프롤로그 나는 자신이 자살 시도를 할 때까지, "죽을 각오가 있으면 무엇이든 할 수 있다." 그래서 일시적인 감정으로 자살을 하는 것은 생명의 투석을 하지 않아도 1주일 살아갈 수 있다.)

4. これらの抗議の学者は自由時報に抗議をしないばかりか、自由時報に投書までしている。

(이러한 항의하는 학자들은 자유 시보에 항의를 하지 않을 뿐더러, 자유 시보에 투서까지 하고 있다.)

5. 廃棄をなるべく減らすよう値段を下げるまでして売り切る努力をしているが、期限を過ればは廃棄している。

(폐기를 가급적 줄일 수 있도록 가격을 낮추기까지 해서 판매하려는 노력을 하고 있지만 기한이 지나면 폐기한다.)

1. 環境破壊してまで、なんで必要なんでしょうか。普天間基地の代わりといったらそうなんでしょうが、それほど米軍にとっても必要な基地でもないんです。

(환경 파괴까지 왜 필요한 것입니까. 후텐마 기지 대신이라고 하면 그렇겠지만, 그 정도 미군에게도 필요한 기지도 없어요.)

2. 親友と元彼女が、私を騙してまで会ったりしてるんです。そいつとは、16·7年の付き合いなんです。

(친구와 전 그녀가 나를 속여서까지 만나기도 하고 있어요. 그 녀석은 16~7년의 교제입니다.)

3. せっかくの料理ですから、全部食べたいものです。しかし、やはり量が多いときは、食べきれないときがあります。量が多くて、食べきれないときには、無理をしてまで食べる必要はありません。

(모처럼의 요리라 전부 먹고 싶은 것입니다. 그러나 역시 양이 많을 때, 먹을 수 없는 경우가 있습니다. 양이 많아서 다 먹을 수 없을 때는 무리해서까지 먹을 필요는 없습니다.)

4. 住宅ローンの返済が苦しくなった人だけが、家を手放す訳ではありません。家を手放してまで、残った住宅ローンを返済し続ける。

(주택부채 상환이 어려워진 사람만이 집을 처분하라는 것은 아닙니다. 집을 처분할 때까지 남은 주택부채를 계속 상환한다.)

5. コンピューターが名人より強くなってしまうと、カンニングしてまで勝とうとする者が出るかもしれない。

(컴퓨터가 명인보다 강해 버리면, 컨닝해서까지 이기려는 사람이 나올지도 모른다.)

6. その家庭を崩壊させてまで、私にハマる人だなんて思わなかったから。自分がしてることと矛盾してるけど、私には守るべきものを守りつつ外でバリバリ活躍する男性が魅力でした。

(그 가정을 붕괴시키기까지, 나에게 빠지는 사람이라고는 생각하지 않았기 때문. 자신이 하고 있는 것과 모순되지만, 나에게는 지켜야 할 것들을 지키면서 밖에서 열심히 활약하는 남성이 매력이었습니다.)

1. 夏(お盆を迎える前の静かな墓地を、日が暮れるまで歩いてみることにした。

(여름 (추석)를 맞이하기 전에 조용한 묘지를, 해가 질 때까지 걸어보기로 했다.)

2. 母国を捨てた時、その思いはいったん崩れ去りましたが、新しい言葉をしゃべることができるようになり、読むことができるようになり、次に学校に通って書く勉強をした彼女は、ついに、10年がかりでフランス語で本を書けるまでになったのです。

(모국을 버릴 때, 그 생각은 일단 무너졌지만, 새로운 말을 할 수 있게 되고, 읽을 수 있게 되고, 다음에 학교에 다니고 쓰기 공부를 한 그녀는 결국, 10년에 걸려 프랑스어로 책을 쓸 수 있게 되었던 것입니다.)

3. 昨年は何とかベストスコアを更新し、コンスタントに100をきれるようになるまでに成長した。

(지난해는 어떻게든 최고 점수를 갱신하고, 꾸준히 100을 끊을 수 있게 될 때까지 성장했다.)

4. 海外へ進出したが、後の幕府の鎖国政策により、海外での活躍の場を失い祖国のことであるが、運営よろしきを得て、幕末には仙台の蔵元役を演ずるまでに到ったのである。

(해외에 진출했지만 이후 막부의 쇄국 정책에 의해, 해외에서의 활약의 장소를 잃고 조국의 일이지만 운영 지도를 얻어, 막부는 센다이의 관리역을 연기하기까지 이르렀습니다.)

5. そのオーケストラはますます力をつけてきて、とうとう海外公演を成功させるまでに至った。

(그 오케스트라는 점점 힘을 길러, 드디어 해외 공연을 성공시키기까지 이르렀다.)

1. 診察時間が終わってからの病気や、医者に行くまでもないとは思うけど気になる症状、または医者に行く時間をとることができない人まで、役立つ人が多いであろうこのサービス。

(진료 시간이 끝난 후 병이나, 의사에게 갈 필요도 없다고는 생각하지만 신경이 쓰이는 증상, 의사에게 갈 시간이 없는 사람까지, 유용한 사람이 많을 것이라는 이 서비스.)

2. こういう意見は、わざわざ改めて聞くまでもない。

(이런 의견은 일부러 다시 들을 필요도 없다.)

3. そのことについてなら、いまさら話し合うまでもありません。夫の実家より自分の実家の方が気が楽なのは言うまでもない。

(그 문제라면 새삼 논의할 필요가 없습니다. 시댁보다 자신의 친가 쪽이 마음이 편안한 것은 물론이다.)

4. 結果的に、通報するまでもないような案件であったという場合もあるが、それを心配して通報が遅れるということもある。

(결과적으로 통보할 것까지도 없을 듯한 안건이었다는 경우도 있지만, 그것을 걱정해서 통보가 지연되는 경우도 있다.)

5. わざわざ聞くまでも無いけれど、身内のアドレスをたまたま知ったら私も登録します。

(일부러 들을 것도 없지만, 가족의 주소를 우연히 알면 나도 등록합니다.)

6. 王さんはけさ退院したそうだ。林さんが家族から直接聞いたのだから、確かめるまでもないだろう。

(왕씨는 오늘 아침 퇴원했다고 한다. 하야시씨가 가족으로부터 직접 들었으니 확인할 것까지도 없을 것이다.)

7. 言うまでもなく、我々にとっては落胆する結果となった。リーグ戦が数週間前に始まって、戦い慣れているドレスデンが相手であり、難しい試合になることはわかっていた。

(말할 필요도 없이 우리에게 낙담하는 결과가 되었다. 리그가 몇 주 전에 시작되어, 싸우는 것에 익숙한 드레스덴이 상대이며, 어려운 경기가 될 것은 알고 있었다.)

(A) ~할 뿐이다, ~따름이다

1. もし入学試験に失敗しても、私は諦めない。もう一年頑張るまでのことだ。

(만약 입학시험에 실패해도 나는 포기하지 않는다. 앞으로 일 년 더 노력할 뿐이다.)

2. 彼女が僕と結婚したくなら、しないまでのことだ。独身で生きていくのも悪くないと思う。

(그녀가 나와 결혼하고 싶어한다면, 하지 않을 뿐이다. 독신으로 살아가는 것도 나쁘지 않다고 생각한다.)

3. 親があくまでも反対するなら、家を出るまでのことだ。どこかで家を探して彼女と結婚する。

(부모가 어디까지나 반대한다면, 집을 나올 뿐이다. 어디선가 집을 찾아 그녀와 결혼하겠다.)

(B)

1. いくらお金を貯めても、死んでしまえばそれまでだ。
(아무리 돈을 저축해도 죽어 버리면 그만이다.)
警察官から殴られたり蹴られたり、君を殺しても病気で死んだと報告すればそれまでだ。
(경찰에서 맞거나 걷어 차이거나, 너를 죽여도 질병으로 죽은 것으로 보고하면 그만이다.)
2. 偶然出会ってモノにできれば一気に人数増えるし、逃せばそれまでです。
(우연히 만나 일이 생기면 단번에 인원수가 증가하고, 놓치면 그만입니다.)
3. いくら高価な車に乗っても、交通事故で命を落としたらそれまでだ。
(아무리 비싼 차를 타고도 교통사고로 사망하면 그만이다.)
4. おにぎり、と一言で言ってしまえばそれまでの物だが、このおにぎりと言うものは非常に多種多様なバリエーションを持っている。
(주먹밥, 한마디로 말하자면 그만인 것이지만, 이 주먹밥이라고 하는 것은 매우 다양한 변형을 가지고 있다.)
5. 銀行がもう金を貸してくれなくなった以上、この会社もこれまでだ。
(은행이 더 이상 돈을 빌려주지 않는 이상, 이 회사도 그만이다.)
6. せっかくの機会をのがしてしまった。こうなった以上、もはやこれまでだ。
(모처럼의 기회를 놓치고 말았다. 이렇게 된 이상 이제는 그만이다.)

(14)「など/なんか/なぞ/なんぞ」(~등, ~따위, ~같은, ~라도)

1. 비슷한 사물과 사항을 들어 말할 경우에 사용된다.
2. 구체적인 한 예를 들어 말할 경우 사용된다.

용 례

● **접속**

체언 · 용언 및 여러 가지 말에 붙는다(용언에는 종지형에 붙는다).

1. 食品の安全基準などはセシウムばかりで、プルトニウムについては報道されていませんが、水や食べ物、呼吸などで体内に入ったらどうなるのでしょうか。

(식품 안전 기준 등은 세슘만이고, 플루토늄에 대해서는 보도되고 있지 않지만 물이나 음식, 호흡 등으로 체내에 들어오면 어떻게 되는 것입니까?)

2. 面白さじゃないですけど一野球を知らない人へ一(便乗)"野球なんか疲れないじゃん！"とか"野球つまんない"とか言う人いるけど確かに野球は走らないスポーツだと思うけど。

(재미있지는 않지만 –야구를 모르는 사람에게– (편승) "야구 따위는 피곤하잖아!"라든지 "야구 재미없어"라고 말하는 사람 있지만 확실히 야구 달리지 않는 스포츠라고 생각해.)

3. 乳児には言葉なんか分からないだろうなんて思っているととんでもないと思います。

(유아는 말 따위 모를 거라고 생각하면 당치도 않은 생각합니다.)

4. 仕事の本を読むのが忙しくて、趣味の本なぞ読む時間がない。

(일에 관한 책을 읽는 것이 바빠서 취미에 관한 책 따위는 읽을 시간이 없다.)

5. トイレなんがで/でなんか落ち着いて本が読めるものか。

(화장실 따위에서 뭔가 침착하게 책을 읽을 수 있을까.)

6. これは主婦の不倫とかもそうなんだけどねとても貧乏な家の主婦は不倫なんかしません。

(이것은 주부 불륜 등도 그렇지만 매우 가난한 가정주부는 불륜 따위는 하지 않습니다.)

7. こんな大事なことを口が軽い彼になんか/彼なんかに言ったら、みんなに知られてしまうよ。

高スペック彼氏に「なんで私なんかと付き合ってるの？」

(이런 소중한 것을 입이 가벼운 그에게 뭔가 말했다면 모두에게 알려져 버려요. 고 스팩인 남자 친구에게 "왜 나 같은 사람하고 사귀고 있는 거야?")

(15) 「なにか」의 음편

1. 따위
2. 등

1. 「もともとネクタイなんて必要ないんじゃない？」なんて声までちらほら。さて、ネクタイって、本当にジャマ者なのでしょうかね？
   ("원래 넥타이 따위는 필요 없지 않어?"라는 목소리까지 간간히 들린다. 그런데, 넥타이라니, 정말 방해자인 것일까요?)
2. ここのブレンドを飲んだらチェーン店のコーヒーなんて飲めなくなってしまう。
   (여기의 브렌드를 마시면 체인점 커피 따위 마실 수 없게 되어 버린다.)

참고

① お前なんてと一緒に仕事ができるものか。(×)
　 お前となんて一緒に仕事ができるものか。(○)
② 父親なんてに悩みは相談しない。(×)
　 父親になんて悩みは相談しない。(○)

1. 男が一人で牛丼屋にいるのは普通なのに、女一人でラーメン屋行きますよ。一なんていうとぜったいむり。
   (남자가 혼자 소고기 덮밥 가게에 있는 것은 보통인데, 여자 혼자서 라면집에 갑니다. 라고 하면 절대 무리.)

2. 「死にたいなんて、とんでもないことを考えてはいけない」「死んだら周りの人がどんなに悲しむか、考えてごらんなさい」「死ぬのは罪であって、人は生きなければならないものだ」「生きるのはとても素晴らしいことなのだから、死んではいけません。」

(“죽고 싶다는 따위 엉뚱한 일을 생각하지 말라” “죽으면 주위 사람들이 얼마나 슬퍼하는가 생각해 봐라.” 죽는 것은 죄이며, 사람은 살아야 한다 것 “산다고 하는 건 아주 멋진 일이기 때문에 죽어서는 안 됩니다.”)

3. この連休はどこへ行こうなんて考えているのだけれど、たぶん、いや、間違いなくどこも混むと思う。

(이 연휴는 어딘가에 갈까 하고 생각하고 있지만, 아마 아니 확실히 어디에도 혼잡할 것 같다.)

4. 君はどうして自分が怖したんじゃないなんてうそをつくのだい。

너는 왜 자신이 깨뜨리지 않았다는 따위 거짓말을 하는 거야.)

5. よくスチーム式はうるさくて気化式は静かだなんて言う人がいますがこれは真っ赤な嘘で、気化式もハイブリッド式も風を送る事で加湿していますからスチームファン式よりもファンノイズは大きいです。

(자주 스팀 식은 시끄럽고 기화 식은 조용하다는 식으로 말하는 사람이 있는데 이것은 새빨간 거짓말이고, 기화식도 하이브리드식도 바람을 보내는 것으로 가습되어 있기 때문에 스팀 팬 식보다 팬 소음이 큽니다.)

1. 俺は結婚してから妻に愛してるなんて言ったことがない。プロポーズもしなかったし、自然に結婚した。

(나는 결혼하고 나서 아내에게 사랑한다는 따위의 말을 한 적이 없다. 프로포즈도 하지 않고 자연스럽게 결혼했다.)

2. 先生、本当にコンピューターウイルスなんてあるんですか？

(선생님, 정말 컴퓨터 바이러스 따위 있나요?)

1. どれもみんなきれいだね。この中で誰が一番だなんて争う事もしないでバケツの中誇らしげにしゃんと胸を張っている。それなのに僕ら人間はどうしてこうも比べたがる?
(모두 다 예쁘구나. 이 중 누가 제일 예쁘다든지 하며 다투지도 않고 바구니 속에서 자랑스러운 듯이 꼿꼿이 가슴을 펴고 있다. 그런데 우리들 인간은 왜 이렇게나 비교하고 싶어 하나요?)

2. それ程気にしないでもいいんだよね。僕は迷惑だなんて言わないし、君は気持のいい人なんだからそうだ、そこまで考える必要もない。
(그렇게 신경 안 써도 좋다는 거지. 나는 귀찮다는 따위는 말하지 않으며, 너는 기분 좋은 사람이니까 그래, 거기까지 생각할 필요도 없다.)

3. オートミールがこんなにおいしいなんて、知らなかった。
(오트밀이 이렇게 맛있는 건 몰랐다.)

4. 貴方みたいな非情な人間と別れて再婚できて幸せそうなんて、奥さん羨ましい限りです。
(당신 같은 비정한 인간과 헤어지고 재혼해서 행복하다니 부인 부러울 따름입니다.)

(16)「ながら」(~하면서, ~인 데도, ~지)

1. 동작작용의 동시병행을 나타낸다.
2. 역접확정 조건을 나타낸다.

용 례

- **접속**

동사 · 동사형 조동사에는 연용형에 접속하고, 체언 · 형용사 · 형용사형 조동사에는 종지형에 접속한다. 형용동사인 경우에는 어간에 접속한다.

1. 二次審査を通し、小学生ながらも自然への優しい考察とその表現力、また現物製作のクオリティーの高さが評価された。

(2차 심사를 통해 초등학생이면서도 자연에 대한 친화적인 고찰과 표현력, 또한 현물제작의 퀄리티의 높음이 평가되었다.)

2. イスラム法学者で元同志社大教授の中田考氏は22日に都内で講演し。「安倍首相は自分の歴訪が地域の安定に貢献すると思っていたようだが、残念ながらバランスが悪い。」

(이슬람 율법 학자 전 도시샤대 교수인 나카타고씨는 22일 도내에서 강연하고 "아베 총리는 자신의 순방이 지역의 안정에 기여할 것으로 생각했던 것 같지만, 불행히도 밸런스가 나쁘다.)

3. 一緒に勉強の計画を立てようかと声をかけると、いやいやながらも考えてくれたりします。

(함께 공부 계획을 세우자라고 얘기하면, 아니 아니하면서도 생각해 주기도 합니다.)

4. ここで描かれているのは貧しいながらも頑張っている家族を描いた感動物語ではありません。

(여기에 그려져 있는 것은 가난하면서도 열심히 분발하고 있는 가족을 그린 감동 이야기는 아닙니다.)

5. 雑貨やさん、洋服屋さん、お菓子屋さんに帽子屋さんなどなど、小さいながらも個性的でお洒落なお店がたくさん入っています。

(잡화 가게, 옷 가게, 과자 가게에 모자 가게 등등, 작지만 개성적이고 세련된 가게가 많이 들어 있습니다.)

6. 自分は臆病者ではないことを証明するために、あえて悪いことと知りながらも場合によっては恥でもなければとても勇気を必要とすることだと思います。

(자신은 겁쟁이가 아니라는 것을 증명하기 위해, 굳이 나쁜 것이라고 알면서도 경우에 따라서는 수치스럽지 않으면 매우 용기를 필요로 하는 일이라고 생각합니다.)

7. 1週間前にメールをいただいていながら、ずっと返事を出しそびれまして、失礼いたしました。

(1주일 전에 메일을 받았지만 계속 대답을 하려다 못해, 실례했습니다.)

1. 「人命第一」なんて言いながら、この渦中にイギリスと外務·防衛相会議を開いて、「ミサイル開発やテロ対策で連携」との声明を出してしまった。

(“인명 제일”라고 말하면서 이 와중에 영국과 외무 국방장관 회의를 열고 “미사일 개발과 테러 대책으로 연계”라는 성명을 냈다.)

2. 歩きスマホに関する調査で、歩きスマホを危険と思いながらも歩きスマホをしたことがある人が7割以上もいることがわかりました。

(보행 스마트 폰에 관한 조사에서 보행 스마트 폰을 위험하다고 생각하면서도 보행 스마트 폰을 한 적이 있는 사람이 70% 이상이나 있는 것을 알 수 있었습니다.)

3. お金が万能ではないとは言いながら、この金銭社会では、お金がなければ、何をすることもできないだろう。

(돈이 만능은 아니라고 말하면서, 이 금전사회에서는 돈이 없으면 아무것도 할 수 없을 것이다.)

4. いつか彼女に降られることが分かっていたとは言いながら、やはり別れはつらいものだ。

(언젠가 그녀에게 차일 거라는 것을 알고 있었다고 말하면서, 역시 이별은 힘든 것이다.)

1. 発表の掲示板を見て、飛び上がって大喜びする者、ガックリと肩を落として立ち去る者、いつもながらの悲喜こもごもの光景でした。

(공고 게시판을 보고, 뛰어 올라 매우 기뻐하는 자, 실망해서 어깨를 떨어뜨리고 떠나버리는 자, 언제나 희비가 교차되는 광경이었습니다.)

2. 昔ながらの東京ラーメン、ほんの10数年前まではこういうのが普通だったはずのラーメン店·中華屋さんが、今では絶滅危惧種になってきています。

(옛 부터 도쿄라면, 단지 10여 년 전만해도 이런 것이 보통이었던 라면집·중국집 지금은 멸종 위기종이 되었다.)

3. 身代金の支払期限とみられる時刻から9時間余りがたったが、日本人2人の安否は、いまだわかっていない。一方、わが子を人質に取られた母親は、涙ながらに解放を訴えた。

(몸값 지불 기한 것으로 보인 시간에서 9시간 이상이 지났지만, 일본인 2명의 안부는 아직 알려져 있지 않다. 한편, 우리 애를 인질로 잡힌 어머니는 눈물을 흘리며 석방을 호소했다.)

4. 貧乏の家に生まれた人は、生まれながらにすでにハンデがあるというものだと思いませんか？

(가난한 집에서 태어난 사람은 태어날 때부터 이미 핸디캡이 있다는 것을 생각하지 않습니까?)

5. 東京にいながらにして、地域の名産品、普通では手に入らない商品に出会えます。

(도쿄에 있으면서 지역의 명산품, 보통은 구할 수 없는 제품을 만날 수 있습니다.)

(17)「つつ」

1. 두 가지 동작을 동시에 함을 나타냄. …하면서.
2. …하면서도. 함에도 불구하고.
3. …하고 있다. …중이다.

1. 琵琶滝を眺めつつ先に進む。琵琶滝との分岐点に差し掛かった時、滝まで面倒だったため、直接高尾山頂を目指して進みました。

(비와 폭포를 바라보면서 앞에 펼쳐지는 비와 폭포의 분기점에 접어 들 때, 폭포까지 귀찮았기 때문에, 직접 다카오 산정을 목표로 나아갔습니다.)

2. 江戸時代から歴史を刻んできた神田を、歩きつつ読み解く試みを始めます。

(에도 시대부터 역사를 새겨 온 칸다를 걷으면서 해독하는 시도를 시작합니다.)

3. その後、飲食店でアルバイトをしつつ、オーストラリアを旅行してワーキングホリデー終了。日本へ帰国。

(이후 음식점에서 아르바이트를 계속하면서, 호주를 여행하고 워킹 홀리데이 종료. 일본

에 귀국.)

4. カンファレンスが終わると、各部屋を周りつつ医師から指示のあった処置を患者さんに行います。

(회의가 끝나면, 각 방을 돌면서 의사의 지시가 있던 처치를 환자에게 행합니다.)

5. 国内情勢に限らず、国際情勢も刻一刻と変化しているので、常にその動向を分析しつつ、起こりうる状態を、精密に分析された情報をもとに、今後起こり得る事を予測しつつ法改正、改廃に取り組んでいってほしいです。

(국내 정세뿐만 아니라 국제 정세도 시시각각 변화하고 있기 때문에 항상 그 동향을 분석하면서 발생할 수 있는 상태를 정밀하게 분석 된 정보를 바탕으로, 앞으로 일어날 일을 예측하면서 법 개정, 개폐에 임해 주었으면 합니다.)

---

1. 失敗のない人生なんてつまらないと言いつつ、失敗のない人生を求め、なぜボウリングは、あれほど興奮してしまうのでしょうか。

(실패 없는 인생은 시시하다고 말하면서, 실패 없는 삶을 추구하며, 왜 볼링은 그토록 흥분시켜 버리는 것입니까?)

2. 信仰を持ちたいと思いつつも不安を抱いているあなたへ、人間が便宜上作り出した絶対的存在、と解釈するあなたのお気持ちはよくわかります。

(믿음을 가지고 싶다고 생각하면서도 불안을 안고 있는 당신에게, 인간이 편의상 만들어 낸 절대적인 존재라고 해석하는 당신의 기분은 잘 압니다.)

3. 日銀総裁の仕事は、大して効果がないと知りつつも、懸命にやっているよう見せることが肝要らしい。

(일본 은행 총재의 임무는, 그다지 효과가 없다고 알면서도 열심히 하고 있는 것처럼 보이는 것이 중요한 것 같다.)

4. その後、麻薬に代わってアルコール依存に悩まされつつも演奏活動を精力的に続け、癌との闘病生活を続けた末に1991年6月6日肝臓癌により亡くなった。

(그 후, 마약 대신 알코올 의존으로 고생하면서도 연주 활동을 정력적으로 계속하고, 암과의 투병 생활을 계속 한 끝에 1991년 6월 6일 간암에 의해 사망했다.)

5. 自分に自信がないという人も、心の底で自分を嫌いつつ、その感情から眼をそむけている。

(자신에게 자신이 없다고 하는 사람도, 마음의 바닥에서 자신을 싫어하면서 그 감정에서 눈을 돌리고 있다.)

1. 大阪府でも第3次産業の体力が無くなくなりつつあるのが、地盤沈下の原因の一つでもある。

   (오사카에서도 제 3차 산업의 체력이 없어지고 있지만, 지반 침하의 원인 중 하나이기도 하다.)

2. 新しい日本の文化が現在作られつつあるし、これからも作られていくだろう。

   (새로운 일본 문화가 현재 만들어지고 있고, 앞으로도 만들어 나갈 것이다.)

3. かつての猫虐待報道に比較すれば、事件発生の背景など、多面的な報道がなされるようなり、少しずつではありますが改善にされつつあると私は思います。

   (이미 고양이 학대 보도를 비교하면, 사건 발생 배경 등, 다각적 인 보도가 이루어지도록 되어 조금씩은 있습니다만 개선되고 있다고 나는 생각합니다.)

4. エネルギー消費量も減りつつある。以上を踏まえ、どのような方針で対策を進めるべきか。

   (에너지 소비량도 계속 줄어들고 있다. 이상을 근거로 어떤 방침으로 대책을 추진할 것 것인가.)

5. ずっと売上高が下がりつつあるお店だったのですが、去年の売上が前年の111%ととても良い結果を残すことができました。

   (계속 매출이 떨어지는 가게이지만, 작년 매출이 전년의 111%로 매우 좋은 결과를 남길 수 있었습니다.)

6. 地球の温暖化がますます深刻になりつつある。生花禁止で人気になりつつある新しいフラワー文化。生花禁止の病院が増えているそうです。

   (지구 온난화가 점점 심각해지고 있다. 생화 금지에서 인기를 끌고 있는 새로운 꽃 문화. 생화 금지의 병원이 늘고 있다고 합니다.)

7. 「デカいスマホはダサい」という風潮も、最近になって変わりつつある。「当初、5インチ以上のスマホは、スマホとタブレットの中間的な存在として"」。

("큰 스마트 폰은 촌스럽다"라는 풍조도 최근 들어 바뀌고 있다. "당초 5인치 이상 스마트 폰은 스마트 폰과 태블릿의 중간적인 존재로")

(18)「くせに/くせして」

1. …임에도 불구하고. …인 데도. …인 주제에.
2. …이면서. …하지 않아. …했잖아.

1. あいつはまだ新米のくせに、遅刻をしても平気な顔をしている。

   (저 녀석은 아직 초보인 주제에, 지각을 하고도 태연한 얼굴을 하고 있다.)

2. 絵が下手なくせに絵を描く自称絵師です。絵師さんと繋がりたい。

   (그림이 서툰 주제에 그림을 그리는 자칭 화가입니다. 화가와 사귀고 싶다.)

3. 怖いくせに、悲しいくせに、寂しいくせに、つらいくせに、狩人なのだ。その身体をいつも傷だらけにしながら、彼はかおりのところに帰ってくる。

   (무서운 주제에, 슬픈 주제에, 외로운 주제에, 힘든 주제에, 사냥꾼인 것이다. 그 신체를 항상 상처투성이로 하면서 그는 가오리에게 돌아온다.)

4. 誰も知らないあなたを知ってるわ。きっと彼女も同じ気持ちね。月は何でも知っているくせに知らん顔して輝いてるわ。

   (아무도 모르게 당신을 알고 있어. 분명 그녀도 같은 기분일 거야. 달은 무엇이든 알고 있는 주제에 모른 척하고 빛나고 있어요.)

5. あの人、日本に3年もいたくせに、日本語であいさつもできないんだよ。まったくあきれちゃうよ。

   (그 사람, 일본에 3년이나 있었던 주제에 일본어로 인사도 할 수 없는 거야. 완전히 질려 버렸다.)

6. 小学生のころ夢中になって読んでいたくせに、「ドラえもん」を知らん顔している。

(초등학생 시절 열심히 읽었던 주제에, '도라에몽'을 모르는 척 한다.)

7. 気持ち悪くて食べられないくせに、頭の中はいつも、うどんにウナギ、ラーメン、お好み焼きなど日本の食べ物で一杯でした。

(기분 나빠서 먹을 수 없는 주제에, 머릿속은 항상 우동에 장어, 라면, 오코노미 야키 등 일본 음식으로 가득했다.)

8. ふたりは、たがいにさりげなく敬意をはらいあい、そのくせ、ふたりとも、自分の世界をしっかりと保っていました。

(두 사람은 서로 자연스럽게 존중하고, 그 덕분에 두 사람 다 자신의 세계를 확고하게 유지하고 있었습니다.)

이희두

원광대학교 일어교육과 교수
日本 同志社大学·又石大学에서 석사·박사과정 수료
문학박사
대한 일본어문학회 부회장 역임
한국 일본어문학회 이사·감사 역임
일본국제교류기금 연구교수 역임
일본 동지사대학 객원교수 역임

저서
문형중심의 일어문법
일본어 강좌
일본어 문형 교육
국어 존칭 형태의 변화과정 연구 외 저서 다수

논문
日韓両語の敬語に関する一考察
日韓両語の社会言語学的比較研究
[N]출현 현상의 두 가지 양상
체언말 설정장애음의 마찰음화 교육 외 논문 다수

일본어 문형교육

초판 발행 _ 2015년 2월 20일

저　　자 • 이 희 두
발 행 인 • 정 현 걸
발　　행 • 신 아 사
인　　쇄 • 예지인쇄
주　　소 • 서울시 은평구 통일로 59길 4(2F)
전　　화 • 02)382-6411 · 팩스 02)382-6401
홈페이지 • www.shinasa.co.kr
E-MAIL • shinasa@daum.net
출판등록 • 1956년 1월 5일 (제9-52호)

ISBN 978-89-8396-903-3(93730)

정가 14,000원